KAMIZURU Hisahiko
上水流久彦〈編〉

大日本帝国期の建築物が語る近代史

過去・現在・未来

勉誠出版

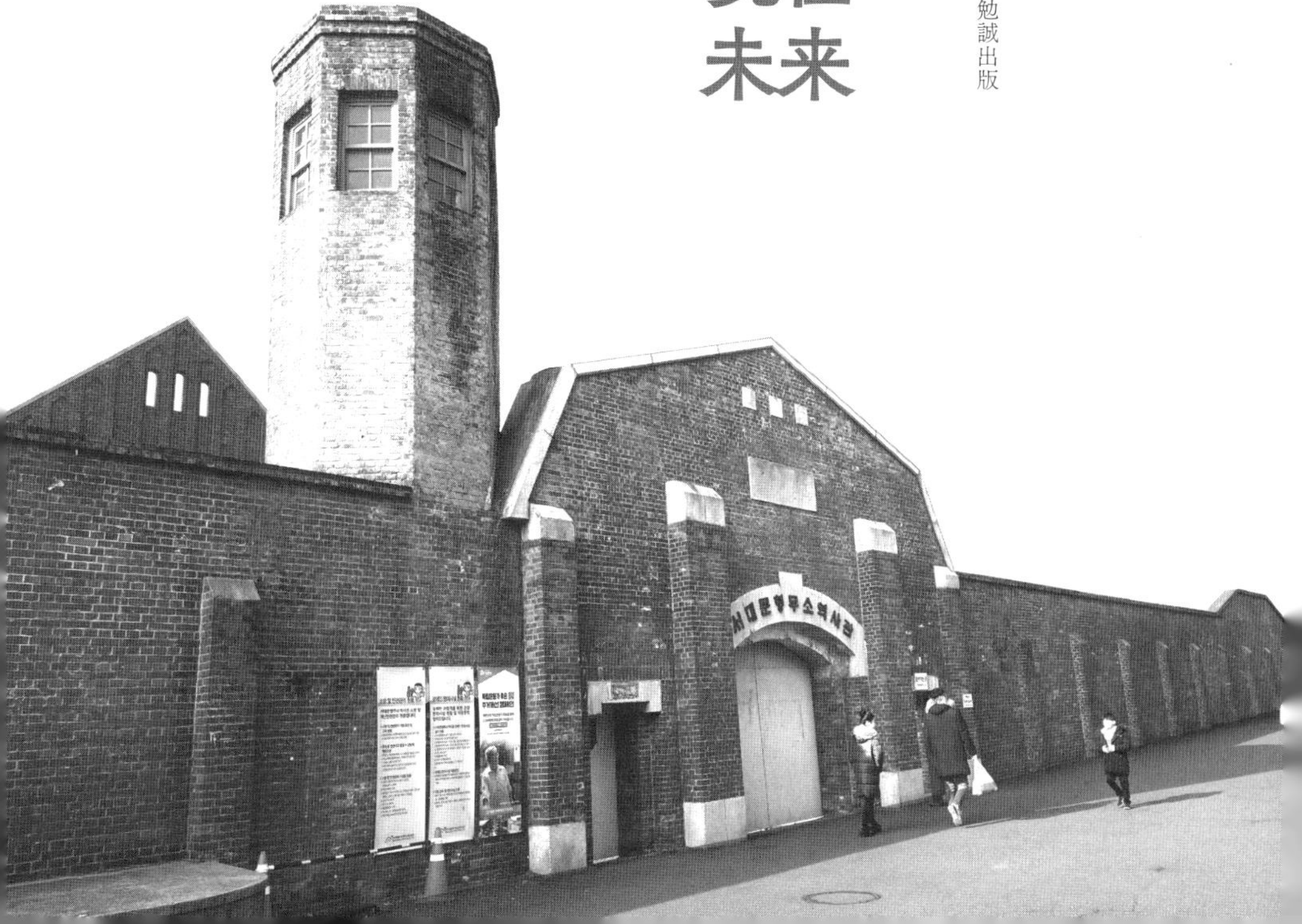

●目次……

大日本帝国期の建築物が語る近代史 過去・現在・未来

［序言］

大日本帝国期の建築物が語る近代史
――過去・現在・未来

上水流久彦

本書は、大日本帝国期（以下、帝国期）の建築物が、当時、なぜどのように建てられ、帝国崩壊後、如何なる歴史を歩み、現在現地でどのように位置づけられているのかを、紹介するものである。文化人類学、建築学、観光学、科学社会学、建築史、日本近現代思想史、都市計画学、メディア学、文化学など、執筆者の専門分野も多岐にわたっており、様々な視点から帝国期の建築物を論じることを試みた。

特定の建築物を複数の専門家が多面的に分析することはできなかったが、各執筆者が深く研究している事例を多く取り上げることで、北海道や沖縄も含めた日本国内はもとより、台湾、韓国、サハリン、パラオ、中国東北部など旧植民地（植民地統治や委託統治などその統治方法は幾つかあった）の建築物を比較し考察することが可能となった。その結果、帝国期の建築物が各地で一様に扱われているのではなく、現地の政治や経済状況、ならびに日本との関係などを受けて多様な姿を呈していることが具体的にわかるものとなっている。

近年になって旧植民地の帝国期の建築物のなかには、歴史遺産に認定されるものも出てきた。また、カフェやホテル等として活用されていることもある。帝国期に建設された国内の建築物も、現在、近代化遺産や産業化遺産として注目され、地域の歴史を語る資源や観光資源となっている。時にはその展示内容をめぐって国際問題化する場合もある。

いずれにしても、旧植民地でも日本でも、建築物は単なる保存の対象ではなく、何かを語る、または何かを生み出す資源として利用されている。そこに如何なる対日意識や歴史認識を見いだすことが可能だろうか。

現在、日本と東アジアの関係に目を向ければ、各国の日本への対日感情は複雑かつ動態的であるにも拘わらず、日本では親日や反日として単純化して語られる傾向にある。国内に目を向ければ、政治的立場の分断も進み、内国植民地といわれた北海道や沖縄の歴史への無理解も広がっている。言うまでもなく、遺産認定は国民感情や国家政策、国際関係などが影響する場である。したがって、遺産は過去の遺物ではなく、現在の我々の価値観や歴史認識が反映されるという点で、自らを写す鏡である。したがって、多様な歴史を経て様々な姿を見せる大日本帝国期の建築物の現在を検討することは、帝国に関わる自分たちの価値観や歴史認識の現状とその構築を再考する契機となり、本書を通じて旧植民地への理解やいわゆる「日本人」とは異なる歴史認識を持つ先住民や他国の人々との共存を考える足掛かりを読者に提供できよう。

本書の十八本の論文の執筆にあたっては、なるべく建築物の①歴史（建築時の状況、その後の保存や破壊、戦後の文化財保護法等との関連）を提示し、②活用状況などの「現在」の様相と現代の政治的・経済的・文化的状況とを関係づけ、③大日本帝国期の建築物の現在を理解できるよう記述することに心がけた。ただ、そこには濃淡があり、その濃淡に基づいて各論文を分け、本書を四部構成とした。その詳細は目次をご覧いただきたいが、簡単に各パートを紹介しておく。

第一部「**大日本帝国期の建築物を俯瞰する**」では、大日本帝国の建築物の現在をどのように捉えればよいのか、どのような経緯で建築されたのか、その枠組みや手がかりを提供する。総督府、病院、神社などの建築・建立には統治側のどのような考えがあったのか、現地の状況とどう関係していたのかが見えてくる。また、現在、それらの建築物が、歴史の生きた(目に見える)証人として単に保存されるだけでなく、多様な意味をもって存在している姿が浮き彫りにされる。第二部「大日本帝国に建築物を刻む」では、帝国の拡大において建築物が大日本帝国の産業構造と如何に関係し、どのような役割をになって建築されたかを議論の出発点にした。建築物の現状を見ているだけでは理解しえない様相を取り上げた。第三部「大日本帝国期の建築物を利用する」では、現在、帝国期の建築物が如何に利活用されているかを詳細に論じた。日本との関係に大きく影響をうけるもの、社会の変化を受けて姿を変えるもの、地域振興のなかで都合よく活用されるものなど、多様な姿が見えてくる。第四部「大日本帝国期の建築物を保存する/破壊する」では、保存・破壊をめぐる政治を取り扱っている。本書で扱う個々の建築物は、都市の再開発や建築物の改修・維持に関わるコストから、産業遺産や遺産の観光利用など保存に追い風が吹いている現状においても、取り壊しや保存の見直しがなされている。その政治に迫るパートとなっている。

これらの具体的様相から得られる知見は様々だが、日本人の読者に二点申し上げておきたい。ひとつは、誰のものかについてである。旧植民地におけるこれらの建築物を「日本の建築物が〜」と語ることがしばしばである。だが、日本の統治を離れてからの歴史が、すなわちその国の建物としての歴史がはるかに長い(このことは、ある歴史学者との討論のなかで教えられた)。したがって、「日本の」建築物として現在の建築物を安易に理解することは、植民地主義的な目線のもと、それらの地域の戦後の歩みを無視することと同じである。実際、現地では、帝国期に建てられたことさえ忘却されている建築物も多々ある。

もうひとつは、上記と矛盾するようだが、日本国外の建築物がどう扱われるかは、日本との関係のなかで常に問われているという点である。日本との国際関係が、建築物に向けられる現地のまなざしに影響することもある。帝国期に建築されたという歴史がたとえ忘却されていても、日本との関係如何では、その過去が取り出され、肯定的にも否定的にも強調される。本書を手にしてくださった日本人読者ひとりひとりも、国際関係に無関係な者はいないグローバリゼーション時代、これら建築物のステークホルダーである。本書を通じて読者の皆様がそれぞれの建築物との関係に思いをはせていただければ、幸いである。

なお、本書の構想は、科学研究費補助金基盤B「日本植民地期遺産をめぐる歴史認識の文化人類学的研究——建築物のライフヒストリーから」（研究代表者　上水流久彦　研究課題/領域番号　一九H〇一三九三）、並びにサントリー文化財団「日本統治をめぐる対日感情の歴史的変遷とその形成要因に関する研究——植民地建築物の保存・破壊・活用の検討を通じて」（研究代表者　上水流久彦　二〇一八年度）の研究を通じて生まれたものである。記して感謝申し上げたい。そして、当然のことながら、現地調査ではインタビュー等に答えてくださった方や建築物の説明をしてくださった方など、現地の方々に大変にお世話になっている。このような方々無しでは、今回の本を生み出すことはできなかった。本書の執筆者を代表して、御礼を申し上げたい。本当にありがとうございました。

東アジアにおける日本の支配と建築

西澤泰彦

本稿は、十九世紀末から二十世紀前半に日本の支配地で建てられた建築に焦点を当て、その特徴を建築の三要素「用・強・美」、すなわち、建築の用途、建築の構造と材料、建築様式・意匠に基づいて示しながら、それらと支配の関係を考えるものである。

にしざわ・やすひこ――名古屋大学大学院環境学研究科教授。専門は建築史。主な著書に『日本植民地建築論』（名古屋大学出版会、二〇〇八年）、『植民地建築紀行』（吉川弘文館、二〇一一年）、『東アジアの日本人建築家』（柏書房、二〇一一年）などがある。

はじめに

ここでは、十九世紀末から二十世紀前半にかけて東アジアの日本支配地に建てられた建築、それを総称して日本の「植民地建築」と呼ぶ。本稿では、「植民地建築」を支配との関係で考えてみることとする。

支配地のうち、国際法的な意味での日本の植民地は台湾と朝鮮のみだが、租借地、鉄道附属地、傀儡政権、占領地、信託委任統治領、というさまざまな支配形態を以て日本の支配地はアジア、太平洋に広がっていった。しかし、これら多様な形態による支配地と植民地において建てられた建築に差異はないので、広く日本の支配地に建てられた建築を植民地建築と総称する。

植民地建築の特徴を建築の三要素「用・強・美」に基づいて示すと、それぞれにひとつずつの特徴がある。一点目、「用」すなわち建築用途について、各地の支配機関は支配に直接関係する建築を優先的に建てていったことである。二点目は、「強」すなわち建築構造・材料について、個々の建物と市街地全体の不燃化、また、建物の耐震化、さらにシロアり対策という支配地域の個別事情に応じた対応があったことである。三点目は、「美」すなわち建築様式について、十九世紀末から一九二〇年代まで、特に公的建築の多くでは西洋建築を規範とした建築が建てられていったことである。そして、これら三要素を統合した視点として、四点目に、それぞれの支配地で建築規則が実施されたことがあげられる。

図1　台湾総督府庁舎（山本三生編『日本地理体系別巻満洲』改造社、1930年）

一、建築用途と支配

まず、建築用途について、考えてみる。支配に直接関係する建築が優先されたことを示す典型例は、各支配機関の庁舎と他の公的施設の新築時期の違いである。

（1）支配機関の庁舎新築時期

台湾に植民地支配機関としての台湾総督府が設立されたのは一八九六年だが、台湾総督府が庁舎新築を決めたのは一九〇七年であった。この年の五月二十七日、「台湾総督府庁舎新築設計懸賞募集規程」などを公表し、庁舎新築の姿勢を明確にした。しかし、この時点ですでに、台湾総督府設立から十一年が過ぎていた。そして、一九一二年六月一日に地鎮祭をおこなって庁舎工事は起工し、一九一五年六月二十五日の上棟式を経て一九一九年三月に竣工した（**図1**）。これは総督府設置から二十三年が経っていた。[1]

一九一〇年に設置された朝鮮総督府は、旧朝鮮王朝の王宮であった景福宮を敷地として一九一二年から庁舎新築事業を開始した。しかし、朝鮮総督府が設計顧問を委嘱したドイツ人建築家デ・ラランデは基本設計が終了した一九一四年に急死したため、朝鮮総督府は台湾総督府庁舎の設計に関わり、台湾総督府を退職したばかりの野村一郎を嘱託として雇い入れ、実施設計を進めた。しかし、起工を見越して工事費を盛り込んだ一九一五年度予算が帝国議会の解散によって成立しなかったため、起工は一九一六年六月二十五日となった。その後、一九一八年十一月、建物の本体工事が地上二階まで進んだところで工事費不足が明らかとなり、工事中止となった。その後、塔屋の設計変更がおこなわれ、工期を三年先送りし、一九二六年十月一日に落成した（**図2**）。これは、総督府開設から十六年後であった。[2]

図2　朝鮮総督府庁舎（『建築雑誌』492号、1927年2月）

　租借地関東州（遼東半島南端）の支配機関であった関東都督府は、一九〇六年九月旅順に設立されたが、日露戦争前に建てられたホテルを庁舎に転用していた。その後、関東都督府は関東庁、関東州庁へと改組されていくが、旅順の旧関東都督府庁舎がそのまま使われた。その後、一九三七年に関東州庁が大連に移転するのに合わせて、庁舎を新築した。それは、関東都督府の設置から三十一年後であった。[3]

　中国東北地方で鉄道附属地の行政を担った南満洲鉄道（満鉄）の場合、一九〇七年に本社を東京から大連に移転した際は、日露戦争前に建てられたダーリニー市庁舎を仮社屋として、一九〇八年からは、同じく日露戦争前に建てられていた商業学校の建物を改修して本社本館に転用した。その後、満鉄は、周辺の既存建物を転用し、さらに不足部分を新築したものの、本社本館を一九四五年まで使い続け、新たな本社本館は新築されなかった。この間、一九三二年には新たな本社本館の新築が計画されたが、実現しなかった。[4]そして、満洲国成立後、満鉄は満洲国国有鉄道の委託経営のため、鉄道部門を奉天（瀋陽）に移転させ、本社機能を縮小させたので、本社本館の新築は不要となった。

(2) 支配地の病院新築

このような支配機関の庁舎・社屋に比べて極端に早く新築されたのが、病院であった。

台湾では、総督府が一八九七年から台北医院の新築を開始し、その一期工事は一八九八年に竣工している。しかし、ベランダのある木造平屋の病棟は、その後、シロアリ被害を受け、一九〇六年から順次建て替えられた。さらに一九一二年からは規模拡大を図り、煉瓦造二階建の本館(図3)が一九一六年に竣工した。それでも、台湾総督府庁舎が竣工した一九一九年に比べて三年早かった。

図3　旧台北医院本館(筆者撮影)

また、朝鮮総督府は、統監府が一九〇七年に大韓帝国政府に建設させた大韓医院を引き継いで朝鮮総督府医院とし、既存の六棟の病棟に対し、四棟の病棟を加え、その工事は一九一一年に竣工した。その後、一九一九年から一九二五年にかけて規模拡大を図り、新たな病棟と外来本館を新築した。その時期は、朝鮮総督府庁舎竣工の一年前であった。

満鉄は、一九〇八年から一九〇九年にかけて、本社のある大連での病院建設を後回しにして、満鉄沿線に居住する社員とその家族のため、奉天、長春、鉄嶺、遼陽、撫順で病院を新築した。その後、満鉄の創業十年間、一九一七年三月までに新築された病院の建物は一三八棟にのぼり、合わせて一一五〇床の病床が確保された。満鉄は、本社本館を既存建物の改修で済ませながら、病院を次々と新築していったといえる。

(3) 建物新築時期の意味

庁舎や本社屋と病院とでは建物の規模に差異があるので、庁舎建築の工期が長くなるのは当然だが、それを勘案しても、優先的に建てられたのは庁舎ではなく、病院であったことは明らかである。病院のみならず、他の公共建築との比較も必要だが、少なくとも庁舎と病院の新築に対する極端な差異には大きな理由があったと考えられる。一つは、日本国内とは気候風土の違う支配地に移動した日本人の生活の安定のためである。日本国内と同じ水準の医療を確保することで支配者である日本人社会を安定させる目的があったといえる。もう一つは、支配者（日本人）と被支配者（台湾人、朝鮮人、中国人）の区別なく人を襲う病魔、特に、蚊が媒介するマラリア、マーモットやネズミが媒介するペスト、さらに、赤痢やコレラといった伝染病への対応である。日本の支配地ではいずれかの伝染病が存在しており、その対応を一歩間違えて、伝染病が流行すれば、社会は混乱する。病気への対応を適切におこなうことで、被支配者の生活を向上し、それを以て日本の支配を正当化し、かつ、欧米列強に日本の支配能力を示すことができた。したがって、病院は、支配に必要不可欠な施設であり、支配の開始とともに最優先で整えるべき公共建築であった。

二、建築構造・材料と支配

次に二点目の建築構造・材料と支配について考えてみる。

日本の最初の植民地となった台湾、それ以前に日本の支配が及んでいた朝鮮の日本居留地では、当初、木造建築が建てられていた。日露戦争直後の関東州でも同様に木造建築が建てられていた。しかし、日本国内の市街地同様に火災の問題があり、加えて、台湾では植民地支配開始当初の木造建築が次々にシロアリの被害に遭ったことから、対策が採られることとなった。

それらの対策は、大別すると二つあった。

（1）木造建物の不燃化

一つは、木造建築の躯体を維持しながら、外壁や屋根の不燃化を図ることであった。一番簡便な方法は、木造建築の外壁に土壁を塗って木部が外に現れないようにするか、外壁に金属板（トタン、ブリキなど）を張る方法である。また、屋根も瓦葺とすることで、建物全体に不燃の外皮（外殻）をつくる発想である。一八八四年に締結された仁川の居留地規則、一八九九年に調印された群山の居留地規則に見られた手法であり、朝鮮総督府が一九一三年二月二十五日に公布した朝鮮市街地建築取締規則では、屋根の不燃化のみを規定した。

建物全体の不燃化を求めず、屋根の不燃化のみを規定した建築規則が成立した背景には、当時の朝鮮半島各地の市街地では、茅葺、草葺の建物が多々あり、屋根の不燃化を規定しただけでも市街地全体の不燃化には役立つと判断されたと考えられる。ただし、一般的に煉瓦造に比べて耐火性能に劣ると見られた木造建物にまったく制限がなかったわけではなく、行政官庁が指定した市街地では、木造長屋に対し、間口二十間ごとに煉瓦造の防火壁を設けることが義務付けられた。

朝鮮総督府によるこのような木造建築容認の方針は、法律で取り締まる民間の建物に対しておこなわれたものだが、朝鮮総督府が自ら建設していった建物、例えば、地方庁舎や学校、病院には煉瓦造が採用され、後に鉄筋コンクリート造が採用されていく。

図4　台湾総督府の市区改正事業によって出現した煉瓦造の亭仔脚（台湾日日新報社『台湾写真帖』1911年）

（2）煉瓦造の採用による不燃化

建物不燃化のもう一つは、建物の躯体そのものを不燃材である煉瓦でつくるものである。台湾では、植民地支配が始まった初期に建てられた木造建築が次々とシロアリ被害に遭ったことから、台湾総統府は木造公共建築の建て替えを煉瓦造建築でおこなうなど、煉瓦造が積極的に導入された。典型的なのは、前出の台北医院であり、一八九八年に建てられた木造の病院建築は、一九〇六年から順次、煉瓦造に建て替えられていった。また、・九〇〇年代になって積極的におこなわれた台湾各地の市区改正事業で建設された台湾特有の亭《てい》仔脚《しきゃく》（**図4**）は煉瓦造建築として建てられた。

日露戦争中の一九〇五年四月に施行された大連市家屋建築取締仮規則では、木造建築を仮建築に分類し、行政官庁がそれらに取り壊し命令を出すことができることになっていた。その結果、当初は木造建築の建築申請があったものの、十年後にはほとんどなくなり、大連市街地に建てられた建築物の多くが煉瓦造建築となった。

満鉄が実質的な行政権を行使した満鉄鉄道附属地では、一九〇七年六月制定の家屋建築制限規程によって、鉄道附属地内の建物を原則として煉瓦造で建てることを定めた。そして、鉄道附属地に多数の公共建築を建設した満鉄は、それらに煉瓦造を採用していた。

(3)建物不燃化から生まれた街並み

ここで注目すべきは、台湾や大連、満鉄鉄道附属地で煉瓦造が導入されたことで生じた新たな現象である。ひとつは、これらの地域での積極的な煉瓦造の導入が結果として、市街地の不燃化をもたらしただけでなく、日本国内にはほとんど存在しなかった洋風、特にクィーン・アン様式の街並み（**図5**）を出現させたことである。言い換えれば、支配機関が煉瓦造を積極的に推奨、導入したことは、日本の伝統的な木造建築による街並みとは異なる街並み、すなわち、洋風建築が軒を連ねる街並みの出現を想定していたといえる。

図5　1930年頃の満鉄奉天（瀋陽）駅前（山本三生編『日本地理体系別巻満洲』改造社、1930年）

さて、建築構造・材料に関するもう一つの現象は、台湾での積極的な鉄筋コンクリート造の導入である。台湾では、シロアリ対策の一環として、また、頻発する地震に対応するため、二十世紀初頭から鉄筋コンクリート造が積極的に用いられた（**図6**）。この鉄筋コンクリート造の導入は、日本国内と比較するだけでなく、世界的に見ても早い例であるが、同時に鉄筋の爆裂によるコンクリート躯体のひび割れやコンクリートの中性化という鉄筋コンクリート造特有の問題も世界で最初に経験する地となった。

また、一九二〇～三〇年代の大連など満鉄沿線の都市では、豊富な煉瓦生産を背景に建物全体を鉄筋コンクリート造化する動きは少なく、柱、梁、床を鉄筋コンクリート造とし、煉瓦造の壁体をつくる「鉄筋コンクリート煉瓦幕壁」という構造形式が一般化した。

結局、どの支配地でも、支配機関は少なくとも自ら建設していった建物には積極的に煉瓦造を採用しながら、民間の建物に対しては、支配地固有の背景を持っていたため、対応が異なっていた。朝鮮総督府が法律で規制する民間の建物に対しては、木造建物を容認し、屋根の不燃化だけを規定して、緩やかに取り締まったことに対し、日露戦争中の大連軍政署や鉄道附属地を管理した満鉄が煉瓦造を普及せざるを得ない規則を設けたことは、手法としては大きな違いがあった。この差異は、既存建物が多く存在した朝鮮半島の状況と新築建物が建ち始めていた大連や満鉄鉄道附属地の状況を反映したものに過ぎない。

図6　1909年竣工の台北電話交換室（『台湾建築会誌』13巻2号、1941年8月）

三、満洲事変がもたらした建築様式の変化

三点目は、建築様式についてである。十六世紀から二十世紀にかけて、アフリカ、アジア、南北アメリカに植民地建築（Colonial Architecture）が成立したという建築の歴史の中で、日本の支配地に出現した植民地建築の建築様式だけが、特異な現象を示した。建築様式の問題であった。十六世紀以降、アフリカ、アジア、南北アメリカのスペイン、ポルトガル、イギリス、フランス植民地では、それぞれ母国で成立していた建築をモデルとして、植民地建築が建てられた。ペルーやチリ、フィリピンなどに建てられたバロック建築、アメリカの東海岸に建てられたジョージアン建築は、その典型であり、宗主国のスペインやイギリスで成立した建築をモデルとしていた。

（1）「日本建築」からほど遠い総督府庁舎

しかし、十九世紀末から二十世紀初頭において、台湾、関東州と満鉄沿線、朝鮮半島といった日本の支配地では、これらとは様相を異にした植民地建築が成立した。典型例を示せば、台北とソウルに建てられた二つの総督府庁舎である。台湾総督府庁舎（**図1**）は、中央に高塔を建て、中央と両端の壁面を手前に張り出して強調するバロック建築の手法で外形を構成しながら、外壁そのものは赤煉瓦の壁体を地とし、白色の部材を図として窓周りなどの開口部や建物の隅部に配置していくクィーン・アン様式の手法を併用していた。そこには、日本の伝統的な建築様式の影響は微塵もない。同様に朝鮮総督府庁舎（**図2**）も当時は日本人建築家たちが「近世復興式」と呼ばれたネオ・バロック建築を基調とした外観であり、日本の伝統的な建築様式の影響は皆無であった。

植民地支配の象徴的存在であったはずの二つの総督府庁舎のみならず、支配機関が建てていった地方庁舎、学校、病院などの公共建築も同じ傾向にあった。この事実は、欧州諸国の支配地で成立した植民地建築と宗主国の建築との関係とは様相を異にしていた。その主たる原因は二つ考えられる。

（2）建築教育がもたらした要因

一つは、これらの建物の設計を託された日本人建築家、建築技術者の知識の問題である。明治政府によって始められた工学寮（工部大学校）での建築教育では、お雇い外国人であったジョサイア・コンドルに専門教育が委ねられた結果、コンドルがイギリスで受けた教育内容が導入されたため、当然ながら日本建築を教える教育は存在しなかった。コンドルの後を引き継いで日本人によっておこなわれた帝国大学で展開された建築教育でも、二十世紀初頭まで日本建築を体系的に教育することはできなかった。これは、一九〇〇年前後から各地に設立された他の日本国内の建築教育機関にも影響を与え、日本建築を体系的に学んだことのない建築家、建築技術者が輩出されていった。したがって、十九世紀末から二十世紀初頭において、日本建築の知識を持って建築設計のできた建築家は皆無に近く、一九二〇年代まで、日本の植民地建築を日本建築の様式で設計すること自体がほとんど不可能であった。

（3）日本を取り巻く国際関係

二つ目は、当時の日本を取り巻く国際関係の問題である。十九世紀末から二十世紀初頭の東アジア地域に対する日本の支配は、欧米列強諸国との協調関係を基軸に進んだ。その中で、日本は植民地支配能力のあることを見せる必要があり、それを認めてもらうことで、支配を維持していた。そのためには、少なくとも東アジア地域における列強支配地に建てられた建物と比較可能な建物を建てる必要があった。その状況で、ふたつの総督府は、欧州列強の植民地建築と比較不可能な日本建築の様式を外観に採用するという選択はあり得なかった。

（4）一九三〇年代の変化

ところが、一九三〇年代になると、日本建築、朝鮮建築や中国建築の意匠を取り入れた公共建築が建てられていく。満洲国国務院庁舎（一九三六年竣工）、朝鮮総督府美術館（一九三九年竣工）、高雄市庁舎（一九四〇年竣工）は、その好例である。このような様式の変化の境目は満洲事変（一九三一年）と満洲国の成立（一九三二年）であった。満洲事変を起こし、満洲国政府を成立させた日本は、それによって列強諸国との協調体制から離脱した。そのため、もはや、他国に支配能力を認めさせる必然性はなく、東アジア地域における列強諸国の建築と比較されるべき建築を建てる必然性もなくなった。それと同時に、日本国内における建築教育の内容に変化が生じ、日本建築や東洋建築に関する研究が進み、論著が刊行されるようになり、高等教育、中等教育機関での体系的な教育がおこなわれるようになった。当時の建築学会（現在の日本建築学会の前身）は、一九三〇年、『日本建築史参考図集』と『東洋建築史参考図集』を刊行し、日本建築や東洋建築の情報を広く提供した。言い換えれば、日本建築や朝鮮建築、中国建築の知識を持った建築家、建築技術者が輩出されるようになり、また、多くの建築家や建築技術者が日本建築や東洋建築の情報を手軽に得ることができるようになった。その結果、一九三〇年代後半には、日本建築など東アジアの建築様式を建物に取り入れる設計ができるようになった。それが反映された建物が、前述の満洲国国務院庁舎、朝鮮総督府美術館、高雄市庁舎であったといえる。

このような植民地建築の建築様式の変化は、当時の日本を取り巻く国際関係と当時の日本における建築教育の変化に依拠していた。

四、不燃化・衛生・美観を確保した建築規則

四点目は、建築規則の問題である。支配機関はそれぞれの支配地で建築規則を実施していたが、そこでは、個々の建物の不燃化と衛生を確保しながら、同時に市街地の美観の確保を図ることを目指していた。そして、それを確実に実施するため、建築許可制度が導入された。

（1）建築規則の実施

台湾総督府は設立から四年後の一九〇〇年に台湾家屋建築

規則を[5]、朝鮮総督府は設立から三年後の一九一三年に朝鮮市街地建築取締規則を[6]実施した。また、関東都督府は、設立以前の一九〇五年に公布されていた大連市家屋建築取締仮規則[7]を継続実施した。さらに満鉄鉄道附属地の行政を担当していた満鉄も本社を大連に移して実際の事業を開始した一九〇七年に家屋建築制限規程を[8]実施した。このようにいずれの支配機関も支配を始めた早い段階で民間の建物に対する規則を実施していた。これは、それぞれの行政において、建築規則が必要不可欠な存在であったことを示していたといえる。そして、それぞれの規則に実効性を持たせるために導入されたのが、建築許可制度の導入であった。

(2) 建築許可制度の導入

建築許可制度の導入は、無秩序に建てられる建物の出現を防ぎ、最終的には建築規則に沿った建物のみになっていくことを想定していたと考えられる。この点は、全ての規則に共通していた。これについて、大連市家屋建築取締仮規則を起草した大連軍政署嘱託技師の前田松韻は、一九〇五年時点での例として、韓国の釜山、仁川の居留地と中国の安東県を例に挙げ、「新に出来た処の市街に於て一定の建築の取締規則がありませぬからして其処の通弊として起る所の日本固有の家が建ちまして、例えば軒が低いとか白木で其儘ペンキも塗らず下見張くらいのもので住って居り、又軒高の如き甚だ低く不規則の外見の悪い状態に陥りまして日本の田舎町其ものが一朝にして出現し」[9]と評し、居留地など新たな市街地をつくっていく場所では、建築規則が必要なことを説いていた。この時期、釜山には一八九一年に実施された釜山領事館達第二三号家屋構造規則があり、仁川には一八八四年十一月調印の仁川各国居留地規則があり、建築規則がまったく存在しなかったわけではないので、この点は前田の誤解であるが、実際に出現した市街地は前田が「日本の田舎町」と説明した通りであり、彼はそれを「居留地の通弊」と表現した。建築規則によって建築許可制度を導入すれば、居留地や占領地のような新たな市街地を建設する場所において、新築建物を一括して行政の管理下に置くことができ、前田がいう「居留地の通弊」を回避することができると判断された。事実、前田が起草した大連市家屋建築取締仮規則においても、施主が行政官署に建築申請をおこない、行政官署から許可をもらって工事を始める制度が組み込まれていた。

このような建築規則で求めていた建物の不燃化については、既に説明した。二点目の要点である建物の衛生状態の向上については、それぞれの規則において、具体的に次のように定められた。

（3）衛生に関する規定

ひとつは、どの規則も厠に対する細かい規定を設け、伝染病などの発生源となる汚水・汚物の不適切な処理を防ぐ意図が示されていた。しかし、ペストを媒介するネズミに対する扱いは、異なっていた。特にネズミの家屋への浸入に対処したのが台湾の建築規則であった。台湾でも、一九〇〇年に施行した台湾家屋建築規則と同施行細則では、ネズミ対策は規定されていなかった。ところが、その後、ペストが増加すると、一九〇七年の施行細則改正[10]では、屋根裏、床下などへのネズミの出入りを防止する規程を盛り込み、同時にネズミが巣をつくりやすい土磚（日干煉瓦）を主たる構造材料から外して、実質上、使用を禁止した。

一方、大連市家屋建築取締仮規則では、ネズミに関する規程は皆無であった。日露戦争に伴う占領直後の大連では、ペストの発生を予見できず、ネズミに関する規程はなかった。大連市家屋建築取締仮規則を引き継いで一九一九年に実施された大連市建築規則[11]では、敷地内排水溝と公共下水との接点や便所周りでのネズミの移動を防ぐ装置の設置が義務付けられたが、これは、一九一〇年から一九一一年にかけて大連のみならず中国東北地方でのペストの大流行が反映された結果であると考えられる。

大連市家屋建築取締仮規則では規定されなかったネズミ対策が一九一九年施行の大連市建築規則に取り入れられたことと同様のことは朝鮮での建築規則でも生じていた。朝鮮総督府が実施した朝鮮市街地建築取締規則に先行して一九一一年から一九一二年に実施された道単位での家屋建築取締規則には、ネズミ対策を示した規定は全くなかった。ところが、一九一三年に実施された朝鮮市街地建築取締規則では、防鼠設備の設置を規定している。

（4）取り締まりの実態

このような建築規則の実効性を高めるために定められたのが、違法建物への取り締まりと建築規則施行前に建てられた建物への対応であった。

台湾家屋建築規則では、違法建物に対し、当該の地方長官が取り壊しを命じることができた。また、建築規則の施行前後に関わらず、公益の必要、危険性の存在、健康を害する場合、は地方長官が建物所有者に取り壊しを命ずることが出来た。そして、実際にこれは実施された。例えば、一九〇四年四月には、台北庁が台北市内の二十一戸を「危険家屋」と認定し、取り壊している。[12]また、一九〇七年十月には台北市内の一八七棟（四一七戸）が取り壊し命令を受けた。[13]さらに、一九〇八年七月には台北市内の一〇九戸の家屋が「不潔家屋」として立ち退き命令を受けた。[14] その結果、この時期に台北庁がおこなった「不潔家屋」の取り壊し対象は七一九戸にのぼっていた。[15]

台湾で起きた既存建物への取り壊し命令は、大連でも起きていた。大連市家屋建築取締仮規則では、仮建築に分類された建物について、行政官署が取り壊しを命令できる条項と既存不適格建物への改築を命令できる条項があった。大連民政署は、一九一一年十月、既存不適格建物五四三棟をいったん仮建築に認定し、それらに対して改築命令を発していた。[16]

このような行政官署による既存建物の取り壊し命令は、現在の感覚、すなわち、現在の日本で実施されている建築基準法と関連法令を比べたとき、当時の台湾や大連では厳しい取り締まりがおこなわれたといえる。しかし、その原因は、前出の前田松韻の発言にある通り、建築規則がないと日本の田舎町が出現してしまう、という認識を支配機関が一様に持っていたからといえる。

(5) 市街地の美観

では、このような建築規則が目指した市街地の美観について、考えてみたい。一九〇〇年八月十二日公布の台湾家屋建築規則に基づいて同年九月二十九日に定められた台湾家屋建築規則施行細則では、建物の軒高の最低限を十二尺と定めた。一九〇五年四月に実施された大連市家屋建築取締仮規則でも同様に建物の軒高の最低限を十二尺と定めたうえで、前面道路が一等道路、二等道路の場合は軒高三十尺以上、三等道路では軒高十五尺以上と定めた。満鉄が一九〇七年六月に実施した家屋建築制限規程では、鉄道附属地内の建物の軒高を二十四尺以上にすることが定められた。[17] さらに、一九〇七年六月一日施行の群山各国居留地に適用された家屋建築規則では、軒先に雨樋の設置を義務付けたうえ、その高さを七尺以上と規定した。[18] この規則も実質的に建物の高さの最低限を定めたものである。一九一三年施行の朝鮮市街地建築取締規則では、このような規程は設けられなかったので、この群山居留地の家屋建築規則は一時的なものとなったが、台湾、関東州、朝鮮半島で、ほぼ同じ時期に建物の最低限を規定した建築規則が実施されたことは、この時期に支配地で建物高さの最低限を定める必要があったことを示している。

それは、建物高さの最低限を定めることで、極端に高さの低い建物の出現を排除することを目指していたといえる。特に大連市家屋建築取締仮規則が示した一等道路、二等道路に面する建物の軒高最低三十尺という規定を守るには、三階建の建物を建てる必要があった。しかし、日露戦争後に大連に進出した日本人商工業者には資力の乏しい者も多く、この規定は彼らに不評であった。そこで、関東都督府は一九〇八年、一等道路、二等道路に面する建物の軒高を二十七尺以上に修正した。しかし、実際に出現した大連の中心街では、概ねこの規定に沿うかたちで建物の軒高が揃うこととなった。すなわち、建物高さの最低限を規定することで、その高さで建物の高さが統一されることを意味していた。そして、実際にそのような街並みが出現した。

図7　1915年頃の大連・大山通（満洲日日新聞社『南満洲写真帖』1917年）

（6）建築規則が目指したもの

最後に、このような建築規則が総体として目指していたことを考えておきたい。

台湾では、建築規則の施行と並行して進められた市区改正事業において、台北や台中などの主要都市の中心市街地に亭仔脚を持った煉瓦造の連続家屋が出現した（**図4**）。大連では、大連市家屋建築取締仮規則の実施後、当初は増えた仮建築が徐々に姿を消し、中心市街地に煉瓦造の建物が軒を連ねる街並みが出現した（**図7**）。それらは概ね赤煉瓦を主要材料としたクィーン・アン様式の延長線上に位置づけられる外観をもっていたことで、これらの地では日本国内では見られることのなかった街並みが出現した。その主因は、この規則が、煉瓦造による外壁の不燃化を実質的に定めたことで、結果としてそのような街並みが出現した。

一方、ソウルや釜山といった朝鮮半島の主要都市では、台北や大連とはまったく違った街並みが出現した。例えば、一九三〇年に刊行された『日本地理体系　十二　朝鮮』に収録された釜山市街地の写真（**図8**）は、瓦屋根の建物が軒を連ねているが、それらの外壁は下見板張であり、木造建物が街を埋め尽くしている光景である。これは、当時の日本国内の

図8　1930年頃の釜山市街地（改造社『日本地理体系　十二　朝鮮』1930年）

地方都市に似た市街地が出現したといえる。

　このような台北、大連とソウルや釜山の街並みの違いは、結局、建物の不燃化に対する差異と、植民地支配の下で進められた市区改正（市街地再開発）事業の差異が反映された結果である。しかし、ソウルや釜山で求められたのは、屋根の不燃化であったため、その結果として瓦屋根の建物が市街地を埋め尽くすこととなり、これも朝鮮市街地建築取締規則が目指した市街地であったといえる。

　これらの街並みの出現と同時に、建物・敷地の衛生水準の向上を目指した建築規則の実施は、室内環境の向上とともに、コレラ、ペストなどの伝染病の蔓延を止めることが託された。

おわりに

　本稿では、実際に建てられた建物に関する客観的情報や実際に実施された建築規則に基づいて、それらが支配とどのような関係が存在したかを考えてみた。支配機関の庁舎と支配機関が建てた病院建築との新築時期の差異、不燃化の一環として導入された煉瓦造建物、「日本建築」とは程遠い総督府庁舎の外観は、厳然たる事実である。ならば、それがなぜ生じたのかということを考えるのが歴史を専門とする研究者の責務であると考えて、本稿を記した。

　その結果として、次のことを最後に記す。植民地支配という状況下において、既存の市街地とは異なった市街地を出現させることは、目に見えるかたちでの支配能力の誇示という位置づけはできる。しかし、それと同時に進められた建物・敷地の衛生水準の向上は目に見えるものではないが、これもまた、支配者、被支配者を問わず、民生の安定という支配の原則を支える一つの事業として成立していた。

結局、日本の支配地で展開されたさまざまな建築活動とそこで生まれた建物や街並みは、人々の生活に身近な部分での衛生水準の向上に伴う民生の安定という無形のものと、既存市街地とは異なる形態の新たな市街地の出現による支配能力の誇示という有形のものが重なっていたと考えられる。

注

（1）台湾総督府庁舎の新築経緯は、西澤泰彦『東アジアの日本人建築家――世紀末から日中戦争』（柏書房、二〇一一年）。

（2）朝鮮総督府庁舎の新築経緯は、西澤泰彦『東アジアの日本人建築家――世紀末から日中戦争』（柏書房、二〇一一年）。

（3）関東都督府庁舎と関東州庁舎に関する経緯は、西澤泰彦『日本植民地建築論』（名古屋大学出版会、二〇〇八年）。

（4）「本社新築案に関する件」（中国・遼寧省档案館所蔵満鉄関係文書『昭和六、七、八年度計画部審査門建築類建築目』文書綴番号・計九五に所収）。

（5）『官報』第五一四五号（一九〇〇年八月二十五日）三九三頁。

（6）『官報』第一七四号（一九一三年三月一日）三―四頁。

（7）『関東洲民政署法規提要』（一九〇六年）一七九―一八三頁。

（8）南満洲鉄道株式会社『南満洲鉄道株式会社十年史』（一九一九年）七四九頁、および南満洲鉄道株式会社総裁室地方部残務整理委員会編『満鉄鉄道附属地経営沿革全史』中巻（一九三九年）九七三頁。

（9）前田松韻「大連市に施行せし建築仮取締規則の効果」（『建築雑誌』二五四号、一九〇八年）二五―三二頁。

（10）『官報』第七二三二号（一九〇七年八月七日）一二〇―一二一頁。

（11）『官報』第二〇六三号（一九一九年六月二十日）四八〇―四八五頁。

（12）台湾日日新報社「市内の危険建物取締」（『台湾日日新報』第一七九八号、一九〇四年四月三十日）。

（13）台湾日日新報社「取壊家屋の区分」（『台湾日日新報』第二八二九号、一九〇七年十月六日）。

（14）台湾日日新報社「西門外街の立退家屋」（『台湾日日新報』第三〇五二号、一九〇八年七月四日）。

（15）注14に同じ。

（16）満洲日日新聞社「改築家屋命令」（『満洲日日新聞』第一四二九号、一九一一年十月一日）。

（17）注8に同じ。

（18）群山家屋建築規則については、文智恩ほか「1899年開港の韓国・群山における各国居留地の市街地建設過程に関する研究」（『日本建築学会計画系論文集』第七六九号、二〇二〇年三月）。

大日本帝国と海外神社の創建

中島三千男

海外神社の二つの類型、地域別神社数、時期区分等について述べることによって一八〇〇余社にも上る海外神社を概観した。その上でこれまで十分に研究されてこなかった「未公認神社（「無願神祠」）」が公認神社と変わらぬ重要な役割を果したことを指摘すると共に、同じく研究上の空白であった東南アジア・旧蘭印（インドネシア）に建てられた神社について言及した。

一、海外神社とは

近代日本において、日本人の海外進出や移民の増大、さらには大日本帝国の「勢力圏」の拡大に伴って、アジアを中心に広く世界（海外）に多くの神社が建てられた。現在、その数は資料上確認されているものだけでも一八〇〇余社[1]にのぼるが、このような神社を「海外神社」と呼んでいる。

この海外神社にはハワイ、北米西海岸、ブラジル等日本の施政権が及ばなかった地域に、日本人の移民によって建てられた神社もあるが、圧倒的に多くはアジア地域、一九四五年のアジア・太平洋戦争の敗戦にいたる大日本帝国の侵略によって拡大された「勢力圏」・「大東亜共栄圏」内に建てられた。旧台湾（以下「旧」を省略）、樺太、関東州、朝鮮、南洋群島等の「植民地」（外地）、また中華民国や、英領マレー（マレーシア、シンガポール）、蘭領東印度（インドネシア）、米領フイリピン（フイリピン）等の東南アジア地域の占領地、さらには「満州国」等の「傀儡国家」に建てられた。こうした地

なかじま・みちお――神奈川大学名誉教授。専門は日本近現代思想史。主な著書に『天皇の代替わりと国民』（青木書店、一九九〇年）、『海外神社跡地の景観変容――さまざまな現在』（御茶の水書房、二〇一三年）、『天皇の「代替わり儀式」と憲法』（日本機関紙出版、二〇一九年）、『「神国」の残影――海外神社跡地写真記録』（稲宮康人氏との共著、国書刊行会、二〇一九年）などがある。

域に建てられた海外神社は、その地域の住民の皇民化政策、大日本帝国・天皇崇拝に大きな役割を果したので、これを「植民地神社」(2)、「侵略神社」(3)と呼ぶ場合もある。因みに、前者は六十余社、後者は一七六〇余社にのぼる。本稿が対象とするのは、後者の海外神社である。

海外神社の研究は戦前から戦後にかけて、主に海外神社の創建に関わった関係者や神道(史)研究者によって基礎的な事実を中心に進められてきたが、一九六八年に中濃《なかの》教篤《きょうとく》が『近代日本の宗教と政治』(4)において、海外神社を植民地支配や皇民化政策との関係で本格的に論じて以降、歴史研究者を含め多くの分野の研究者によって研究がすすめられ、今日ではそれぞれの国、地域についての基本となる文献がすでに発表されている。(5)

二、海外神社の二つの類型

海外神社は、建設主体によって二つのタイプに分けられる。一つは「居留民奉斎神社」とよばれるものである。海外神社はもともと、海外に出かけて行った日本人が、慣れない、厳しい社会的環境や自然環境の中で自らの生活の成り立ちや安穏、さらにはアイデンティティーを確認・維持するために総督府や領事館に願い出て建てられたものである。とくに居留民が増え、夫婦、家族連れも増えていくと初詣やお宮参り、七五三、結婚式等の通過儀礼が神前で行われ、また神社の春秋の祭りには賑やかな神輿や屋台、生け花や相撲大会等様々な娯楽・催し物が供された。晴着姿で社前に向かう風景は故郷を偲ぶ貴重な機会であった。

もう一つは「政府奉斎神社」といわれるもので、大日本帝国の「勢力圏」の成立に伴い、その「勢力圏」を維持・拡大するために日本政府(総督府・庁といった現地政府や軍)によっても建てられていく。官幣大社台湾神社(一九〇〇年)、官幣大社樺太神社(一九一〇年)、官幣大社朝鮮神宮(一九一九年)、官幣大社関東神宮(一九三八年、関東州・旅順)、官幣大社南洋神社(一九四〇年、パラオ)等で、国内の社格制度が適用され、その最高位の官幣大社に列せられた。

その他、日本の領土でないとして社格制度は適用されるに至らなかったが、満州国の建国神廟や建国忠霊廟(いずれも一九四〇年)、北京神社(一九四〇年)、昭南神社(一九四三年、昭南島・シンガポール)等も「政府奉斎神社」に入れることができよう。

このような「政府奉斎神社」は設立当初より現地住民の皇民化をねらったものであり、その意味で日本人居留民を直接的な対象としていた「居留民奉斎神社」と性格を異にする。

表1　地域別神社、社・神祠数

	神社						社・神祠	総計
	官幣社	国弊社	県社	郷社	他・無格社	（小計）		
台湾	2	3	10	20	33	68	133※1	201
樺太	1	0	7	0	120	128	0	128
関東州	1	0	0	0	12	13	0	13
朝鮮	2	8	0	0	72※2	82	958	1040
南洋群島	1	0	0	0	26	27	0	27
満州	0	0	0	0	302	302	0	302
中華民国	0	0	0	0	57※3	57	0	57
計	7	11	17	20	632	677	1091	1768

出典：佐藤弘毅「海外神社一覧」（『神道史大辞典』吉川弘文館、2004年6月）。台湾のみ金子展也「台湾における神社一覧表」（『台湾旧神社故地への旅案内――台湾を護った神々』神社新報社、2015年）によった

※1　台湾の「社・神祠」には末社12社、遥拝所5社を含む
※2　朝鮮の「他・無格社」72社には「道供進社」9社、「府供進社」7社、「邑供進社」19社、計35社を含む
※3　中華民国の57社には計画中4社、未完成1社の計5社を含む
注：本稿末尾注1稲宮康人・中島三千男共著所収、中島「海外神社及びその跡地について」96頁より引用

しかしながら、後者も一九三〇年代半ば以降、現地住民の神社参拝やそうでなくても神社前を通るときの拝礼の強要等現地人の天皇崇拝、日本帝国崇拝の植え付けに大きな役割を果たし、前者とあいまって植民地支配・占領支配のイデオロギー的支柱の一部を構成した。(6)

三、地域別神社数

表1は、現在判明している限りの日本の「勢力圏」下の主な地域別の神社ならびに社・神祠の数である。

じつは台湾では「社」あるいは「祠」、朝鮮では「神祠」と言われて、「神社」と区別された神祇奉斎施設があった（以下、「社・神祠」と区別する意味での神社は「神社」と括弧をつける）。この「神社」と「社・神祠」の違いは認可条件等が種々区別されていたが、実態としては「神社」が本殿、拝殿、社務所、手水舎、鳥居等の設備を備えていたのに対して、「社・神祠」の場合は本殿や鳥居等簡便なる施設しかもっていないものである。しかし、大事なことは、この「社・神祠」は「神社」と同じように一般の「公衆に参拝」させるための目的をもった神祇奉斎施設であり、従って総督府の認可が必要であり、統計もとられていた。(7)

これで見ると全体として、「神社」は六七七社、「社・神

表2　地域別・年代別海外神社数

	神社								社・神祠		総計
	台湾	樺太	関東州	朝鮮	南洋群島	満州	中華民国	（小計）	台湾	朝鮮	
1900年まで	2	0	0	3	0	0	0	5	3	0	8
1901～1905	0	0	0	1	0	1	0	2	0	0	2
1906～1910	1	3	2	6	0	5	0	18	2	0	19
1911～1915	9	2	2	6	1	14	2	39	3	1	40
1916～1920	5	2	2	24	2	11	3	48	6	46	101
1921～1925	3	62	3	11	1	4	0	81	16	62	162
1926～1930	4	25	1	7	3	1	1	42	31	89	162
1931～1935	6	18	2	3	2	28	4	63	38	100	201
1936～1940	30	11	1	8	15	108	27	200	18	362	580
1941～1945	8	0	0	13	0	130	15	166	11	298	475
不明	0	5	0	0	3	0	5※	13	5	0	18
計	68	128	13	82	27	302	57	677	133	958	1768

出典：佐藤弘毅「海外神社一覧」（『神道史大辞典』吉川弘文館、2004年6月）。台湾のみ金子展也「台湾における神社一覧表」（『台湾旧神社故地への旅案内――台湾を護った神々』神社新報社、2015年）によった
※ 台湾の社には末社12、遥拝所5（年代不明）を含む
注：表1と同じく、中島論文100頁より引用

祠」は一〇九一社、併せて一七六八社にのぼる。地域別に見ていくと、朝鮮が一〇四〇社で全体の約五九パーセントと過半数を占める。以下、満州三〇二社（一七パーセント）、台湾二〇一社（一一パーセント）等と続く。

また、いわゆる「外地」には社格制度が部分的に持ち込まれていたが、官国幣社の数も朝鮮が十社と飛び抜けて多い。こうした、全体の数や官国幣社の数から見ても、日本の植民地支配における朝鮮の位置の重要性が浮かびあがってこよう。

四、海外神社の時期区分

表2は各地域別、年代別神社数である。これを下敷きにしながら海外神社の時期区分を行っていきたい。(8)

第一期は一八六八年（明治元）～一九一四年（大正三）まで。台湾神社や樺太神社等の『政府奉斎神社」と「居留民奉斎神社」が並行して立てられていく時期である。しかしこの二つの「政府奉斎神社」は多分にシンボル的な存在でその機能は十分には発揮されなかった。また、「居留民奉斎神社」は数が少なく、さらに総督府等による監督も弱かった。この時期に日本の領土となった台湾や樺太は、日本にとって文字通り「開拓」という側面が強く、「政府奉斎神社」の祭神には「大国魂命」等の「開拓三神」が入っている。

第二期は一九一五年（大正四）から一九三一年（昭和六）までで、海外神社に関する法制度が整備された時期で、内地で確立した国家神道の論理が「外地」にも及んだ時期である。朝鮮における「神社寺院規則」（一九一五年）や「神祠に関する件」（一九一七年）、樺太における「（樺太）神社規則」（一九二〇年）、台湾における「県社以下神社の創立、移転、廃止、合併に関する規則」（一九二三年）や「社、遥拝所に関する件」（同年）等である。このことは、一面では総督府等の保護が与えられたということであるが、多面では監督・統制の強化を意味していた。

こうした事は祭神の面でも表れていた。「政府奉斎神社」である朝鮮神宮（一九一九年創立）には「開拓三神」に替わり初めて皇祖神の天照大神が祀られ、また台湾、樺太、朝鮮の日本領有を実現した明治天皇を祭神とした。国家神道の論理の祭神面での波及であった。(9)

なお、**表2**に見る如く一九一一年～一九一五年及び一九一六年～一九二〇年の時期に海外神社数が急増しているが、これは明治天皇の葬儀（大喪、一九一二年）、昭憲皇太后の葬儀（大喪、一九一四年）、大正天皇の即位儀式（御大典、一九一五年）と大規模な神道儀式が連続して行われ、また海外に於いてもこの儀式に併せて様々な儀式・行事が行われたが、その中で神社建設の熱が高揚した結果である。また、樺太の「神社」一九一一年～二五年の六二、朝鮮の「神社」一九一六年～一九二五年の二四、台湾の「社」一九二一年～一九二〇年の四六等の一六、朝鮮の「神祠」一九一六年～一九二〇年の四六等の急増の数字は、必ずしもその期間に急増したのではなく、上記の法整備の結果の見かけ上の数字である。

第三期は一九三二年（昭和七）以降である。三一年の満州事変、三七年の日中戦争の開始、そして四一年のアジア太平洋戦争の開始を背景として、朝鮮・台湾等日本領土（植民地・外地）においては皇民化政策が本格的に展開し、またその他の地域においても大日本帝国、天皇崇拝思想の浸透が強化される。また、これと関連して、国内外で展開された「紀元二千六百年祭」（一九四〇年）の記念事業として多くの神社が建てられていった。こうした中で、海外神社が最も「発展」した時期である。**表2**でも明らかなように、この時期に建てられた海外神社は「神社」、「社・神祠」あわせて一二五六社で全体の七一パーセントを占める。

「政府奉斎神社」としては官幣大社関東神宮（一九三八年創立）、官幣大社南洋神社（一九四〇年創立）等が建てられた。また、満州国では一九四〇年に天照大神を祀る建国神廟と日本の靖国神社に当る建国忠霊廟が建てられた。さらに台湾神社は一九四四年には天照大神を合祀して神宮に昇格した。

また、台湾では一九三四年から「一街庄一神社」（一町村一社）政策、朝鮮では三八年から「一面一神社」（一村一社）政策がとられ、「神社」、「社・神祠」数は爆発的に伸びた。満州では開拓団の急増により多数の開拓団神社が建てられた。また、こうした地域の神社にも天照大神が多く祀られた。

こうした下で、朝鮮においてはキリスト教に対する抑圧（神社への強制参拝、これを拒否した教会の閉鎖）が、台湾においては在来宗教に対する抑圧（寺廟整理、正庁改善等）が行われた。

このように、この時期の海外神社は、「外地」、占領地における皇民化政策の拠点、あるいは大日本帝国の海外侵略のシンボルとしての役割を果たした。それ故に、朝鮮や満州で多く見られたように、敗戦とともに、現地人による襲撃をうけ、神社が放火・略奪・破壊の対象となったし、またそうしたことを恐れて、日本人（総督府、軍）の手によって多くの神社が破却、焼却され、その機能は全く停止してしまった。[10]

五、「未公認神社」（「無願神祠」）

以上、海外神社の地域別神社数、年代別神社数及び海外神社の時期区分について見てきたが、それらの神社（「神社」及び「社・祠」）はそれぞれの地域に於ける現地日本政府、外地においては総督府や庁、占領地等においては外務省（領事館）の規則に基づいて建てられ、「神社台帳」等の統計資料にも書き上げられている、いわば「公認の神社」であった。

そしてこれまでの海外神社研究は、この「公認の神社」を対象として行われてきた。

しかしながら、実はこうした「公認の神社」とともに、現地人の皇民化や天皇・大日本帝国崇拝に大きな役割を果したものに、「未公認神社」（「無願神祠」）ともいうべき神社が多数存在することに注意を促したい。

次の写真は「神祠拝礼　京城地方専売局」の絵葉書である（**図1**）。絵葉書のキャプションには「国体本義の透徹は、朝の神祠拝礼」とあるが、これは専売局に勤める、朝鮮人従業員等の「神祠拝礼」の写真である。[11]

この写真に写っているだけでも二〇〇人余の朝鮮人等が、おそらく毎朝の始業初めにこうした拝礼を行っていると推測される。「国体本義の透徹は」とあるように、この濃密な空間における毎朝の神祠の拝礼は「公認神社」の拝礼に劣らず、朝鮮人に天皇・日本国崇拝、神祇崇拝を植え付ける上で、大きな役割を果たしていたと言えよう。

しかしながらこの「神祠」は、一般の「公衆」ではなく

図1　絵葉書「神祠拝礼　京城地方専売局」(神奈川大学非文字資料研究センター、辻子実コレクション)

「京城地方専売局」という「特定の集団」のための「神祠」であるので、公認の「社・祠」ではなく、したがって**表1**の数字にも反映されていないのである。こうした類の神社が「未公認の神社」(「無願神祠」)といわれるものである。

　こうした京城地方専売局の神祠といった「未公認神社」(「無願神祠」)が特別な存在ではなく一般的なものであることを明らかにしたのが金子展也の研究(『台湾旧神社故地への旅案内』[12])であった。

　金子は同書の巻末に各州ごとの「無願神祠」の表を掲載している。それらを集計すると、基隆炭鉱株式会社、明治製糖株式会社等の「企業内神社」三三社、台湾麦酒会社、台中酒工場等の「専売局神社」が一三社、大坪林公学校、嘉義農林学校等の「(学)校内神社」四〇社、台中第三大隊　歩兵第二連隊等の「営内神社」が六社等である。

　これらは「公認神社」、即ち「神社」や「社・神祠」の必須要件の一つ、一般の「公衆」に参拝せしめるものと違って、企業や役所、学校、軍隊等の「特定の集団」の構成員に参拝せしむるものであり、その意味で「公認神社」とされず「未公認神社」(「無願神祠」)」とされているのである。

　しかしながら、海外に於ける「特定の集団」の構成員は、日本人を対象とした普通学校(小学校、国民学校等)や軍隊を除けば、数十、数百人単位の現地人であり、こうした「特定の集団」の「未公認神社」(「無願神祠」)が現地人の天皇崇拝、日本帝国崇拝に果たした役割は、先ほどの京城地方専売局の神祠と同様、「神社」や「社・祠」等の「公認神社」の果たした役割に決して引けをとらないものであったであろう。

　この「未公認神社」(「無願神祠」)は樺太においても一五〇社あったことが知られており、[13]今後の海外神社研究はこれまでの「神社」や「社・神祠」等の「公認神社」だけではなく、これらの「未公認神社」(「無願神祠」)を含めて研究される必要があろう。

六、東南アジアに建てられた神社

以上に述べた「未公認神社」(「無願神祠」)の存在とも絡んで、これまで研究が空白であった東南アジア地域に建てられた神社について触れておこう。

これまでの海外神社研究の対象地域が東北アジア、あるいはせいぜい南洋群島までで、東南アジア地域においてはシンガポール(「昭南島」)の昭南神社の建設をめぐっての研究があるだけであった。(14)

その理由として一つには、占領期間がおおむね約三年半という短い期間であったので神社の設置はそう多くないであろうという暗黙の了解があったこと、そしてそのことにも関連するが、神社に関する法整備がされていず、これまでの海外神社研究が進めてきた「公認神社」がなかったという事情もあろう。

しかし、もっと大きな理由は、台湾の海外神社研究の中で指摘されてきた、次の事があった。先に見たように、一九三〇年代後半、台湾に於ける皇民化政策、神社崇拝強要の極致ともいうべき「正庁改善運動」(台湾人の家庭内祭祀施設である「正庁」から在来の神仏像が撤去焼却され、伊勢皇大神宮の大麻が奉安された神棚が設置された)や「寺廟整理」(台湾の街庄に多く存在していた在来宗教の施設である寺や廟を撤廃・整理する)＝「台湾版廃仏毀釈」はアジア太平洋戦争開戦直前の一九四一年十月に突如として中止された。その要因は、「日本の南方進出と絡んで寺廟整理はすでに台湾一島の問題だけではすまず、南方地域の宗教政策、統治と大きく関わってきたこと」、すなわち、この台湾に於ける「寺廟整理」を中心とする宗教の抑圧が米英によって宣伝されたことである。もし日本軍が東南アジアに進出すれば華僑の在来宗教やフイリピンのキリスト教、インドネシアの回教は弾圧され、それに代わって神社信仰が強制される、その実例が台湾の「寺廟整理」であるというものであった。(15)

日本が、一気に東南アジア全域という広大な地域を占領下に置くためには、現地住民の協力は不可欠であり、そのためには露骨な宗教政策は撤回する必要があったのである。

事実、開戦前から広大な地域を短時間に支配下におさめるため、軍は「軍政実施にあたりては極力残存統治機構を利用するものとし、従来の組織および民族的慣行を尊重す」(16)(「南方占領地行政実施要領」、一九四一年十一月二十日、大本営政府連絡会議決定）と定めた。

この「民族慣行」と関わって宗教の問題は大きな課題であった。特にフイリピンはキリスト教（カソリック）、インドネシアはイスラム教の信者がそれぞれ九割近くをしめていた。また、これらの宗教は他の宗教に対して敏感な一神教的性格を持っていた。これまで、近代日本が支配下に置いてきた東北アジアの国・地域の多神教・諸宗教の混交的風土とは大きく異なった状況があったのである。

事実、これを受けて「南方軍政の基本方針」の中で宗教（及習俗）対策については「宗教は原住民の心底に深く浸透し従ってその信仰心また極めて旺盛なるに鑑み…在来の宗教は統治上妨げない限りこれを保護し、…以て人心の安定、民心の把握に資する以て、宗教処理の根本方針となす。従って宗教自体に手を加え、或は他の宗教を強要するが如きは厳に之を誡め」[17]としていた。

こうしたことが研究者の頭にあって東南アジアにはあまり神社は建てられず、として研究の空白となっていたのである。事実、海外神社について最も網羅的に明らかにしている佐藤弘毅の研究でも、東南アジアについては、タイ国の長政神社、シンガポールの昭南神社、インドネシアの八達威（バタビヤ）神社、フイリピンのダバオの神社等わずかに計七社が挙げられているだけであった。[18]

しかしそうした先入観を排して子細に検討してみると東南アジアにも少なからぬ神社が建てられていたのである。

一九四三年二月十五日、占領から一周年を記念して昭南島（シンガポール）に昭南神社が鎮座した。この神社はマレー・シンガポール作戦を指揮した（第二五軍）山下奉文中将の発願によるものであるが、天照大神を祭神とし、南方軍総司令官寺内寿一元帥陸軍大将を祭主とする「南方共栄圏」全域の中心神社として約一〇〇万円の予算、十万坪の神域（内苑）を持つ、[19]まさに将来は官幣大社に列せられることを「理想」として建てられたものであった。[20]

しかし、この昭南神社の鎮座と前後して、軍は「昭南神社を以て南方全域の中心たらしめたき念願に付、南方他地方に於いては経費問題のみならず、種々考慮すべき問題あれば、遥拝所程度以上のものは之を造営することを見合わせられたき」と指令を出す。[21]

この経費問題のみならず、「種々考慮すべき問題あれば」とは、おそらく如上の東南アジアにおける宗教事情を考慮したものと推測されるが、それらを理由に遥拝所程度以上の神社の建造を禁じたのである。

この「遥拝所程度」というのは基本的に鳥居と小さな社殿

（本殿）のみを備えたもので、先に見た「社・神祠」と同規模のものであった。遥拝所は原則、固定された建物を持たないのであるが、移民地の住民等が故郷の神社等を遥かに遥拝する場合には、鳥居と小さな社殿（本殿）を設けることが許されていた。[22]

こうして、東南アジアには、現在判明しているものだけでも蘭領東印度（インドネシア）二一社、英領マレー（マレーシア、シンガポール）八社、米領フイリピン（フイリピン）五社、英領北ボルネオ（東マレーシア）三社、英領ビルマ（ミャンマー）三社、泰（タイ）二社、仏領インドシナ（ベトナム）二社、計四四社と、佐藤弘毅の研究の六倍の数を数える神社が建てられたのである。[23]

図2　報国神社（ボゴール）「ジャワに／報国神社／原住民毎朝感謝の黙祷」（『読売報知』1943年1月9日）

もちろん、これらの神社の多くは一九四一年の開戦と共に一挙に進出した軍隊の駐屯地（営内神社）や企業の所在地（企業内神社）に建てられたもので、前に述べた「未公認神社」（「無願神祠」）である。多くは、鳥居と本殿のみの施設で、その意味では南方総軍の「遥拝所程度」のものという方針は貫徹されているのである。

しかしながら、これらの「未公認神社（「無願神祠」）が、先の京城専売局の「神祠の拝礼」で見た如く、日本人だけではなく、東南アジアの住民に天皇・大日本帝国崇拝意識を植え付ける上で大きな役割を果したのである。

次の新聞記事は「ジャワに報国神社／原住民毎朝感謝の黙祷」[24]と題して、蘭領東印度（インドネシア）ジャワ島ボゴールの日本タイヤ（ブリジストン）ジャワ工場（アメリカのグッドイヤー社のジャワ工場を日本軍が接収したもの）に建てられた報国神社の社前の風景である（図2）。

「音もなく玉砂利を踏んで裸足のインドネシアの従業員

が社前に整列して最敬礼と皇軍戦没勇士へ敬虔なる感謝の黙祷を捧げている、同工場では従業員に日本精神を吹き込むために内地からもってきた設計図によってチーク材で社と鳥居を建立し捧持してきた皇大神宮の御神符を祭祀し…毎朝従業員数百名が遥拝に次いで国民体操、日本唱歌の合唱等を行い…」。ここでも、インドネシア人数百名が毎朝、社前に整列して最敬礼と皇軍戦没者への黙祷をささげ、また遥拝（宮城）をしているのである。

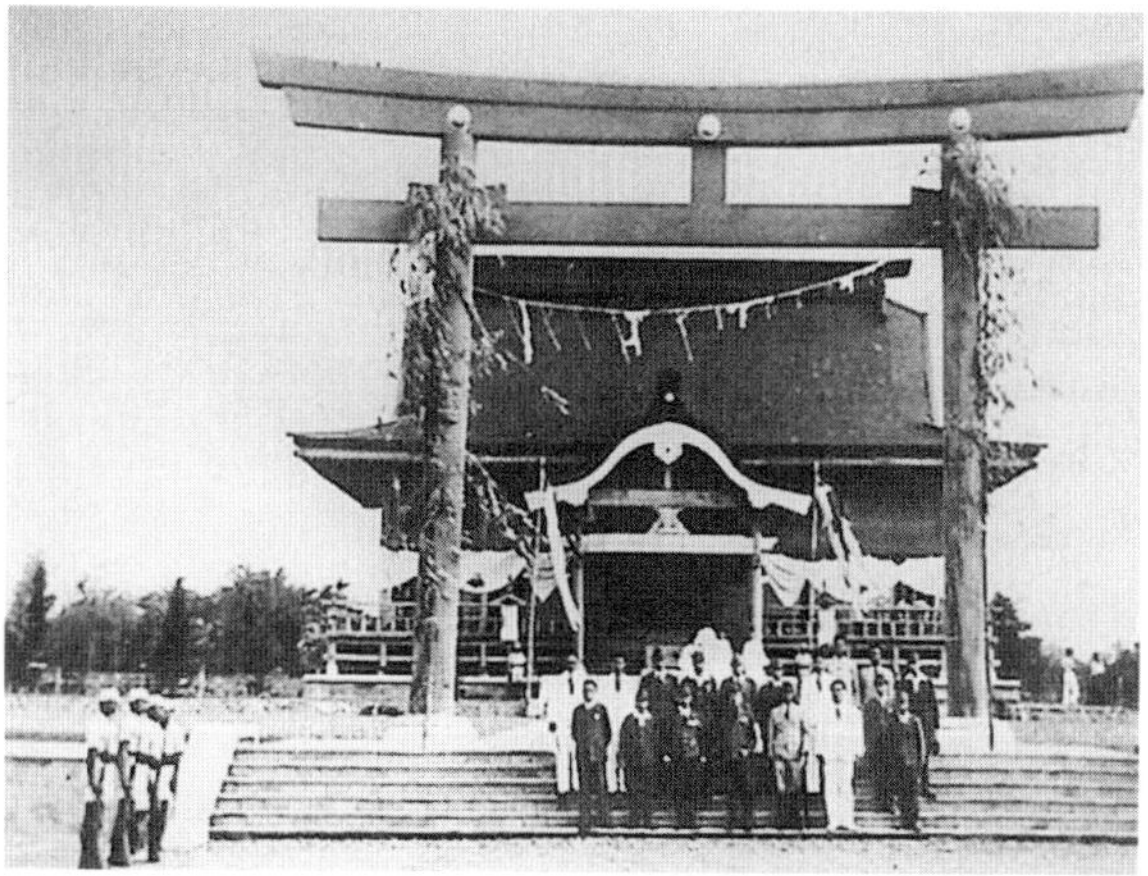

図3　鎮南神社（マラン）「Japanese Shinto Temple in Malang」（オランダ国立公文書館　National Archives of The Netherlands）（URL：https：//www.nationaalarchief.nl/onderzoeken/fotocollectie/aef4da60-d0b4-102d-bcf8-003048976d84）

こうして、「未公認神社」（「無願神祠」）はインドネシア人に対する天皇崇拝、日本帝国崇拝を植え付ける上で大きな役割を果たしたのである。またそれだけではなく偶像崇拝を禁じ、また一日五回メッカ（西方）に向かって拝礼する義務を持ったイスラム教徒にとっては、正反対の日本の宮城（東方）に向かっての遥拝の強要は彼らにとっては信仰の抑圧となっていたのである。[25]

以上、東南アジアにおいても遥拝所程度の神社であるが、三年半という短い占領期間にあっても、それなりの数の神社が建てられたことが確認できたと思うが、実はさらに驚くべきことには、蘭領東印度（インドネシア）においては、官幣社クラスの巨大な神社が二か所において建てられたことである。一つは第一六軍支配下のジャワ島マランに建てられた鎮南神社であり、もう一つは二五軍支配下の近衛師団の駐屯地であったスマトラ島のメダンに建てられた紘原神社である。

第一六軍管轄下のジャワ島東部の軍都の一つ、マラン（現在東ジャワ州内第二の都市）には天照大神を祭神とし、巨大な鳥居や拝殿、本殿、手水舎を備えた大きな神社が建てられた（図3）。創建時期は一九四三年中と推定されるが、その創立の経過については「マラン州内政部長加藤中佐の造営にかかり、本土から皇大神宮の御神体を奉遷した。他州でも神社造営の件を申請したが、軍政監部が承認しなかったのに、マランでは神社建築にとりかかっていたため認められた」。「軍政監部はですねあまりそういう神社を造ったりするのをあまり良く思わなかった。だからマラン神社をつくるのは加藤中佐、田中閣下長官これは中将なんですが…どうもへんな事をするとジャカルタの方は許可しない、だから黙ってどんどんやりましょうと、こういう事で始まった。だから軍政監部は全然ノータッチ。…まあ軍政監部は見て見ないふりをしていた。しかし地方巡業でいらした時はやはりちゃんとお参りはしていましたがね」[26]とされている。

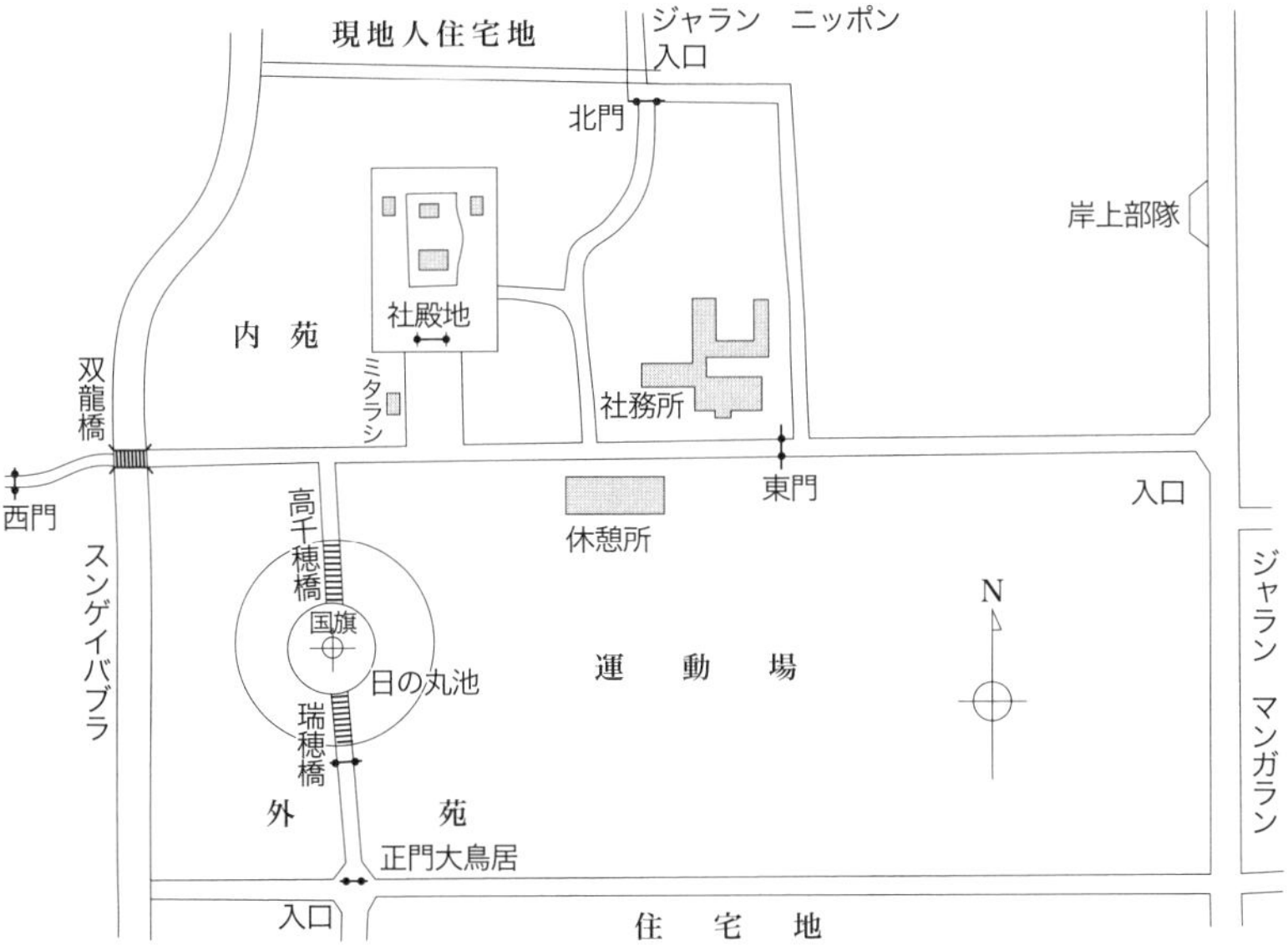

図4　「紘原神社見取図」（鈴木啓之『紘原神社の回顧とメダン会』私家版、6頁、1957年9月21日稿、鈴木博治氏蔵をもとに筆者作成。なお、見やすくするために原図を左に90度回転させ、また、それにあわせて文字も横書きにした。）

もう一つは、第二五軍管轄のスマトラ北東部の都市（近衛第二師団の司令部所在地）メダンに紘原神社という立派な神社が一九四四年八月に鎮座した。見取り図（**図4**）にあるように内苑一万余坪、外苑三万余坪、計四万余坪の神域を持ち、拝殿、中門、祝詞舎、神殿等を持つ本殿（主神　天照皇大神）とその左右両側に二つの摂社、開拓神社と護国神社をもつ本格的な社殿である（**図5**）。第二の昭南神社ともいうべきものである。

さらに驚くべきことは巨大な社務所（四五〇坪、事務所、応接室、講堂、大客殿、神官宿舎）である。この社務所の大部分は現存し、メダン市内の名士が集うメダンクラブとなっているが（図6）、これらが延べ十数万の人力を動員して約一年がかりで建てられたのである。

こうした巨大な神社がマランの鎮南神社とは異なり、スマトラ島を管轄した第二五軍の田辺盛武軍司令官の承認のもと、直接的には近衛第一師団長武藤章、東海岸州長官陸軍中将中島鉄蔵の両者の主導のもとに建てられたのである。

図5　鈴木啓之作成の鉱原神社模型の写真（『財界展望』盛夏特大号、1958年7月、76頁）

図6　旧紘原神社社務所（現メダンクラブ、ホール）（2017年3月11日、筆者撮影）

そして、これら将軍の命により、この巨大な神社の設計段階から施工、さらに神職（宮司）と一人何役もの超人的な働きをしたのが、陸軍の専任嘱託として、たまたま第二五軍の軍政要員（土木局）として派遣されていた建築家で神道にも造詣の深かった鈴木啓之であった。

紘原神社は単に規模の大きさだけではなく、東南アジアの神社では異例の開拓神社（祭神・大国魂命〈地神〉他）を持つ等大変興味深い特徴を持っている。[27] 鎮南神社を含めたこの二つの神社については別稿を準備中であるが、東南アジア地域における「遥拝所程度」の神社の実態のさらなる進化、さらには蘭領東印度（インドネシア）において何故、官幣社並みの神社が二つも建てられたのか、それらの探求は今後の課題である。

紙数の関係でかつての海外神社（跡地）が今日どのようにその景観を変容させているかについては論じることが出来なかった。これについては拙著『海外神社跡地の景観変容――さまざまな現在』（御茶の水書房、二〇一三年）及び『「神国」

の残影――海外神社跡地写真記録』（写真家・稲宮康人との共著、国書刊行会、二〇一九年）を参照されたい。前者については一〇九社、後者では二三八社の神社跡地の現況を掲載している。

また、前者では景観変容の類型として①「放置」（サイパン島の泉神社のようにジャングルに埋もれたままになっている例）、②「改変」（天主教会に改変させられた台湾・新城社のように他の施設として利用されている例）、③「再建」（ペリリュー島のペリリュー神社のように、日本の敗戦により廃絶させられた神社が後に再建させられた例）、④「復活」（台湾の開山神社のように神社創建前の明延平郡王祠に戻った例）の四類型に分類し、またそのような異なった景観を生んだ要因として①「政治的要因」、②「社会の変容」、③「経済発展の度合い」、④「文化伝統」、⑤「支配交代の刻印」の五つを析出した（後者では新たに「観光資源としての神社跡地」を追加した）。

なお、神奈川大学日本常民文化研究所の非文字資料研究センターではデジタルアーカイブの一つとして「海外神社（跡地）に関するデータベース」を公開している。

注

（1）これまで筆者を含めて海外神社の総数を一六〇〇余社としてきたが、稲宮康人・中島三千男『「神国」の残影――海外神社跡地写真記録』（国書刊行会、二〇一九年）において一八〇〇余社に改めた（九四頁）。

（2）青井哲人『植民地神社と帝国日本』（吉川弘文館、二〇〇五年）。

（3）辻子実『侵略神社-靖国思想を考えるために』（新幹社、二〇〇三年）。

（4）中濃教篤『近代日本の宗教と政治』（アポロン社、一九六八年）。

（5）今、各地域の海外神社についての日本語による主な文献を列挙すると以下のようになる。【台湾】蔡錦堂『日本帝国主義下台湾の宗教政策』（同成社、一九九四年）、金子展也『台湾に渡った日本の神々――日台関係秘史』（潮書房光人新社、二〇一八年）。【樺太】山田一孝・前田孝和編『樺太の神社』（北海道神社庁、二〇一二年）。【朝鮮】韓晳曦『日本の朝鮮支配と宗教政策』（未来社、一九八八年）、山口公一『植民地期朝鮮における神社政策と朝鮮社会』（博士論文、一橋大学、二〇〇六年）、磯前順一・尹海東編『植民地朝鮮と宗教――帝国史・国家神道・固有信仰』（日文研叢書、三元社、二〇一三年）、樋浦郷子『神社・学校・植民地――逆機能する朝鮮支配』（京都大学学術出版会、二〇一三年）、青野正明『帝国神道の形成――植民地朝鮮と国家神道の論理』（岩波書店、二〇一五年）、同『植民地朝鮮の民族宗教――国家神道体制下の「類似宗教」論』（法藏館、二〇一八年）。【台湾・朝鮮】菅浩二『日本統治下の海外神社――朝鮮神宮・台湾神社と祭神』（弘文堂、二〇〇四年）、青井哲人『植民地神社と帝国日本』（吉川弘文館、二〇〇五年）。【満州】嵯峨井建『満州の神社興亡史』（芙蓉書房出版、一九九八年）。【関東州】新田光子『大連神社史――ある海外神社の社会史』（おうふう、一九九七年）。

なお、旧南洋群島、旧中華民国、東南アジアについては単独の日本語による著作はないが、論文としては以下のようなものがある。【中華民国】中島三千男「戦前期・中華民国における海外神社の創立について」（『研究年報』神奈川大学法学研究所、二〇号、二〇〇二年）。【南洋群島】冨井正憲・中島三千男他「旧南洋群島の神社跡地調査報告」（神奈川大学21世紀COEプログラム研究推進会議『年報　人類文化研究のための非文字資料の体系化』第二号、二〇〇五年）。【東南アジア】中島三千男他「旧オランダ領東インド（現インドネシア共和国）に建てられた神社について」（『非文字資料研究センター News Letter』神奈川大学日本常民文化研究所非文字資料研究センター、四一号、二〇一九年）、稲宮康人「米領フィリピンにおける神社」（同）等がある。

さらに、以上の地域を含めて海外神社全体の分析については、前掲注3辻子実著書、中島三千男『海外神社跡地の景観変容――さまざまな現在』（お茶の水書房、二〇一三年）及び前掲注1稲宮康人、中島三千男共著がある。また、佐藤弘毅「終戦前の海外神社一覧」（薗田稔・橋本政宣編『神道史大辞典』付編、吉川弘文館、二〇〇四年、一一三三―一一九二頁）は海外神社全体の基礎的な資料である。

（6）以上の二つのタイプについては、千葉正士「東亜支配イデオロギーとしての神社政策」（仁井田陞博士追悼論文集第三巻『日本法とアジア』勁草書房、一九七〇年）及び、前掲注5青井哲人著書、一五四―一五五頁参照。なお、これまで言及されていないが、一九三〇年代後半以降に展開された台湾の「一街庄一社」、朝鮮の「一面一社」政策で建てられた神社も「政府奉斎神社」の性格を持つ。

（7）さしあたり、蔡錦堂「植民地期台湾に建てられた社、祠について」（『非文字資料研究』神奈川大学日本常民文化研究所非文字資料研究センター、第一五号、二〇一七年）参照。なお、台湾における「社」について、初めてその重要性を指摘したのは、中島三千男「台湾・旧花蓮港庁下における神社の創建について――とくに〈社〉の評価をめぐって」（岩井忠能・馬原鉄男編『天皇制国家の統治と支配』文理閣、一九九二年）である。

（8）この時期区分については、新田光子『大連神社史――ある海外神社の社会史』（おうふう、一九九七年）一七―二〇頁参照。ここでは、拙稿「〈海外神社〉研究序説」（『歴史評論』六〇二号、二〇〇〇年）に拠って叙述しているが、青野正明『帝国神道の形成――植民地朝鮮と国家神道の論理』（岩波書店、二〇一五年）の序章では拙論の批判を含めた独自の時期区分、すなわち一九三〇年代後半とりわけ一九三五年に始まる「心田開発運動」の画期性の指摘を行なっている。

（9）海外神社の祭神に関わる、朝鮮神宮祭神論争や国魂大神の奉斎に関しては、『近代神社神道史』（神社新報社、一九七六年）の第六章二「朝鮮神宮祭神問題」、葦津珍彦『国家神道とは何だったのか』（坂本是丸註、神社新報社、一九八七年）の第四部一四「神社局の思想とその批判者」、赤澤史朗『近代日本の思想動員と宗教統制』（校倉書房、一九八五年）の第五章「戦争と神社」、高木博志「官幣大社札幌神社と『拓殖』の神学」（『地方史研究』二四五号、一九九三年）、前掲注5菅浩二著書の第三章及び同「海外神社論――大日本帝国と地域秩序の形成」（岩波講座『日本歴史』二〇「地域論」、二〇一四年）、前掲注5青野正明『帝国神道の形成――植民地朝鮮と国家神道の論理』のⅠの二章、三章、同じく注5磯前順一・尹海東編著所収、第三部の青野正明論文、第四部の磯前順一論文等を参照。

（10）日本の敗戦直後の海外神社の状況については、森田芳夫

『朝鮮終戦の記録――米ソ両軍の進駐と日本人の引揚』（厳南堂書店、一九六四年）二二二頁、中島三千男・津田良樹・前田孝和・稲宮康人・菅浩二・坂井久能「旧朝鮮北部（現：朝鮮民主主義人民共和国）の神社跡地を訪ねて」（『年報 非文字資料研究』第一一号、二〇一五年）の第一章（前田孝和執筆）参照。

（11）神奈川大学日本常民文化研究所非文字資料研究センターの海外神社データベースに収められている「辻子コレクション」所収。

（12）金子展也『台湾旧神社故地への旅案内――台湾を護った神々』（神社新報社、二〇一五年の「台湾における神社一覧表」参照）。

（13）前掲注5山田一孝・前田孝和編著、六五頁。

（14）矢野暢『南進の系譜』（中公新書、一九七五年）、大澤弘嗣「昭南神社――創建から終焉まで」（『アジア遊学』勉誠出版、一二三号、二〇〇九年）。

（15）前掲注5蔡錦堂著書、二八五―二八七頁。

（16）「南方占領地行政実施要領」、「第二要領一」（国立公文書館アジア歴史資料センター（以下略しRef.だけ記す）、（Ref. C12120152100）。

（17）「軍政下に於ける宗教政策の経過、昭和一九年七月、馬来軍政監部調査部」所収「宗教習俗政策の経過」「第二、一序本文」（Ref. C14060606700）。

（18）前掲注5佐藤弘毅作成「一覧」の一一九一―一一九二頁。

（19）「8　軍政下に於ける宗教政策の経過、昭和一九年七月、馬来軍政監部調査部」所収、「昭南神社と忠霊塔」（Ref. C14060606500）。

（20）「文教科宗務報告書」、「一昭南神社」（Ref. C14110776300）。

（21）前掲注20「文教科宗務報告書」「一神社造営」。なお、前掲注19「8　軍政下に於ける宗教政策の経過」所収「昭南神社と忠霊塔」ではもう少しはっきりと「差し当り遥拝所程度以上の神社造営は認めざる内方針なり」とされていた。

（22）西野雄『府県社以下神社法講義』（松華堂、一九一二年五月）二三七―二三八頁。

（23）前掲注5中島三千男他「旧オランダ領東インド（現インドネシア共和国）に建てられた神社について」及び、中島三千男「海外神社及びその跡地について」（前掲注1稲宮康人・中島三千男共著所収）の第一部第三章参照。

（24）『読売報知』一九四三年一月九日。

（25）斎藤鎮男『私の軍政記』（日本インドネシア協会、一九七七年）二六五―二六六頁。

東南アジア、インドネシアにおける「信教の自由」の問題性については、前掲注23中島「海外神社及びその跡地について」の一二二―一二四頁「神社と現地住民」においてやや詳しく論じておいた。

（26）西表孫知「マラン電話局終戦記」（『鳴動ジャワマラン会誌』ジャワマラン会、一九八二年）四九―五一頁、及び中島「元マラン州官房長須山孝行氏聞き取り」（二〇一七年五月十九日）。

（27）紘原神社については、鈴木啓之『紘原神社の回顧とメダン』（私家版、鈴木博治氏所蔵、一九五七年）、同「人生と建築の味――戦時下スマトラに建てた紘原神社の回想」（『財界展望』盛夏特大号、一九五八年）、また鈴木敬之の戦前戦後の建築家としての本業については、内田青蔵「大正9年設立の台所専門設計施行会社、鈴木商行について」（『日本建築学会大会学術講演梗概集』一九九七年）、同「戦前期に於けるキッチンセットの成立と展開――鈴木式高等炊事台を中心として」（『生

活学第二十三冊　台所の一〇〇年』日本生活学会、一九九九年）参照。

付記　紘原神社の記述に当っては、工学院大学図書館の田中豊氏及び校友会事務局並びに鈴木啓之のご遺族である鈴木紘正、鈴木博治の両氏には大変お世話になりました。記して謝意を表します。

［I　大日本帝国期の建築物を俯瞰する］

旧植民地の建築物の現在——多元的価値観の表象

上水流久彦

かみづる・ひさひこ——県立広島大学地域基盤研究機構教授。専門は文化人類学。主な著書に『東アジアで学ぶ文化人類学』（共編著、昭和堂、二〇一七年）、『帝国日本における越境・断絶・残像——人の移動／モノの移動』（共編著、二冊本、風響社、二〇二〇年）などがある。

統治期に台湾に建てられた建築物の現状は、外部化（破壊や放置）、内外化（負の歴史として自らの歴史の一部として遺産化）、内部化（一種肯定的に遺産化）、融解化（日本統治の過去を忘却し利活用）、遊具化（日本的要素を強調して利活用）に分類でき、日本のモノを大事にしているという視点のみでは見えない姿がある。

はじめに——日本を大切にしているのか？

日本統治期につくられた建築物は、現在、台湾でどのようになっているのだろうか。台湾には古蹟や歴史建築という歴史遺産[1]が二三九五件あり、そのうち統治期に建築されたものが一三〇八件で約五四・六パーセントを占める。それらは、日本では、昔の懐かしい日本の姿を残すものとして受け止められているところもある。仮にそうであるならば、統治期の建築物を残すのは、台湾の人が日本を大切に思っているからだろうか。また、このような建築物は、レトロで洒落たカフェやレストランなどとして、一部、観光スポットになっているが、台湾の人々のなかには、植民地統治の過去がこのように利用されることに抵抗を覚える人はいないのだろうか。

本稿では、台湾の日本統治期の建築物が現在、どのような姿を見せているか、その現在を「外部化」、「内外化」、「内部化」、「溶解化」、「遊具化」の五つに分けてみていきたい。この作業からは、日本のモノを大事にしていると単純に理解できない現状が見えてくる。

一、過去の「見証（目で見ることができる証）」としての建築物

（1）取り出された過去として

「この建物は日治時代（日本統治時代）の見証です」。この言葉は、台北市郊外にある歴史遺産を調査した時に、案内のボランティアをしていた台湾人大学生に言われた言葉である。だが、後述するように日本統治期の建築物は戦後の中華民国台湾[2]（以下、台湾）において常に保存される対象ではなかった。

したがって保存されることとなった歴史遺産は、選ばれた過去といえ、その選んだ価値を表象する装置と言える。言うまでもなく過去を記憶することは、何かを残し明示し、何かを忘却・見えなくする行為である。[3]「我々」が過去をどう理解するかを示すものであり、ゆえにパブリック・メモリー（公的な記憶）として何を残すかは、論争の的になる。日本の近現代社会を研究するフジタニ・タカシはパブリック・メモリーについて交渉や闘争、排除やあからさまな暴力行使といった過程を通じて生産されると説明する。[4]

実際、歴史遺産の認定には政府の方針、国民感情、建築学や歴史学の専門家などの様々な意見、認定機関内の権力関係が関与する。さらには植民地支配に関わるモノの認定では、旧植民地と旧宗主国の政治や経済などの関係、国際政治状況も影響する。遺産認定は、まさに現在がある過去を選び取った結果である。

過去と現在の関係について文化人類学者の杉島敬志は、「現在の過去負荷性（過去の累積的効果として現在が成立していること）」と、「過去の現在負荷性（現在的な目的や関心にしたがって過去が再編成されること）」という概念で議論を整理し、前者を後者に還元できないと指摘する。[5]過去無しで現在は成立しないが、そこで言及される過去が必ずしも過去の累積そのものではない。過去を語ることは「物語り」であり、過去を物語るとき、過去は現在のある出来事と関連づけられて読み替えられる。[6]

（2）中華文化の発揚から多元文化の発揚へ

したがって、現在の在り様がかわると、選択される過去も変容する。それは台湾の歴史遺産の認定でも同様で、実際、台湾の文化資産保存の対象は変化してきた。台湾では一九八二年に文化資産保存法が制定されたが、制定当初、その目的は「国民の精神生活の充実と中華文化の発揚」であった。中華文化の発揚こそが重要であった。台湾の歴史遺産は中国の歴史遺産の類型のミニチュアで、日本式建築物や近代的建築

物はその範疇になかった。

だが、二〇〇五年には文化資産保存法は全面的に改正され、目的は「中華文化の発揚」から「多元文化の発揚」へと改正された。台湾には先住民がおり、そこに後に本省人と言われる漢人が移り住み、オランダや日本などの外来勢力による様々な統治を受けた。歴史遺産はこのような台湾の複雑な、多元的な社会の在り方が反映される象徴になった。結果、日本統治期に建築されたモノも歴史遺産として認定されるようになった。そこには、後述する「本土化」と言われる台湾社会の変化が深く関与していた。

(3) 観光資源としての歴史遺産

台湾において変わったのは、認定される対象だけではない。歴史遺産をどう扱うかも変わってきた。単に保存され、次世代に伝えていく展示物から、利活用が積極的に図られるようになった。ICOMOSは一九九九年に国際観光文化憲章を出し、観光と文化を結び付けて経済効果を生み出すことをうたった。それを受けて、台湾の行政機関である文化建設委員会のガイドブックでも文化観光の促進を推奨した。そして、二〇〇〇年の文化資産保存法の改定では、歴史遺産である建築物をレストランやカフェ、文化施設などとして使用することを可能とした。

このような歴史遺産と文化観光の結びつきは、観光を過去の取捨選択の場とすることとなった。イスラエルの観光学者のポリアとフローニンゲン大学教授であったアッシュワースは、「遺産化」という概念を提示し、遺産化を、遺産を利用して何らかの社会的目的を達成するプロセスであり、その主要な目的をあるグループのメンバー間の結束力を高めることで、「私たち」と「彼ら」という区別を生むものとする。そして遺産ツーリズムは、ある遺産を観光する価値があると認める者と、そうでない者との分断を生み出し、その分断を顕在化し、確認する場になると指摘する。(7)

したがって、植民地統治というマイナスの過去を歴史遺産とし利活用することは、そこを訪れる者が過去と如何に向き合うか、という問いを生み出すものとなった。歴史遺産と経済(文化観光)の結びつきは、記憶をめぐる政治を一層、複雑なものとした。

二、韓国とは異なる歴史遺産の在り方

(1) 韓国における歴史遺産

韓国の近代建築を研究するムン・イェウンは、日本統治期(8)の建築物の現在を三つの立場から説明する。(9) ひとつは民族主義論で、統治期の遺産は侵略の象徴であり、日本の要素を持

つものを徹底的に清算しようとする立場である。次に歴史主義論である。植民地の歴史は、自国の歴史として認め象徴として残そうという立場である。最後に文化消費論である。それを復元して観光化し地域経済に貢献させようとする立場である。

だが、台湾ではこの三分類では説明できない歴史遺産の在り方も存在する。そのひとつが、日本統治期の建築物を通じて台湾の人々が台湾にいながらにして日本らしさという「日本」を楽しむというものである。もうひとつは、日本統治期の建築物であったことを肯定的に自らの歴史の一部とするものである。

(2) 楽しまれる「日本」

まず前者だが、日本統治期の建築物の文化資産を分析する観光社会学を専門とする石井清輝は、保存・活用において経済的価値を高めるために「日本」という「他者性」が今後重要な課題になると指摘する。[10] すなわち、日本という要素が重要な商品価値になるという。実際、台湾の欣傳媒というホームページでは、飛行機チケットを買わずに一日で日本を楽しむ方法として、台湾の六つの場所が紹介されている。[11] それらは台北市の青田七六、瀧乃湯、北投加賀屋、台中市の宮原眼科、台中刑務所演武場、高雄市の旗山武徳殿である。この六か所のうち、北投加賀屋以外は、日本統治期に建てられたものである。日本のサービスと精神が完全に移植されている店もあるとする。

また、旅遊雲のホームページでは、日本にいるかと錯覚する文化資産レストランとして四つのレストランが紹介されている。[12] 台北市の青田七六、八拾捌茶輪番所、紫藤廬、宜蘭市の宜蘭文學館の四つである。いずれも日本統治期の建築物で歴史遺産に認定されている。かつ、木材が使われた家屋で、日本の雰囲気が濃厚な場所だという。後述する青田七六は結婚記念写真をとるスポットになっており、そこで写真をとったある女性は「私は日本式建築の雰囲気が好きだ」と語っている。[13]

(3)「日本」を楽しむ観光スポット

図1は筆者が台湾花蓮県吉安郷の慶修院[14]を訪れた時のものである。お守りが日本の駄菓子と一緒に土産屋のスペースに置かれていた。「日本」という要素を強く感じさせる仕立てになっている。**図2**は境内に設置されていた写真スポットだが、宗教施設という雰囲気ではない。実際、ここを訪れる台湾人観光客も多く、慶修院は、寺院を「日本」を体験できる場所として活用し、観光客もそれを楽しんでいる。

歴史遺産がこのように観光スポットとなっている慶修院は、

ムンのいう観光消費論（復元して観光化し地域経済に貢献させようとする立場）に該当するとは言える。筆者も韓国の大邱などの現地調査で日本統治期の建築物がリフォームされ、カフェに活用されていることは確認している。だが、決定的に違う点は、「日本」の扱い方である。大邱では「日本」が全面に押し出されるものではなかった。むしろ、レトロなものとして活用されている。(15) したがって、ムンの観光消費論では、慶修院のような事例は説明できない。観光消費論とは違う見方が必要である。

（４）肯定的に語られる「日本」

ムンの分類で十分に説明できないもうひとつが、日本統治期を肯定的に自国の歴史の一部にすることである。韓国の場合、日本統治期の歴史は、収奪の証として記憶される。近代化や韓国社会の発展に寄与したと書かれることは、現在まで現場で確認したことがない。**図3**は、韓国南西にある群山市郊外にあるハホリという地区に残る統治期の説明版である。収奪の現場と書いてある。このように歴史遺産や歴史展示の

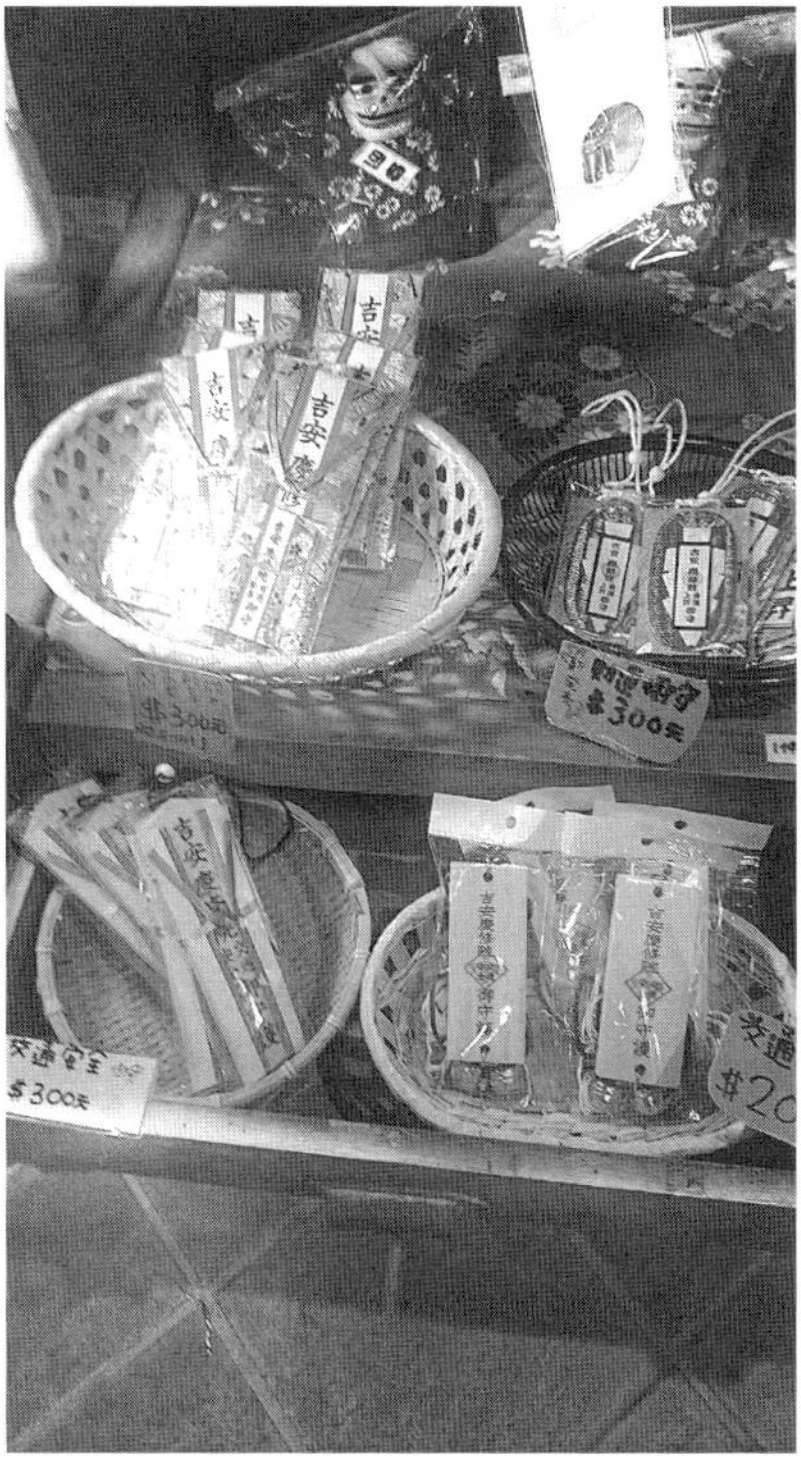

図1　慶修院内で販売されていたお守りなど（筆者撮影）

図2　慶修院境内の武将撮影スポット（筆者撮影）

図3　収奪の現場とされる集落説明看板（筆者撮影）

解説で、「収奪」という文字を見つけることは韓国では難しくない。[16]

だが、台湾における日本の歴史遺産は収奪のような負の言葉のみで語ることはできない。先にもあげた「この建物は日治時代の見証です」[17]という説明は、台北市の郊外北投にある北投温泉博物館での調査で聞いた発言である。筆者の「台湾の人にとって植民地支配は負の過去と思うのだが、どうして統治期の建物を保存するのか」という質問への回答の一部である。彼はこの説明の前に「私の祖父は日本教育を受けています。そのおじいさんは日本のことが好きだと言っています」と語った。そういう過去の「見証」だという。

日本統治期を経験した者全てがこのような考えを持っているわけではない。進学差別や台湾人への蔑視などを経験しており、日本の人は台湾の人を馬鹿にしていたと語る高齢者もいる。一方で、李登輝は、台湾は植民地統治によって「公」の概念が身についたと述べ、台湾の現在の与党である民主進歩党（以下、民進党）は、日本統治は中国にはない台湾独自の経験であると、中国との差異化を図ったと発言したことがある。[18]

（5）「日本」が強調される背景

李登輝や民進党のこのような発言を理解するには、少なくとも二つの背景を知っておく必要がある。ひとつは、台湾は中国と対峙する環境に置かれている点である。中国共産党は、台湾を中国の一部とし、その統一を絶対譲ることができない問題だとしている。しかしながら、現在、台湾では台湾は中国とは違うと考える人が増えており、現在、台湾意識を持つ台湾人が多く存在するようになった。台湾の国立政治大学の選挙研究センターの二〇二一年の調査結果では、自己を台湾人と考える人が六三・三パーセントとなった。[19]このような政治的環境のなかで、日本統治は中国との差異を示すシンボルとなった。

もうひとつは、中国国民党（以下、国民党）の独裁と日本統治期の比較である。台湾では国民党の独裁のなかで、二・二八事件（一九四七年の国民党の統治への台湾の人々の抵抗運動に対する弾圧。多くの命が奪われた）や白色テロ（国民党政府による台湾の人々への取締り。密告に基づき無実の罪で殺されたり、牢獄に入れられた者もいる）などが起こり、これらを経験した台湾人の高齢者のなかには、日本の統治がまだましだったと語る者も多くいる（いた）。

さらに国民党による台湾統治は、台湾を中国の一部とみなし、台湾に住む人々を中国人にするものであった。中国語を覚えさせられ、中国の地理や文化を学んだ。また戦後長らく、中国大陸で戦前に選出された議員が国会議員をつとめる体制が続いた。[20]そのような在り方が変わるのが、一九八八年、蔣経国総統の死去によって当時副総統であった李登輝が台湾生まれとして初めての総統となってからである。その後、台湾の民主化が加速度的に進められ、中国本土で選出された万年議員の改選、言論の自由の確立、そして一九九六年には初の大統領（総統）の直接選挙が実施された。

そして、同時に、台湾の本土化が急速に進む。本土化とは、台湾本土を基盤とした政治、教育、文化などのあり方へ変えていくことである。母語教育や台湾の地理や歴史の教育などもようやく行われるようになった。台湾は台湾であり、中華民国ではないという意識を持つ人々も増えた。

このような歴史的背景のもと、日本統治期を台湾の歴史の一部とみなし、中国と差異化をはかる道具として肯定的に語られることがある。収奪を前提とするムンの歴史主義論の議論では、台湾のこのような現象は十分に捉えることができない。

三、統治期の建築物を読み解く五つの分類

（1）外部化・内外化・内部化

筆者は、台湾の日本統治期の建築物の現在をその状況を踏まえ、「外部化」、「内外化」、「内部化」、「溶解化」、「遊具化」の五つに分類したい。

統治期の建築物の破壊や放置が外部化である。ムンの民族主義論に該当する。日本統治期の象徴として意図的に壊したかは別にして、日本統治期の建築物の多くが現在は存在しない。

次に自らの歴史の一部として認識し、遺産化していく歴史主義論は、内外化と内部化の二つに分けることができる。近代化を阻害した（収奪した）と否定する側面を前面に出すものが内外化である。内外化の典型は、台北の北警察署である。一九九八年に台北市によって古蹟に認定され、現在、台湾新文化運動紀念館となっている旧台北北警察署（一九三三年建造）である。この紀念館では、一九二〇年代から一九三〇年代のモダンな文化活動が展示されていると同時に、日本の植民地統治に抵抗・抗議した人々が捕えられ、拘置された様子を見ることができる。水で満たした所に容疑者を中腰にさせる「水牢」も展示されている。このように負の記憶の継承が見られる。(21)

一方、「日本」を肯定的に理解し、他者との差異化を図る行為が内部化である。既述した北投温泉博物館における台湾人大学生のまなざしが内部化に該当する。

(2) 溶解化・遊具化

四番目が溶解化である。「おしゃれ」、「木造建築が美しい」という感覚でとらえられる統治期の建築物では、日本出自は消費する者には問題とされない。日本のものは「おしゃれ」、「美しい」を構成する一部で、歴史的な意味は消費されない。まさしく外部であった異質な「日本」が、その出自を脱色し、日常生活へ溶け込んでいく。そのようなあり方が溶解化である。脱日本化ともいえる。

溶解化の典型が、台北市にある青田七六である。一九三〇年代に建てられた官舎で戦前は台北帝国大の足立仁教授が、戦後は台湾大学の馬廷英教授が住んだ。正式名称は「國立臺灣大學日式宿舍馬廷英故居」だが、一般的に青田七六という名で知られ、台湾や日本の観光ガイドブックやSNSで、レトロな雰囲気のなかカフェや食事を楽しむ場所として紹介されている。日本人観光客も多い。(22)

溶解化と同様に消費される対象となるものが、遊具化である。だが、溶解化と決定的に違う点は、既述したように、日本に行かなくとも日本を楽しむことができる場所として日本という要素が強調される点である。青田七六や慶修院も遊具化した代表的な場所であるが、加えてここでは台南市にある林百貨（**図4**）を挙げておきたい。台湾で最も早くできた百貨店（一九三二年創立）であり、当時非常に珍しいエレベーターもあった。一九九八年に台南市指定の古蹟となった。二〇一三年にリニューアルが完成し、お洒落な文具や台湾らしいモダンな小物などを売っている。興味深いのは、「林デパート」と書かれたTシャツ（**図5**）が売られるなど、「日本」を意識した商品が売られていることである。屋上には米軍機からの銃撃の跡が残る神社も残され、日本を感じさせる場となっている。

（3）多様な解釈が可能な場として

　これらの五分類の特徴をまとめたものが、**表1**である。**表1**が示すように、過去を伝える見証として遺産化される場合、内外化と内部化がある。外部化は日本出自が否定されるがゆえに不可視化（遺産化されず）される。一方、日本出自が溶解化では不問とされる。見証というよりは、利活用される側面に重点がおかれる。快適さや快楽を提供する要素に日本統治期の建築物がなっている。逆に日本が楽しむ対象となったことによって成立するのが、遊具化である。

図4　台南市にある林百貨（筆者撮影）

図5　林百貨店内で販売されていたTシャツ（筆者撮影）

　ただし、一つの建物がこのいずれか一つの分類になるわけではない。外部化された場合、モノそのものが存在しないため、当然ながら内外化、内部化、溶解化、遊具化されることはない。だが、外部化以外の残りの四つは、見せる側／見る側の解釈の問題であるためひとつの歴史遺産が複数のまなざしで見られる可能性がある。例えば、内外化と内部化はその意味合いが対照的であるが、見る者の歴史的背景などによって、異なる意味付けがなされる。このように複数のまなざしが錯綜して注がれるものが、歴史遺産である。

（4）台北中山堂を事例に

　そのような典型的な場として「台北中山堂」（**図6**、以下中山堂）を紹介する。中山堂は一九三六年に台北公会堂として完成し、一九四五年十月二十五日に日本と中華民国との間での降伏文書調印式が行われた。第二次世界大戦後は、名前も台北中山堂と変わって、重要な政治的会議の場となった。迎賓館としても使用されたが、現在は、ホール、複数の展示場などのある文化活動の場になっている。レストランもあり、荘厳な雰囲気を楽

表1　統治期の建築物の五分類の特徴

	日本への評価	歴史性の有無	消費対象
外部化	否定	有り	無し
内外化	否定	有り	無し
内部化	肯定	有り	無し
融解化	無し	無し	有り
遊具化	肯定	有り	有り

図6　中山堂（筆者撮影）

しみながら飲食ができる空間となっている。一九九二年に国家二級古蹟になり、二〇一九年には国定古蹟に指定された。

筆者が訪れた時には、中山堂を紹介するモニターがあり、中国語の音声に日本語と英語の字幕がついていた。日本統治を受けた見証の場という理解も成立すると同時に、展示では中国での抗日戦争時の中国軍を鼓舞する漫画の展示がなされていた。広場には抗日戦争勝利記念碑もあり、内外化の場として見なすこともできる。

ただし、中山堂を日本統治期の建築物と知らない台湾の人々も多い。大きな話題にならない限り、具体的にどれが日本統治期の建築物か台湾の人がみな知っているわけではない。筆者は台湾総統府が旧総督府だったことを知らない人にも会ったことがある。したがって、中山堂の重厚で荘厳な雰囲気で食事を楽しむ人々にとって中山堂は融解化の場でしかない。中山堂は内部化、内外化、融解化が混在した歴史遺産である。

おわりに

（1）違和感を覚える人々

現在、台湾の古蹟の利活用がブームとなっている。日本統治期の建築物の修復がなされ、リニューアルされ、台湾の歴史を語る場に、モダンでしゃれた空間として文化施設に、あるいはそれらの雰囲気を楽しむカフェやレストランになっている。そのような状況を目の当たりにしたある韓国人は、連れてきた子どもに「これは間違っている」と伝えたという。韓国でもレトロなものとして統治期の建築物がカフェやレストランになってはいる。それでもなお、日本統治期の建築物が消費空間になっていることへの違和感を彼は覚えたのである。

彼の言葉を「韓国は反日だから」という枠組みで理解しては見落とす問題がある。既述したように日本が台湾の人々を差別したのは事実であり、そのなかで悔しい思いをした台湾の人々も多くいた。筆者もそのような声を多く聞いた。親日と言われる台湾だが、台湾のレトロブームのなかで、日本人が親日の側面だけを確認するのであれば、台湾の多様な声を聞く機会を見失うこととなる。

さらに言えば、日本統治期の建築物が歴史遺産に指定されることに反発を覚える人が台湾にいることも知っておく必要がある。筆者は歴史遺産の調査中に、その建物でカラオケをしていた国民党とともに台湾に渡ってきた人物に「一〇〇年も歴史がないものがなんで古蹟なんだ！」と言われたことを鮮明に覚えている。二〇〇〇年前後に台北市の文化局長であった人物は、「一〇〇年しか歴史がない台北で古蹟が一〇〇もあるのは多い」と批判した。また、国民党とともに台湾に渡ってきた人をルーツに持つある文化人は、「最近の古蹟の指定基準はレベルが低くなった」と発言した。いずれも日本統治期の建築物が多く歴史遺産に指定されるようになってからの発言である。その意図は、日本統治期の建築物を歴史遺産に認定することへの反発である。中国本土で日本軍と戦った人々やそこにルーツを持つ人にとって、日本統治期の歴史遺産認定は受け入れがたいことがある。

（2）彼らのモノとして、我々の問題として

また、日本でも注目されるようになった台湾の統治期の建築物であるが、その保存・活用のブームのなかにいると見落とされる別の問題がある。日本のモノを大事にしているという誤解である。青田七六が「國立臺灣大學日式宿舍馬廷英故居」として認定されているように、日本統治期のモノというよりは、戦後の台湾の歴史を語るモノとして認定されている。本稿で紹介した全ての建築物が、日本統治期の時間よりも戦後以降の時間が長い。[23] これらの建築物は台湾のモノなのである。したがって、日本のモノを大事にしているという視点からだけ見ると、内外化や外部化、融解化の側面を見落としてしまう。

本稿で見てきたように日本統治に関わる台湾の歴史遺産は、現在を反映した過去の解釈に基づくものに過ぎない。仮に日台関係が悪化すれば、統治期の建築物の多くが否定的に見られるようになる可能性もある。今後、統治期の建築物が台湾でいかなるまなざしを向けられるかは、今後の日台関係に因るところも大きい。したがって台湾における統治期の建築物に向けられるまなざしは、台湾の人々だけの問題ではなく、日本の人々、すなわち「我々」の問題である。多様な姿を見

せる歴史遺産はそのことを裏付けている。

注

（1）古蹟とは台湾の文化資産保存法によれば、「生活上必要なものとして建てられた歴史、文化、芸術的価値を持つ建築物及びその附属施設」を指す。歴史遺産は歴史的事件とのかかわりが重視される。文化部文化資産局の統計データ（https://nchdb.boch.gov.tw/　二〇一一年七月二十二日最終確認）によれば、古蹟九〇一件のうち統治期のものが四四七件、歴史建築が一四九四件のうち八六一件である。

（2）台湾の正式名称は、中華民国で、憲法上、中国本土もその領土である。だが、実質的には台湾島とその周辺の島々、並びに中国本土近くの金門など複数の島しょ部だけである。中華人民共和国は中華民国の存在を認めていない。

（3）石田雄『記憶と忘却の政治学――同化政策・戦争責任・集合的記憶』（明石書店、二〇〇〇年）、香月洋一郎『記憶すること・記録すること　聞き書き論ノート』（吉川弘文館、二〇〇二年）。

（4）フジタニ・タカシ「「公共の記憶」をめぐる闘争」（『思想』八九〇、一九九八年）二―四頁。

（5）杉島敬志「現在を理解するための歴史研究――東インドネシア・中部フローレンスの事例研究」（『文化人類学』六九（三）、二〇〇四年）三八六―四一一頁。

（6）野家啓一「講義の七日間――歴史のナラトロジー」（野家啓一責任編集『岩波　新・哲学講義　八歴史・終末論』岩波書店、一九九八年）一―七六頁。

（7）Poria, Y. and Ashworth, J, "Heritage Tourism: Current Resource for Conflict", *Annals of Tourism Research*36,No. 3,2009,pp.522-525.

（8）韓国では、この時期を日帝強占期と称し、合法的な植民地統治ではなく、非合法的な力による占拠と捉えている。

（9）문예은「근대문화유산을 둘러싼 담론의 경쟁 양상 분석――군산시를 중심으로」（『지방사와 지방문화』vol.一四―二、二〇一一年）二六五―三〇四頁。

（10）石井清輝「植民地時代の遺構をめぐる価値の生成と「日本」の位相――台湾における日本式木造家屋群の保存活動を事例として」（所澤潤・林初梅編『台湾のなかの日本記録　戦後の「再会」による新たなイメージの構築』三元社、二〇一六年）二二五―二五二頁。

（11）https://www.xinmedia.com/article/23339（二〇二一年七月二十二日最終確認）

（12）https://travel.ettoday.net/article/621249.htm（二〇二一年七月二十二日最終確認）

（13）武知正晃「台湾における日本時代の建築物を見る眼差し――近年なぜ神社の「復興」が目立つのか」（『非文字資料研究』一三、二〇一七年）四七―四九頁。

（14）一九一七年に真言宗高野派の吉野布教所として建立、本尊は弘法大師で、一九九七年に三級古蹟に指定された。

（15）韓国の日本に対する複雑な態度や古いものが評価されている現状については、本書第Ⅲ部中村論文に詳しい。

（16）ただし、「収奪」という言葉のみに注目することは、韓国の現実の一部しか見ていないことと等しい。群山市の調査で、筆者は日本家屋を修繕した宿に宿泊した。チェックアウトの際に、日本家屋を宿にすることについてフロントの人間に尋ねた。その答えは、「日本統治期の建物を保存する場合、『収奪』と書かなければなりませんが、それだけです。私たちは日本の人に対して、悪い感情はもっていませんよ。また遊びに来てください」というものであった。

(17) 一九一三年に公衆浴場として建てられ、一九九七年に台北市から古蹟指定。

(18) 上水流久彦「台北市古蹟指定にみる日本、中華、中国のせめぎ合い」(『台湾における植民地』経験　日本認識の生成・変容・断絶』風響社、二〇一一年)二五一—五三頁。

(19) 國立政治大學選舉研究中心重要政治態度分佈趨勢圖(https://esc.nccu.edu.tw/PageDoc/Detail?fid=7804&id=6960 (二〇二〇年七月二十五日最終確認) による。

(20) 中国本土で選ばれた国会議員が存在することが、中華民国が中国本土も統治しているという証でもあった。

(21) なお、台湾の近現代史の専門家である何義麟は、ここの展示について「抗日運動やそのリーダーたちを讃えるのではなく、新文化の展開とその成果を強調することに重点を置いています。『拘置所』や『水牢』の展示には抗日の側面もありますが、史跡を紹介するという意味の方が強いと言えるでしょう。新文化運動のネーミングにはポジティブな意味が込められ、普通の抗日記念館とは全く違った発想が込められています」(https://taiwan-shugakuryoko.jp/spot_north/633/　二〇二二年一月二十二日最終確認)と述べ、悲惨な歴史の継承の場だけではないとする。

(22) 二〇〇六年に台北市指定の古蹟となった。

(23) 宇都宮大学の松金公正教授から指摘を受けた。

帝国が残した国立博物館と戦後の社会[1]

藤野陽平、パイチャゼ・スヴェトラナ

帝国日本は各地の植民地に博物館を作ってきた。博物館は単に価値のある文物を収集し公開するというだけではなく、住民を圧倒するような建築を用いて、宗主国は進んだ文明をもつということを示す文明の使者としての機能も持っていた。帝国日本が各地に作った博物館は戦後どういった歴史を歩み、現在どうなっているのだろうか。

はじめに――近代国家と国立博物館

国立博物館とはどういう施設であろうか。一般的なイメージとしては学術的資料を収集、保管、公開し、調査研究する機関といったところであろうか。ただし、そういった表向きの機能の他に近代国家が作る博物館には我々の国家というものをイメージさせるという別の意味がある。

フランスのルーブル美術館を例にしてみよう。文化人類学者の竹沢[2]によれば、ルイ十六世の処刑から一周年となる一七九三年八月十日に開館した本館は、一七八九年のフランス革命でそれまで王、教会、貴族が所有していた貴重な品々を散逸しないようにと国家として収集したことに端を発する。これを広く市民に公開することで、王や貴族の独占廃止という政治社会的意図も込められており、革命に成功した国民をイメージさせることとなったという。

台湾を代表する国立博物館である故宮博物院も同様の歴史的背景を持つ。エントランス部分に設置されている孫文の銅像に本館の由来が記されている。要約すれば孫文の辛亥革命

ふじの・ようへい――著者略歴は本書掲載の藤野論文「開拓と宣教のせめぎ合い」を参照。
Paichadze Svetlana――北海道大学大学院メディア・コミュニケーション研究院准教授。専門は「移民研究」。主な共編・共著にVoices from the shifting Russo-Japanese border: Karafuto/Sakhalin (Routledge, 2015)、『サハリン残留――日韓ロ百年にわたる家族の物語』（高文献、二〇一六年）などがある。

によって一九二五年に清朝皇室の文物を接収、故宮博物院を設立し、公開展示を始めた。これによって、それまで皇室が独占的に引き継いできた宝物を、全ての市民が我々の国民のものとして見ることができるようになった。一九三一年の満州事変で蒋介石は宝物を維持するために南遷する。抗日戦争には勝利したものの、国共内戦のため一九四九年に台湾へと宝物とともに移動した。一九六五年には国父孫文の生誕一〇〇年を祝い、故宮博物院が台北郊外に建設され、国父を永遠に記念するためこの建物を「中山（孫文のこと）博物院」と名付けたという。ルーブルと故宮という二つの国立博物館は時代と場所が違うもののかなり似通った経緯で設立された。

　現代の日本でも国立博物館をはじめ、さまざまな博物館などが、しばしば皇室や徳川家の宝物を集めた特別展などを開催している。日本の近代化はフランスや中国のように市民革命を通じてなされたのではないので、全く同じとは言えないが、それでもそれをみる日本人客に対して我々「日本の美」の様なものをイメージさせる点で、ナショナリズムを醸成する機能を持っている。

一、植民地主義・国立博物館・地図

こうしたナショナリズムをかき立てる装置としての国立博物館という施設についてベネディクト・アンダーソンは『想像の共同体』の中で、植民地国家のイデオロギーの文法を浮き彫りにする三つの権力として人口調査、地図、博物館をとりあげて論じている。そこでは人口調査を通じて国民をリスト化し、地図で領土を明示し、博物館は国民的アイデンティティのロゴになるのだという。(3)その際に植民地における博物館はインドネシアにとってのボロブドゥール遺跡のようにそこに住むものであれば誰もが知っていて、我々の国を代表するロゴのようになるという。このアンダーソンの議論をなぞるかのように帝国日本も植民地各地に博物館を作っている。(4)ここで紹介する二つの博物館に共通するのは帝冠式という独特な建築様式をとっていることであろう。西洋建築の上に日本式の建築を載せたようなこのスタイルは周りの建物の中にあって異彩を放ち、現地の住民に西洋の「進んだ技術」と帝国日本の「伝統」が融合した姿を見せつけることで、そこが帝国日本の領土であり、帝国日本は暴力的な支配者ではなくそれに相応しい「文明」を持っているということを無言ながら雄弁に語っている。

　そして基地や監獄、警察署といったものではなく、博物館というソフトパワーの施設であるからこそ、心の内面から懐柔していくという機能を持っていた。

こうしたアンダーソンの議論は博物館を植民地主義とナショナリズムを考える材料として遡上させたという意味で刺激的であるものの、その植民地の博物館が脱植民地化以降にどうなったのかという点を議論していない点で、限界がある。そこでここでは建物と博物館が担わされてきた機能の変遷を追ってみたい。

図1　国立台湾博物館（藤野撮影）

二、国立台湾博物館

台北市の主要なランドマークの一つである国立台湾博物館（**図1**）は台北駅から南へ向かい二二八和平公園内の北側に位置する。付近には総督府、中山堂、台湾銀行、土地銀行、台湾大学病院、台北賓館といった日本統治期に建てられた建築が多く残されている。

（1）複数回の名称変更

一九〇八年に台湾の縦貫線鉄道の完成の記念事業として台湾総督府博物館が開館する。地質、鉱物、動物、植物、農林、水産、人類、歴史、工芸、貿易など十項目、一万二七二三点のコレクションが収集された。一九一五年には「児玉総督および後藤民政長官記念博物館」と改称した。

第二次世界大戦が終結し、一九四五年十月には台湾省行政長官公署は台湾総督府博物館を接収し、台湾省立博物館と名付けた。戦争による爆撃の被害なども受けていたものの、一九四六年一月には再開館した。その後、国共内戦に敗れた中国国民党は台湾へと移動し、一九四九年から三十八年間の戒厳令が敷かれるなど、長い独裁政権の時代に入る。この時期、台湾は中国の一部分である台湾省という位置付けであった。台湾「省」立博物館という名称にはそういった意味も込められている。
こうした状況が大きく変化したのは台湾出身の李登輝が総統に就任した後の一九九九年のことである。この年、中央政府が台湾省を廃止する。そのため、台湾省立博物館は中央政府行政院文化建設委員会の所属となり、国立台湾博物館と名称を変更し今日に至る。省立から国立へといった名称の変更は台湾とは何なのかという国家観を反映する微妙な問題をはらんでいる。台湾の脱植民地化が、台湾住民によって行われたのではなく、外来の中華民国によって代行されたということを如実に表している。

図2　国立台湾博物館のロビー（藤野撮影）

（2）現在の国立台湾博物館

二二八和平公園の北門を入るとすぐ博物館だが、その周りにもいくつかの野外展示がされている。門の両脇には元々台湾神社に奉納されていた二体の牛の像が、門の西側には二台の機関車が、博物館の入り口左手には民間の石器が展示されている。これら博物館としての野外展示に加えて、博物館建築のために取り壊された天后宮についての石碑、貞節を守り続けた黄氏を讃える黄氏節孝坊、独特な色彩の台湾墨玉原石なども配置される。

博物館の建築は新古典主義にギリシャ・ローマ式を取り入れたルネサンス様式で、さながら宮殿のような作りである。中へ入ると迎賓館並みの装飾が施された絢爛豪華なロビーが広がっている（**図2**）。単に価値あるコレクションを展示するだけであれば、これほど華美な建築は不要であろう。そこに植民者が自らを顕示する意図を見て取れる。

ロビーの階段から二階へ登ると常設展が行われている。二楼西展間では台湾原住民を主題とした「台湾的原住民族」という展示で、二楼東展間では「台湾的生物」と題された展示となっている。その他複数の会場で企画展が催される。

三、サハリン州立郷土博物館

(1) 文明の使者からサハリンのロゴへ

日本統治期には豊原と呼ばれたサハリン州の州都ユジノサハリンスク市内には日本統治期に樺太庁博物館として建築され、今日でもサハリン州立郷土博物館として利用されている博物館がある(**図3**)。サハリンに日本統治期の建築物はあまり多く残されていないのだが、ガイドブックなどをひらけば必ず掲載されている本館は一目で日本的と感じる事ができる数少ない建築物だ。村上春樹らの紀行文にも項目を割いて紹介され、ながらくサハリンに通い続ける写真家の斉藤マサヨシの写真集では扉のページにその写真が掲載され、樺太生まれの井戸田博子による回想録『思い出の樺太』では表紙にその写真が使われるなど、まさにユジノサハリンスクだけではなく、サハリン全体のロゴとして象徴的存在となっている。ホームページによれば来館者は毎年七万人ほどといわれ、年間の外国人観光客数は三〇〇〇～四〇〇〇人で、うち九〇・五パーセントは日本人であり[5]、人口四十八万人ほどのユジノサハリンスク市にとって観光の目玉となっている。日本人観光客以外の国の観光客も必ずといっていいほど訪れる上に、整備が行き届いた庭園は市民の憩いの場にもなっている。

本館の前身は一八九六年に北サハリンのアレクサンドロフスキー砦に設置された博物館と一九一七年に旧樺太駐屯軍司令官官舎での展示に遡る事ができる。今日の博物館の建物は一九三七年に樺太庁博物館として完成し、樺太南部の先住民、古生物、植物学のコレクションを収集展示していた。一九四六年にサハリン州立郷土博物館とされ、一九五三年には北サハリンにあったアレクサンドロフスク・サハリンスキー市立博物館が閉館したため、そのコレクションはサハリン州立郷土博物館に統合された。

(2) 二度の閉館の危機を経て我々サハリンの博物館へ

当時のソ連の公文書によると、アジア・太平洋戦争末期の樺太庁博物館は博物館としてではなく、日本軍の司令部に使われていたようだ。しかし、一九四五年から一九四六年にかけて展示内容が一新され、早くも一九四六年四月二十八日に「思想的、科学的に事前に処理した上」で、博物館として再び一般公開されるようになった[6]。

一九四六年八月に次の三つの部門が設置された。一、南サハリンへのロシア人入植の歴史、一九〇四年から一九〇五年の日本軍の侵攻に対するロシア人の闘い、一九四五年の赤軍によるサハリンの解放。二、サハリンの自然の豊かさと、ソビエト社会主義の工業と農業による発展、工業と農業の生産、三、日本人の日常生活の姿である。ここで旧支配者である日本人の生活も展示されたのは、終戦後も四年間はロシア人だけではなく日本人も博物館で働いていたからである。引き揚げで日本人が持ち帰れなかった物品が博物館に集まってきたことと、日本の品々について解説できる日本人学芸員がそこにいたことによって、日本人の暮らしが排除されるのではなく、この部門が成立したということである。

図3　サハリン州立郷土博物館（藤野撮影）

こうして戦後、再開にこぎつけた博物館は二度の閉鎖の危機にさらされる。一回目は一九五五年九月十四日、フルシチョフがサハリンを訪れた後である。その時、政府の代表者たちは、労働者に十分な医療サービスが提供されていない状況を考慮すると、この建物を郷土博物館として使うという目的は建物の建築様式に適合していない、むしろ病院にすべきであると指摘した。

第二の脅威は一九七〇年代に起きた。当時、日本の遺産を嫌っていたことでも知られるサハリン州共産党委員会第一書記官長レオノフはこの建物を壊し、博物館を別の「一般の建物」に建て直すことを予定していた。幸い、一九七八年にレオノフはカリーニン地方に移動することになり、建物はそのまま残ることになった。

紆余曲折を経てついに一九九〇年博物館の建物をサハリン地域の文化遺産に指定するとサハリン地域人民代議員会議長政府が決定した。これと同時に、本館と北海道博物館との間で国際協力協定が締結された。(7)

ボーダー地域のサハリンはソ連時代には閉鎖的な場所で、ここに来る国内の観光客は多くなかったのだが、一九九〇年代以降は自由に訪問できるようになり、国内外の観光客が増加した。こうして国内からの観光のまなざしを受けるようになったサハリンの中で郷土博物館は当初から代表的な観光地となった。

（3）現在のサハリン州立郷土博物館

今日、サハリン州立郷土博物館を訪れると博物館の周りの庭園が綺麗に整えられており、心地よい。庭園には御真影や教育勅語を収めていた奉安殿、日本軍の戦車や大砲、日本語の掘られた石碑といった日本が残していったものや、先住民族のニブフの住宅、鯨の骨といったものも展示されている。

二体の狛犬が置かれ、菊の紋が施された門をくぐり館内へ入ると地下一階はサハリンの自然に関する展示や特別展が開催される。一階に上がるとサハリンの先住民に関する考古学的な展示、現在のサハリンの動植物の展示がされている。一階の回廊から、二階への階段の踊り場でも企画展が行われる。私たちが訪問した際には後述する「満州への道」展が行われていた。二階では文字資料のある時代についての展示、樺太の探検についての展示がなされる。さらに階段を上がると日露戦争から一九四五年までのサハリンについての展示が行われる。当時は北緯五十度を境に北はロシア、ソビエトが、南は日本が領有していたために、一つの展示室の中に二つの国の歴史が並立する。

四、日本と中国・台湾／ソビエト・ロシアの扱い

ここではこの二つの博物館が日本や中国・台湾／ソビエト・ロシアといった国家をどう扱っているのかを検討したい。軍事施設や病院、学校といった建築物は新しい政府に接収され、同じ用途を引き継いで使用される。しかし、文明の使者として統治の正当性を物語っていた帝国日本の博物館を通じて新しい統治者は旧統治者の支配が不当であったということと、現在の統治者が苦しい戦いの後に不当な支配から住民を解放したということを物語る施設という風に、その機能を一八〇度変化させる。

（1）国立台湾博物館と日本・台湾・中国の距離感、そして空間の記憶

国立台湾博物館は、日本統治期に関する展示は常設展でなされない。しかし、豪華な意匠を凝らした国立台湾博物館は無言のままでも、日本統治期を好意的に再評価してしまう。

この点を考える上で、三階中央部にて展示されている児玉源太郎と後藤新平の銅像（図4）を紹介したい。この銅像は日本統治期にはホールのアルコーブに来館者を見下ろすように設置され、当時の入館者は博物館に足を踏み入れた途端に

図4　国立台湾博物館の児玉総督（右）、後藤民政長官（左）の銅像（藤野撮影）

二名の統治者を見上げる形になっていた。戦後、台湾省立博物館時代に撤去され収蔵品の一部として保存されていた。それが二〇〇八年の博物館一〇〇周年の記念を兼ねて三階に展示されるようになったものである。「児玉総督及後藤民政長官記念博物館　大正四年竣工」という扁額とともに展示されているこの銅像からは旧宗主国である日本に対して否定的な意味を読み込むことは難しい。この銅像が以前置かれていた一階のホールでは今日、来館者の大多数が写真撮影をしているところを見ることができる。まるで西洋のお城か豪邸のような雰囲気の中で、お姫様と王子様になったかのように階段でポーズを取りながらフレームに収まっていく姿からも帝国日本がマイナスに評価されていないということを強化する。

　こうした帝国日本の再評価という動向に対抗しているのは博物館上にはためく中華民国の国旗と、博物館の横にひっそりと建っている博物館建築のために取り壊されたが以前は天后廟があったということを述べる碑くらいのものであろう。しかし、中華民国の国旗はあまりに存在感がなく、石碑も誰も気に留めることなく素通りし、だれも注意を払っていない。

　ただし、こうした好意的な評価が戦後一貫として変わっていないのかというと、そうとも言い切れない。戦後、台湾省立博物館時代、日本統治期の再評価がはじまる前の雰囲気がどうであったのかは今日の博物館展示からはうかがい知れないが、今日わずかに当時の雰囲気を残しているものに、博物館入り口から西の方に残されている一九九二年当時の省立博物館時代の李登輝総統（当時）による碑がある。そこには以下のように記されている。

　臺灣省立博物館紀念

三臺風物　源遠流長　中原脩睦　上溯隋唐

鄭王開府　沈撫啓疆　抗日終戦　海甸重光
爰収斯館　乃積乃昌　文化資産　社教津樑
新猷丕展　績效孔彰　台灣経験　大我宗邦
総統　李登輝
中華民國八十一年十月

台湾省立博物館時代末期の碑であり、中国にそのルーツを求めるという中華民国という体制の中で、鄭成功、移民による開拓、抗日戦争という台湾経験を詠み込んでいる。まさに台湾の民主化の萌芽期の時代性を反映している。こうしたところからも時代に応じて台湾の国家観を反映しながら揺れる博物館の姿を見て取ることができる。

この点を考える上で本館が立っている場所、現在の二二八和平公園という場所について紹介したい。水運によって栄えていた日本統治以前の台北にとって中心は淡水河沿いの大稲埕《だいとうてい》や艋舺《ばんか》といった場所であったので、二二八和平公園のある場所は元々台北大天后宮という媽祖を祀る廟があるのみで、特に何もない場所であった。日本統治期の一九〇八年に、この場所に台北公園が設立、その後「新公園」と呼ばれるようになり、公園の敷地内に本館が立てられ、その際に台北大天后宮は解体されている。さらに一九二八年に公園の南西部に台北天満宮が、一九三一年には公園の南東部に台湾放送協会が建てられている。一九三五年の台湾博覧会では会場の一つとなり、その頃には台北市の中心地となっていた。

戦後になり、新しくやってきた国民党政権に対する反発から大規模なデモが発生する。これに対して国民党は軍を投入。数万人の市民が犠牲となった一九四七年に発生した二・二八事件の際には台湾放送協会が占拠され、ここから全台湾に向けて蜂起を訴えるなど、この公園も事件の中心地の一つであった。この公園が現在の二二八和平公園と名を変えたのは戒厳令が解除された後の一九九六年二月二十八日のことである。当時の台北市長陳水扁による政策で、二二八祈念碑なども建てられ、翌年には台湾放送協会の建物に台北二二八紀念館が設立された。現在でも二月二十八日になれば記念式典が行われている。

本館は博物館の建物だけで意味を持つのではない。そこには日本統治期の開発と戦後の揺れる台湾社会の記憶がある。博物館だけが独立しているのではなく、その位置する場所や他の建築物と共鳴しながら存在している。台湾社会が日本を中国を、そして台湾をどう扱うのか、それを国立博物館がどう表現するのか、そうしたことは博物館の中でだけの問題ではなく、その周りの風景にも意識を向けるべきだろう。今日では台北天満宮は福徳宮という廟に建て替えられている。天満宮で使っていた獅子が残されており、廟の主神は土地公だ。文字通りその土地を司る地域の神である。この日本時代の獅子と戦後台湾の土地の神とが揺れ動く台湾社会とその国立博物館の姿を見守っていくのだろう。

(2)複合的な感情を呼び起こすサハリン州立郷土博物館

ソ連の人々の日本帝国の建築物に対する見方には次の三種類の感情が折り交ぜられていた。それは第一にエキゾチックで美的であるかどうか、第二には実用的であるかどうか、第三にソビエトとイデオロギーが対立していないかどうかである。例えば、美的かどうかについては戦後サハリンを撮影した写真には漢字が書かれたモニュメントや背景にエキゾチックな「異国」が撮影されているものが多い。実用的な視点として、日本人の住宅はロシア人の生活スタイルには全く合わなかったので取り壊されることも多く、火事で消失しても再建されることもなかった。一方で軍の病院は軍の病院として、博物館は博物館として使用され続けたように、その後も利用価値があると実用的に認識されれば、今日まで使用されているというケースも多い。イデオロギーの対立として最も強いのは戦争に関する意識である。

こうした三つの要素を全て兼ね備えているのが、樺太庁博物館であった。例えば、ソ連の一人の軍人が一九四五年のサハリンの様子を次のように回想している。

「医科学校の建物に医療関係者が入り病院を設立した。公園の近くの中央通りにある二階建ての大きな家は陸軍会館になった。そのすぐ近くには、瓦屋根の美しいオリジナルの和風建築がある。頂上には勝利の象徴である赤い旗が翻っていた。その周りには庭に噴水があり、サクラ、イチイ、シラカバ、リンゴ、ナナカマド、潅木が植栽されている。見晴らし台もある。何とも言えない美しさだ。私はこの場所に魅了された。見晴らし台に座って、緑の乱舞、水の噴流を見つめた。この建物は第八八樺太軍事師団の司令部であった。そして、建物の地下には、旧日本博物館の展示物があった。/『これは博物館だ!』と司令官が叫んだ。『ここから何も持ち出してはいけない』と言い、建物全体を見て回った後、彼はその場を離れ、見張りを置いた。(8)」

この回想録を見ると、上記の三つの要素が散りばめられているのがわかる。まず建物と周りの公園はとてもエキゾチックで美的である。しかし、ここは樺太軍の司令部であったことが述べられ、日本からサハリンを奪還した今はその建物に赤旗が掲揚されているというソ連勝利の話でもある。加えてこの建物は博物館なので、大切に使おうという。

図5　スターリンらの写真が掲げられるサハリン州立郷土博物館
（Сахалинский музей 120 лет. Южно-Сахалинск: Сахалинский областной краеведческий музей 2016, p.146）

この建物はこの三つの感情全てを生み出しているだけでなく、ユジノサハリンスクで最も美しく、エキゾチックな建物の一つである。加えて、ロシアと日本の島の歴史を統合している。サハリンで最もよく作られた中心的な建物の一つで最も長い歴史を有する建物でもある。この建物の性質が日本と分かち難く結びついていて、市の中心部に位置してもいることから、ソ連時代には第二次世界大戦の勝利や十月革命の記念日に、この博物館に国旗やレーニンやスターリンなどの国家指導者の写真が飾られて、ソ連の勝利を示す場所でもあった（**図5**）。[9]

　こうした勝利した国家の物語を如実に表しているのは私達の調査時に行われていた「満州への道」という企画展であろう。これは従軍していたソビエト兵ボリス・ゴルラッチュによって第二次世界大戦末期にソビエトが満州へと進行した際の様子が描かれたデッサンの展示である。写実的なそのデッサンにはソビエトに降伏する日本兵の様子や、戦闘の様子のほか現地住民から食料の提供を受けている様子など、様々な場面が描かれている。アムールスクの博物館から提供されている資料であるという。

　サハリン州立郷土博物館は文字通りサハリンの郷土史を扱う博物館である。サハリンの郷土史の博物館でどうして満州の歴史を展示するのだろうか。一九四五年四月にドイツとの戦いを終えて、東へと進軍し、見事勝利をおさめたアジアの勝利という意味でサハリンと満州が同一の文脈に置かれるのだが、それは国家としてのソビエトやロシアという立場からの歴史であって、サハリンの郷土史とは言えないだろう。ここには克服した帝国日本と、「我々」に取り戻されたサハリンというモチーフがあり、戦後の帝国日本が残した博物館の機能の好例といえよう。

このようにサハリン州立郷土博物館は複数の感情が織り交ぜられて受け止められている。戦後作られた建築物とは明らかに違う日本式の建物は興味が惹かれるエキゾチックさを掻き立てる一方で、特に九月の対日戦勝記念日などではイデオロギーが発露される場ともなる。そして文明の使者という役割を帝国日本が国立博物館に持たせたため戦後もそのまま博物館として利用できた。これらの点から複雑な感情が確認される。そして何より特記しておくべきことは、今のサハリン市民は日本的でエキゾチックでロシアの勝利も表すこともできるこの郷土博物館を、日露共同の歴史として捉え、その両面を包摂して我々サハリンの博物館だと捉えているということである。

おわりに——国立博物館はどこに作られ、何を記憶するのか

ここでは植民地に作られた国立博物館の持つ機能、そして戦後の動向を確認することで、単に貴重な文物を保存、公開するだけではない国立博物館というものを確認してきた。つまり、国立博物館は我々の領土と記憶を作り出す建築物であると言えるだろう。帝国日本はフロンティアであり、他国とのボーダーでもある植民地に博物館を建設することで、ここは我が領土ということを暗に主張してきた。では戦後の日本がどこに国立博物館を作ってきたのかということを考えてみたい。

博物館が周縁に立てられるのであれば、逆にいうと博物館があるところが周縁と位置付けることができるのかもしれない。二〇一五年にサハリンに「ロシア歴史」と「勝利博物館」を統合した博物館が開館した。このロシアの「勝利」をテーマとする統合博物館はロシア式の建築物であり、加えて巨大なロシア正教会と隣接している。帝冠式の州立郷土博物館は見るものに日本を想起させる一方、この場所はここがロシアであると感じさせる。

では、二〇二〇年には北海道の白老に民族共生象徴空間（ウポポイ）が開業したことには、どのような意味があると言えるだろうか。辺境のイメージと容易に結びつきやすい先住民族のアイヌをテーマとするこの博物館は、民族共生象徴空間というその名前に見られるようにアイヌ民族は日本国の国民であることを主張する。裏返せばアイヌ民族の居住地は日本国の領土であることも主張しているのと同義である。

このように考えると二一世紀にサハリンと北海道に作られた国立博物館を通じて両国間で国境の確定作業の意味がある

と言うことはできないだろうか。加えて、沖縄には国営沖縄記念公園内に美ら海水族館が作られていることや、戦後の中華民国が台湾に故宮博物院や中正紀念堂を建築したことも同じ文脈上で考えることができるのかもしれない。

この様に国立博物館にはボーダー付近に作ることで領土であることを示すという二つ目の機能が見出せる。今回紹介した台湾とサハリンの博物館は共に帝国日本のフロンティアに作られ、帝国の崩壊とともに外国となり、その後の社会変動に揺さぶられつつ、今日では現地社会のものとして定着している。博物館と領土を巡る政治性は現代に引き継がれているテーマだ。ウポポイと美ら海水族館という戦後北海道と沖縄に作られた二つの国立博物館は、戦前と異なり見た目で日本を思わせる帝冠式は採用していないが、中心から遠い辺境に与えられやすい先住民と自然というイメージに基づいた博物館になっている。このことの意味を含めて、博物館とは社会の中での意味を考えながら参観するべき場所なのかもしれない。

注

(1) 本稿の内容は一部、藤野陽平「旧帝国日本の博物館をめぐる交差するまなざし――国立台湾博物館とサハリン州立郷土博物館との比較から」(『世新日本語文研究』一〇、二〇一八年)一―三三頁をもとに大幅に加筆修正したものである。

(2) 竹沢尚一郎「フォーラムとしてのミュージアム」(竹沢尚一郎編『ミュージアムと負の記憶』東信堂、二〇一五年)。

(3) アンダーソン、B．著(白石さや、白石隆訳)『増補　想像の共同体――ナショナリズムの起源と流行』(ＮＴＴ出版、一九九七年)。

(4) 帝国日本が植民地に作った博物館には一九〇八年の児玉総督後藤民政長官記念館(一九一五から台湾総督府博物館)、一九一五年の朝鮮総督府博物館、一九三五年の満洲国立博物館、一九三七年の樺太庁博物館等がある。

(5) Miyashita, M., Homecoming visits to Karafuto. In *Voices from the shifting Russo-Japanese border: Karafuto/Sakhalin*, eds. Svetlana Paichadze and Philip A. Seaton, London: Routledge, 2015, pp.141-157, 142.

(6) サハリン州国立資料館. ГАСО. Ф.54. Оп.1. Д.1, Л. p.63.

(7) Сахалинский музей 120 лет. Южно-Сахалинск: Сахалинский областной краеведческий музей, 2016, p.116, p.126.

(8) Грезы и слезы Сахалина (из воспоминаний Н. А. Козлова). Исторические чтения No.2. Южно-Сахалинск: Государственный архив Сахалинской области, 1992, pp.235–261, p.237.

(9) Сахалинский музей 120 лет. Южно-Сахалинск: Сахалинский областной краеведческий музей, 2016, p.146, p.171.

帝国日本の南北に建設された製糖工場と社宅街

辻原万規彦

戦前期に日本の統治下にあった地域を相互に比較するための指標として、「内国植民地」といわれた北海道と沖縄を含む全ての地域で営まれた製糖業に着目する。そのうち、南方の南洋群島と北方の樺太を取り上げ、帝国日本における製糖業全体の中での位置づけを検討し、現地調査をもとに、どのような工場や社宅街が建設されたのかを紹介する。

つじはら・まきひこ――熊本県立大学環境共生学部居住環境学専攻教授。専門は建築史・都市史。主な著書に『臺灣糖廠與社宅街變遷圖集』（中央研究院 人文社會科學研究中心 地理資訊科學研究專題中心、二〇一九年）、論文に「台湾蘭陽平野における日本統治時代の地域開発――交通インフラの整備と産業の立地による工業都市羅東の発展」（中川理＋空想から計画へ編集委員会編『空想から計画へ　近代都市に埋もれた夢の発掘』思文閣出版、二〇二一年）などがある。

はじめに

日本は南北に長いといわれる。現在、私達が訪問可能な最南端は波照間島の北緯二十四度二分であり、一方の最北端は宗谷岬の北緯四五度三十一分で、南北二五〇〇キロメートル以上にも及ぶ。ところが、第二次世界大戦前に日本の統治下にあった地域を考えれば、さらに南北に長かったことに改めて気がつく。沖縄のさらに南には台湾があり、北海道のさらに北には樺太があった。日本の影響下にあった地域も含めれば、南洋群島の最南端はほぼ赤道直下であったし、満洲国の最北端では北緯五十度を超えていた。これらの地域が日本の統治下もしくは影響下に入った経緯や統治の方法は様々であり、気候は熱帯雨林気候から亜寒帯まで、また地形の面でも太平洋に浮かぶ島嶼からユーラシア大陸の内陸まで、実に多様な様相をみせていたことに驚く。

このように広く、多様な地域を対象とする植民地研究では、これまで特定の地域に対象を絞ることが多かった。もちろん、近年では地域間の比較研究も進んでいる。例えば、統治のための組織などの「官」を対象とする研究やマクロな視点からの経済を対象とする研究では、比較のための指標が設定しやすいと考えられることもあって研究も多い。一方、「民」を対象とする研究は、その姿が多様であるだけに地域間の相互比較が難しいことも多い。

そこで、本稿では、台湾、朝鮮、樺太、南洋群島、満洲国だけではなく、「内国植民地」ともいわれた北海道と沖縄も含めて、日本の統治下もしくは影響下にあった全ての地域で営まれたほとんど唯一の産業であった製糖業に着目したい。つまり、製糖業を比較のための指標として設定する。その上で、ケーススタディとして南方の南洋群島と北方の樺太を取り上げる。まず、前提として「帝国日本」全体と製糖業の関係を検討する。次いで、両地域で実施した現地調査をもとに、どのような工場や工場を取り巻く社宅街が建設されたのかを紹介する。その中で、両地域の共通点と違いに言及できれば、と考えている。本稿では、充分には紹介できてはいないが、そこで暮らす人々の生活も垣間見ることもできよう。

なお、戦前期に日本の統治下もしくは影響下にあった地域の中でも、南洋群島と樺太では、「内地」からの移住者人口の割合が多かった。一方、台湾や朝鮮では、「内地」からの移住者は、割合としては少数派であった。

一、帝国日本と製糖業

(1) 製糖業と周辺地域の開発

製糖業はいうまでもなく砂糖を生産する産業である。そのためには、製糖工場の建設が必須であるが、他の工業とは大きく違う点がある。

製糖業の場合は、原料である甘蔗《かんしょ》(「かんしゃ」とも。サトウキビ。)や甜菜《てんさい》(さとうだいこん、ビート。)を栽培する広大な農地が必要である。そのほかに、広い範囲の農地から原料を工場に運び込み、製品を搬出するための交通インフラ、さらに農地の灌漑のためと工場で必要な多量の冷却水を確保するための水源なども必要である。そのため、他の工業に比べて、製糖工場の建設によって工場周辺の地域の開発に影響を与えることが多かった。(1)

(2) 帝国日本の中での製糖業の伝播

製糖業は、製品は同じ砂糖でありながら、主に南方では原料に甘蔗を、主に北方では甜菜を用いるおもしろい産業である。両者の工場での工程はほぼ同じであるが、生産システムには違いがある。南方の甘蔗の場合は収穫した後に糖度が急激に低下するため、できるだけ急いで工場に搬入して圧搾する必要がある。それに対し、北方の甜菜の場合は糖度の低下

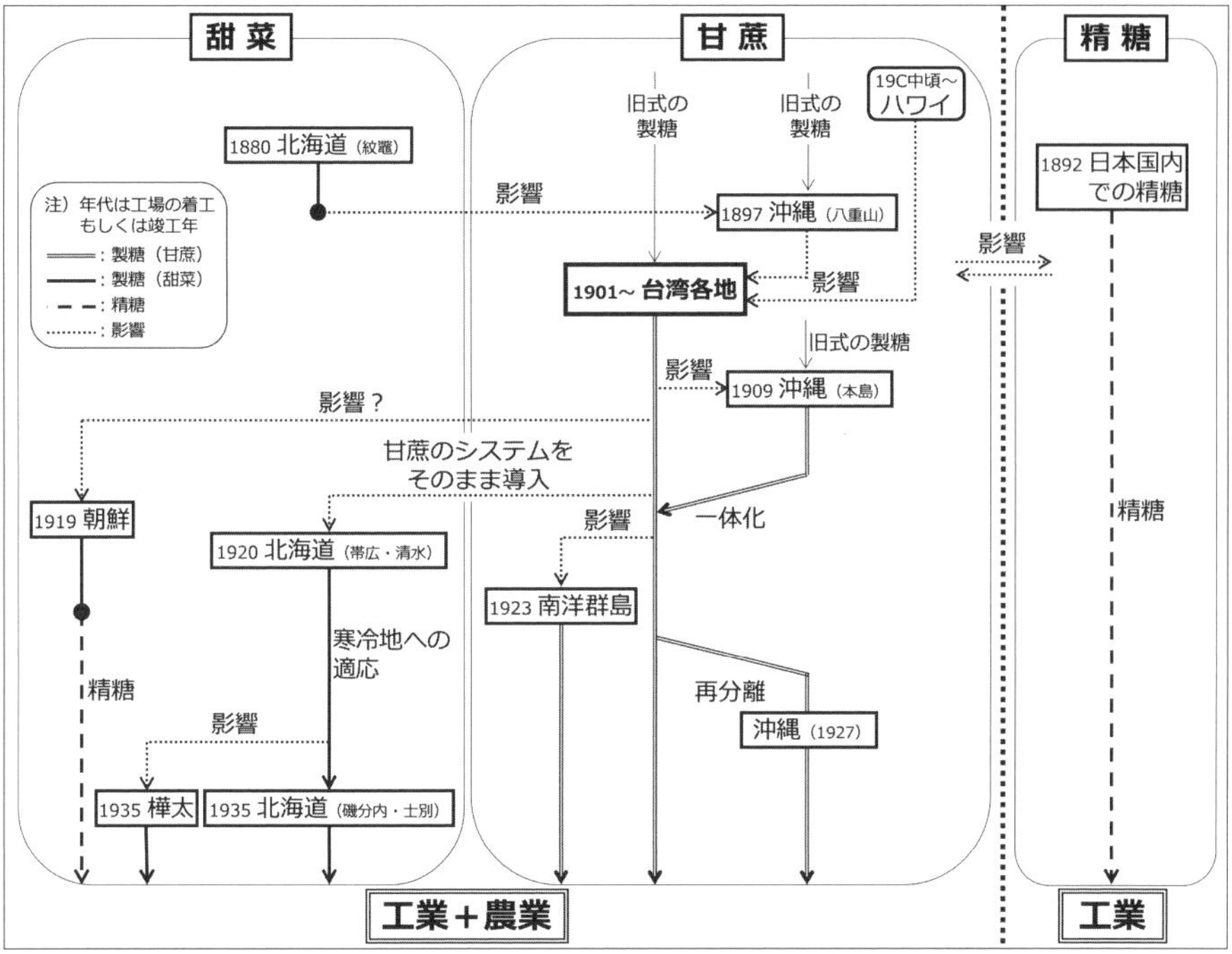

図1　日本の統治下にあった地域における製糖業の伝播過程（筆者作成）

が緩やかなため、収穫した後から圧搾までの間、工場でしばらく貯蔵することも多い。工場では原料を圧搾した後、清浄・濾過《ろか》、蒸発・濃縮、煎糖・結晶、分離、乾燥などの工程を経る。甘蔗の場合は製品である原料糖の再度の精製が必要なことが多く、その場合は、台湾や沖縄から内地の工場に運搬して精製した後で出荷する。一方、甜菜の場合は別の工場での精製を行う必要がなく、そのまま出荷できることがほとんどである。

図1に日本の統治下もしくは影響下にあった地域での製糖業の伝播過程を示す。一八八〇年に北海道の紋鼈《もんべつ》（現在の伊達市）に、日本で最初に機械を用いた官営の製糖工場が建設された。しかし、事業は上手くいかず、工場を民間に払い下げた後、一八九六年に解散した。その時に輸入されたフランス製の製糖機械は、一八九七年に沖縄県の八重山糖業に売却されたが、台風の影響で石垣島に陸揚げできず、八重山糖業も解散に追い込まれた。結局、この機械は、台湾での最初の機械式製糖工場であり、南部の高雄（当時は「打狗」）で一九〇一年に建設に着手した台湾製糖の橋仔頭工場で活用されることになった。日本の製糖業が事業としてようやく軌道に乗ったのは、台湾に進出してからである。その際、既に製糖業が

盛んであったハワイなどの事例を参考にした。

(3) 帝国日本の「地方」に建設された社宅街

内地を含めて第二次世界大戦前に日本の統治下もしくは影響下にあった地域の各地に、製糖業のほかにも様々な種類の工場が建設された。「中央」から離れて交通の不便な「地方」に建設された場合、中央から派遣されたり、他の地方で採用されて工場で働く人々のために、地方の工場周辺に社宅が建設される。さらに、地方で勤務してもらうためには、社宅のほかに様々な福利施設も必要である。危険と隣り合わせの工場勤務であることも多く、病院や診療所は必須である。中央の文化を運んでくる映画を上映したり、宴会を催したりする倶楽部やテニスコートなどの娯楽施設のほか、学校などの教育施設まで建設した工場もある。さらに、日々の生活用品を購入するための供給所（酒保や購買、売店などとも。多くで「つけ」がきいた。）や浴場、食堂なども完備することになり、社宅「街」が形成される。

日本の統治下もしくは影響下にあった地域では、内地の社宅街でもみられなかった最先端の設備を備えることもあった。例えば、朝鮮にあった社宅街では、(2) オール電化（電気炊飯器を使っていた）、社宅街全体に一括して暖房を供給する地域暖房のほか、各戸とまではいかないものの温水の提供もあり、上水道も無料であったほどである。「地方」、つまり周縁にあったからこそ、当時の最新の設備を備え、中央と同等もしくはそれ以上の生活ができることが必要であったともいえる。

二、製糖業による熱帯の島全体の開発
――南洋群島における製糖工場と社宅街(3)

(1) 台湾と沖縄、そして南洋群島の製糖業

南洋群島は、現在のパラオ共和国、北マリアナ諸島、ミクロネシア連邦、マーシャル諸島共和国にあたる。南洋「諸島」と表記されることもあるが、南洋「群島」である。(4) この地域はリゾート地として認識する人が多く、第二次世界大戦中に日本軍が占領した地域だと思っている人も多い。しかし、実際には、第一次世界大戦の後、一九二二年に日本が委任統治を開始し、第二次世界大戦終戦までの三十年以上の間、日本の統治下にあった。

南洋群島の政治の中心は、統治機関である南洋庁の本庁が置かれたパラオであった。一方、経済の中心は、パラオよりも北にあり、一五〇〇キロメートル弱も離れたサイパンであった。南洋群島の主力産業の一つであった製糖業の工場が現在の北マリアナ諸島のサイパン島、テニアン島、ロタ島に

建設されたからである。

南洋群島での製糖業は、南洋興発という会社が担った。南洋興発の経営者は、台湾で斗六製糖、次いで新高製糖で重役を務めた松江春次である。**図1**に示すように、台湾で軌道に乗った製糖業は沖縄と南洋群島にも進出した。沖縄の製糖業は一時台湾の製糖会社によって事業が統合されたが、後に沖縄県内の工場だけを傘下に収める沖縄製糖となった。もちろん、沖縄の製糖工場でも社宅街が建設されたが、本稿では沖縄は対象ではないため、詳細は省略する。一方、南洋興発は少なくとも第二次世界大戦終戦まで存続し、南洋庁や海軍との関係も深く、様々な業種の多数の傍系会社を抱えることになった。そのため、実際にはその規模は及ばないものの、南満洲鉄道になぞらえて「海の満鉄」とも呼ばれた。

（2）Google Mapsがなかった二〇〇一年から二〇〇六年の現地調査

かつて南洋群島であった地域を対象に、三十年以上にも及ぶ日本人の生活をうかがい知ることができる当時の建築物の現地調査を開始したのは二〇〇一年であった。実は、当初の関心は、冷房がない時代に、熱帯に進出した日本人がどのように現地の気候に適応して生活していたのか、という点であった。ところが、南洋群島に当時建設された建築物に関する調査や研究がほとんどないことがわかり、悉皆調査を始めたというわけである。

現在であれば、Google MapsやStreet Viewで簡単に街の様子がわかり、精確な地図も入手できる。しかし、当時は、まだGoogle Mapsのサービスが提供されておらず、やむなくアメリカが作製した二万五千分の一の地形図を引き延ばして、自分たちで不精確な地図を作り、各地を歩き回った。日本の統治下にあった時期に建設された建築物やその痕跡をできるだけたくさん記録しようと試みた。次いで、残っていた建築物を対象に、おおよそ五ミリ単位でありとあらゆる部分の寸法を測り、図面を作成する作業に取り組んだ。こちらも記録する作業である。その過程で、サイパン島で南洋興発の社宅跡が幾つか残っているのを確認したのが、製糖工場と社宅街に関する研究を始めるきっかけであった。(5)

（3）サイパン島に建設された製糖工場と社宅街

南洋興発の主力工場でかつ最初の工場は、サイパン島に建設された。サイパン島内の政治の中心は、南洋庁サイパン支庁が置かれた中央部のガラパン地区であった。本書の飯髙論文で述べられるサイパン病院もこの地区に建設され、現在ではホテルが並ぶ地区である。

一方、南洋興発のサイパン製糖所はガラパン地区から南に

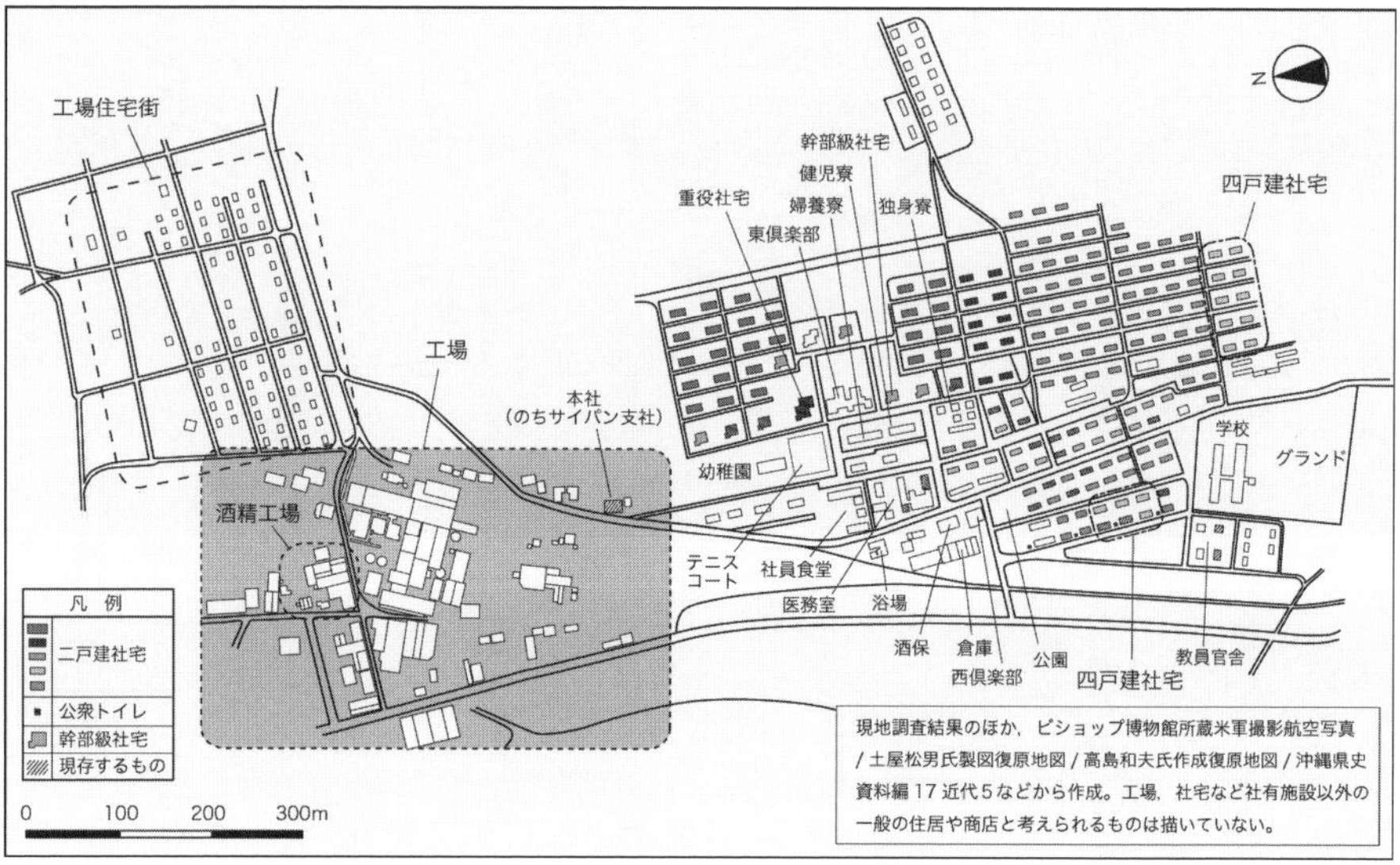

図2　南洋興発サイパン製糖所チャランカノア地区の社宅街の復元図（出典：辻原万規彦「南洋群島／熱帯気候下の住宅」社宅研究会編著『社宅街　企業が育んだ住宅地』学芸出版社、2009年、221頁）

六キロほど離れたチャランカノア地区に建設され、一九二三年に製糖を開始した。行政機関が位置するガラパン地区から離れていたため、社宅街の中で生活が完結できるように、様々な施設も同時に建設されたと考えられる。**図2**は、私達が作成した製糖工場と社宅街の復元図であり、現地調査を実施した時に残存が確認できた社宅跡なども示した。サイパンの歴史保存局の職員の方々の手助けを得て歩き回った成果をもとに、ハワイのビショップ博物館所蔵のアメリカ軍が第二次世界大戦中に撮影した航空写真[6]を用いて復元した。

復元図をみると、社宅街の中では、重役や幹部社員の社宅が並ぶ街区と現業員らの四戸建て社宅が並ぶ街区が明確に区別されている。ただし、これは南洋興発の社宅街に特有なのではなく、当時の日本の社宅街では多かれ少なかれ同じような配置になっていた。いくつかの会社では、会社が設立された頃の社宅街では幹部の社宅が工場の近くにあり、工場で働くブルーカラーである現業員の社宅が遠くにあった。ところが、後から建設された社宅街では逆に現業員社宅が工場の近くにあり、幹部社宅は工場から離れて、かつ環境がよさそうな場所になった。最初は工場で何かあってもすぐに駆けつけることができるように工場の近くに幹部社宅を建設したのであろう。その後は、現業員の通勤が楽なようにと考えたのか、それとも、幹部社宅の環境を優先したのか…。

（4）サイパン島に残る社宅の遺構と保存

現地調査当時は、チャランカノア地区には、重役社宅のほか、多くの二戸建て社宅や四戸建て社宅の跡が残っており、その遺構を利用して住居として使っているものもあった。いくつかの社宅については、歴史保存局の職員の方々と一緒に実測採寸を行い、図面を作成して記録に残すことができた。

また、南洋興発の社員らの子弟が数多く通っていた小学校の木造の教員官舎も確認できた。しかし、近年のサイパンでは台風の被害が多いようで、二〇一八年の台風によって破壊されてしまったとのことである。現在のミクロネシア地域の歴史的建築物の保存はアメリカ合衆国国立公園局の影響下にある現地の歴史保存局の管轄である。しかし、歴史的建築物の保存は必ずしも上手く進められていないようである。

図3　南洋興発テニアン製糖所の社宅街跡で確認できた幹部社員の社宅の応接室と考えられる遺構（2002年4月、筆者撮影）

（5）島全体に農場が広がっていたテニアン島とロタ島に残る製糖工場と社宅街の跡

一九三〇年代に入ると、南洋興発は同じ南洋庁サイパン支庁内のテニアン島とロタ島にも製糖工場を建設して製糖を開始した。両島では、ほとんど島全体が甘蔗を栽培する農地となり、あたかも南洋興発が所有する島のようであった。島内は幾つかの農場に分かれ、農場の中心部にも小規模な社宅街が形成された。ただし、現地調査当時には手が回らず、農場の社宅街の状況は把握できていない。ちなみに、戦前期の沖縄県の南北大東島では「会社の島」化がもっと進み、製糖所長が島を統治したといってもよいほどであった。

現地調査では、南洋興発最大の工場であったテニアン製糖所の事務所跡などが確認でき、工場の背後の斜面に展開する

図4　南洋興発ロタ製糖所跡で確認できた汽罐室と煙突の遺構（2003年3月、筆者撮影）

社宅街跡では幹部社員の社宅七棟の応接室跡と考えられる遺構（前ページ図3）も確認できた。この部分はＲＣ造であるため、七十年近く後まで残っていたのであろう。テニアンでは、サイパンとは逆に社宅街に隣接して行政機関などが集まる市街地が建設された。

　三つの工場の中で最後に建設されたロタ製糖所は小規模な工場であったが、製糖の成績がよくなく、後に合成酒工場に転換された。社宅街も工場の規模にあわせて小規模であったが、高台にあり、風通しのよい環境であったのであろう。現地調査当時には、附属医院（医務室とも）の跡以外には社宅街の遺構はほとんど確認できなかった。一方、工場跡では汽《き》罐《かん》室と煙突の遺構（図4）が確認できた。

　南洋興発の社宅では、熱帯の気候に対応するために現業員の社宅でさえベランダを備えていた。また、床下も高くして風通しをよくし、虫などの侵入を防ぐ工夫が施されていた。さらに、飲料水が不足していたので、瓦葺き屋根ではなく、亜鉛鉄板葺き屋根にして雨水を集めやすくした点も熱帯の島ならではの工夫であった。

三、ようやく亜寒帯の島にたどり着いた製糖業――樺太における製糖工場と社宅街(7)

(1)北海道から台湾を経由して北海道に戻り、さらに樺太へも進出した製糖業

　樺太は、現在のロシア連邦サハリン州の南半分にあたり、サハリン島（樺太島）の北緯五十度以南の「南樺太」である。この地は、一八六七年の樺太・千島交換条約によってロシア帝国領となったが、日露戦争後の一九〇五年に再び日本の統

治下に入った。その範囲は広大であったが、交通機関が不便で、冬季には結氷する港湾も多く、都市が建設されたのはほとんどが海岸線に限られ、人口密度は低かった。本書の平井論文でも述べられるように、広大な森林を抱える樺太では製紙業が盛んであり、王子製紙や樺太工業などが多くの製紙工場を建設した。前述の南洋群島では沖縄からの移民が多かったが、南洋群島への航路は沖縄や台湾を経由せず、神戸や横浜の発着であった。しかし、樺太の場合は、南部の大泊と北海道の稚内の間に稚泊連絡航路が開設され、北海道のさらに北側にある地域としての認識が強かったのではなかろうか。

図5　旧樺太製糖豊原工場（2012年8月、筆者撮影。右の4階建てが旧工場本館、左手前の平屋が旧製品倉庫）

　樺太での製糖業は、樺太製糖という会社が担った。樺太製糖は、明治製糖が三分の二を、王子製紙が三分の一を出資して設立された。**図1**に示したように、当初北海道の紋鼈での操業が上手くいかず、台湾で軌道に乗った製糖業は再び北海道に戻り、さらに樺太にまで進出した。北海道の帯広と清水に一九二〇年に建設された製糖工場では、「台湾モデル」ともいえる、台湾で確立された製糖業のシステムを北海道にそのまま「逆輸入」した状態に近かった。[8] しかし、その十五年後には、清水工場を有した明治製糖が士別で、帯広工場を有した北海道製糖が磯分内《いそぶんない》（標茶町）で、北海道の寒冷な気候に適応を進めた工場と社宅街を建設した。同時に、樺太庁の本庁が置かれた豊原の近郊、北豊原に建設されたのが樺太製糖豊原工場である（**図5**）。明治製糖は工場建設の前年に清水工場長の菊池棹を樺太に派遣しており、清水工場で得た経験をもとに豊原工場を建設したと考えられる。

(2) 月島機械所蔵の製糖工場の図面の「発見」と二〇一二年の現地調査

樺太製糖の工場施設に関する図面を、現在では上下水道関連施設のプラントメーカーとして有名な月島機械で拝見したのは二〇〇四年であった。前述の南洋興発の製糖機械が月島機械製であったことから同社に図面の存在を問い合わせたが、はじめは「ないと思いますよ」とのお返事であった。それでも無理にお願いして、とにかく同社を訪問した。熊本から上京してくるのだから、と探してくださったのか、マイクロフィルム室の片隅で廃棄を待つ戦前期の図面のマイクロフィッシュをみつけてくださっていた。その中に、樺太製糖の工場施設の図面が混じっていたのである。図面を再「発見」する貴重な経験であった。その後、なかなか現地調査の機会がなかったが、八年後の二〇一二年にようやくその機会に恵まれた。

現地調査では、北海道大学の角幸博教授（当時）にご紹介いただいたサハリン州文化省顧問（当時）のイゴール・サマリン（Igor Samarin）氏に同行していただいた。工場と社宅街の調査にそれぞれ一日ずつを費やすことができただけで、北マリアナ諸島での調査に比べると十分な調査ができたとは言い難い。それでも、月島機械所蔵の図面と現地に残る工場の建築物を照らし合わせ、工場の東側に並ぶ社宅と推定される住宅の幾つかを簡単にではあるが、実測採寸することができた。

(3) ユジノサハリンスク郊外で出会った製糖工場と社宅街の跡

現地調査では、かなり増改築されているものの、四階建ての工場本館、汽罐室と煙突のほか、修理室や電気室、倉庫など多くの建築物が残っていることが確認できた（図6の左側）。しかし、チョコレート工場として操業中のため、建築物内部への立ち入りはほとんど許可されず、樺太製糖時代の製糖機械の状況までは確認できなかった。ただし、当時の鉄筋コンクリート構造学の第一人者であった阿部美樹志が設計した倉庫の内部は確認できた。冬季の積雪のことを考えたためか、柱がない大空間であった。

実は、この工場は明治製糖の士別工場と同じ図面で建設された。ただし、豊原工場の製糖機械は前述のように月島機械が担当したのに対し、士別工場では大阪の田中機械製作所が担当した。また、前者は大倉組（大倉土木、大成建設の前身）の施工で一部鉄骨造、後者は清水組（清水建設の前身）の施工で全てRC造と細部は違っていた。ちなみに、帯広と清水の製糖工場も所有する会社は違ったが、ダイヤ（Dyer）社によ

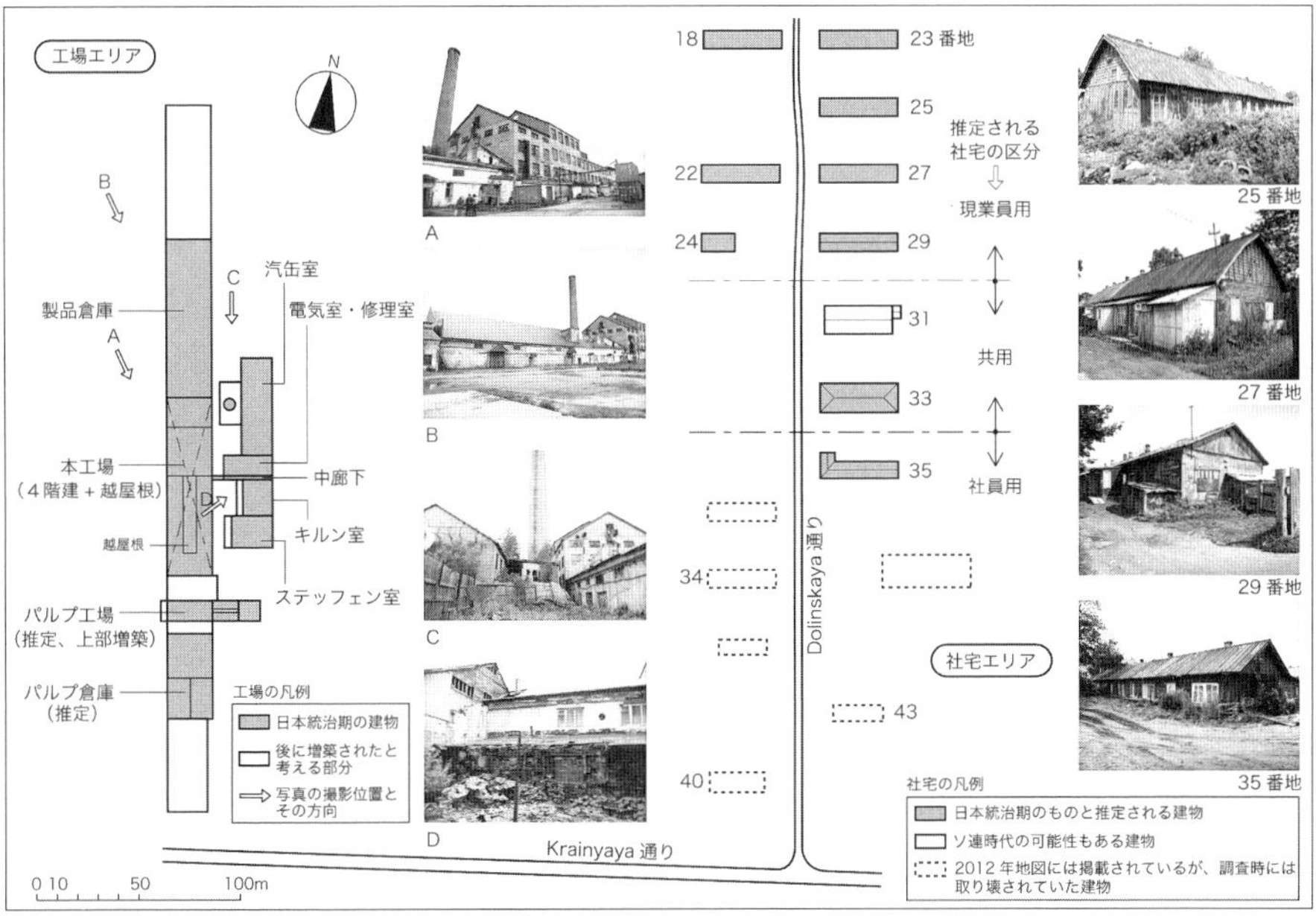

図6　樺太製糖豊原工場の工場施設と社宅と推定される住宅の配置図（写真はいずれも2012年8月撮影）（出典：辻原万規彦、角哲、今村仁美「旧樺太製糖株式会社豊原工場に関連する建築物の図面と現況にみる特徴——旧明治製糖株式会社士別工場との比較を通じて」『日本建築学会技術報告集』第48号、2015年、846頁）

る同じ設計図から建設された煉瓦造の姉妹工場である。

一方、現地調査当時の社宅街の現況は図6の右側に示すとおりであった。南洋興発の場合と違って航空写真が入手できず、建設された全ての社宅を示せている訳ではない。しかし、当時の樺太日日新聞の記事や姉妹工場であった士別工場の社宅街の配置図をみても、図6に示す範囲と大きな違いはなく、診療所などの福利施設はほとんど建設されなかったようである。図2の南洋興発サイパン製糖所の社宅街に比べれば、社宅をはじめ建築物の数が少ない。ガラパン地区から離れて建設された南洋興発サイパン製糖所の社宅街とは違い、樺太庁の本庁があった豊原の街に近接していたことも一因と考えられる。医療や生活用品の購入には樺太庁豊原医院や豊原の商店が利用でき、娯楽についても豊原の街に負うところが大きかったのであろう。

（4）亜熱帯の製糖業から寒冷地の製糖業へ

南洋群島では、原料の甘蔗を急いで収集するために、南洋興発が島内全域に軽便鉄道網を張り巡らせた。しかし、樺太製糖の場合は、隣接する樺太庁鉄道との間に短い専用線の線路を敷設したに過ぎない。製糖業が台湾から北海道に戻った当初に工場が建設された帯広と清水では、台湾と同じように軽便鉄道網が建設された。しかし、士別と磯分内では収穫した甜菜の収集はゆっくりでよく、軽便鉄道網までは必要ないことが理解されたと考えられ、樺太製糖と同じように主に鉄道省線を利用して原料の甜菜を運搬した。台湾から戻ってきた当初よりも、寒冷地への適応が進んだのであろう。

帯広や清水の社宅でも、台湾の社宅に比べて社宅の壁は厚く、二重窓で、床下換気口も小さくなっており、寒冷な気候を考慮したと考えられる。さらに、十五年後に建設された磯分内の社宅の写真をみると、ストーブ用のメガネ石が設置され、石炭庫も最初から設置されていたようである。この頃には寒冷な気候への適応もさらに進んでいたことがわかる。

樺太では、樺太製糖の工場の建設に先だって、事前に甜菜の栽培を行い、十分な量の甜菜が収穫できると予想されていた。しかし、製糖を開始した一九三六年以降、満足に操業できた年は数えるほどだったようである。ただし、製糖工場の誘致の際には、豊原周辺の農業の振興が重要視されており(9)、製糖工場の建設が工場周辺の地域開発を促した点は南洋興発の場合と同じであった。

おわりに

本稿では、第二次世界大戦前に日本の統治下もしくは影響下にあった地域のうち、北方の樺太と南方の南洋群島を取り上げ、両地域で共に営まれた製糖業に着目した。さらに、少し古いものの、現地調査をもとに、どのような工場と社宅街が建設されたのか、何が残っていたのか、を紹介した。製糖工場と社宅「群」の遺構は、第二次世界大終戦前の人々の暮らしや当時の日本人と現地の方々との関係を考える上で大変重要なものである。

第二次世界大戦前に日本の統治下にあった地域全体を見渡し、それぞれの地域を相互に比較することは、簡単なようで意外に難しい。本稿ではその手がかりとして、製糖業を指標として取り上げた。多様な地理や複雑な歴史をもつこれらの地域のより深い理解のために、本稿で紹介した事例が一助となれば幸いである。

さらに、もう一歩進めて、建築物を単体として捉えるだけではなく、面として広がる社宅「街」の跡についても考えたい。例えば、サイパンのチャランカノア地区をGoogle Mapsで確認すると、**図2**に示す社宅街の街区割りが驚くほどよく残っていることに気がつく。同じく、**図6**に示す樺太製糖の社宅街の跡をGoogle Mapsで確認すると(北緯四六・九八一六七度、東経一四二・七三〇一一度付近)、現在でも住宅地(低層の集合住宅が並んでいる)になっていることに気がつく。建築物は空間に立ち上がって、すぐに私達の目に入ってくるので、その影響についての理解がしやすく、様々な面からの検討もしやすい。本書でも、その影響は数多く論じられている。しかし、それだけではなく、日本の統治下もしくは影響下にあった時期に、地面に引かれた「線」をも取り上げて、様々な面から理解を深め、その影響や意味を検討する必要があるのではなかろうか。このような「線」にはなかなか気がつきにくいかもしれないが、表には出てこないもの、裏に潜んでいるものにも注目して、その意味を考えることも、さらにまた大切なように思える。

注

(1) 辻原万規彦、今村仁美「戦前期の沖縄における製糖工場とその建設が地域に与えた影響」(『日本建築学会計画系論文集』第八二巻、第七三七号、二〇一七年)一八五九―一八六九頁。

(2) 辻原万規彦「朝鮮窒素肥料の興南地区社宅街について——野口研究所所蔵史料を用いて」(『日本建築学会計画系論文集』第七七巻、第六七一号、二〇一二年)一三五―一四二頁。

(3) 辻原万規彦「南洋群島/熱帯気候下の住宅」(社宅研究会編著『社宅街　企業が育んだ住宅地』学芸出版社、二〇〇九年)二一七―二三〇頁。

(4) 日本が委任統治した際の統治機関である南洋庁を設置した際に公布された南洋庁官制(勅令第一〇七号、一九二二年)に「第一条　南洋群島ニ南洋庁ヲ置ク」とある。

(5) その後、二〇〇九年からは、日本の統治下もしくは影響下にあった地域で最も多くの製糖工場が建設された台湾での調査も開始し、現在(二〇二一年)も継続中である。

(6) 航空写真の存在は、琉球大学法文学部地理学教室(当時)の先生方と沖縄大学法経学部(当時)の小野啓子先生にご教示いただいた。

(7) 辻原万規彦、角哲、今村仁美「旧樺太製糖株式会社豊原工場に関連する建築物の図面と現況にみる特徴——旧明治製糖株式会社士別工場との比較を通じて」(『日本建築学会技術報告集』第二一巻、第四八号、二〇一五年)八四三―八四八頁。

(8) 辻原万規彦「戦前期北海道の社宅街と工場を取り巻く様々な施設——工場以外の工場建設史」(日本甜菜製糖編『日本甜菜製糖一〇〇年史』日本甜菜製糖、二〇一九年)三六―四三頁。

(9) 樺太製糖豊原工場と社宅街についての研究を進めていた時に、製糖工場の建設と周辺の地域開発に大きな関係があることが理解でき、その後の沖縄や台湾を対象とした研究での重要な視点となった。

付記　本稿はJSPS科研費JP13750557、JP16760520、JP20760430、JP23560769、JP15H04109、平成十三年度(第三九回)三島海雲記念財団学術奨励金、平成十七年度住宅総合研究財団研究助成による成果の一部である。現地調査や資料収集でお世話になった方々のお名前はもとの論文などの謝辞を参照いただきたい。お世話になった多くの方々に改めて謝意を表したい。

開拓と宣教のせめぎ合い
——北海道のキリスト教建築にみるまなざしのポリティクス

藤野陽平

ふじの・ようへい——北海道大学大学院メディア・コミュニケーション研究院、准教授。専門は文化人類学。主な編・著書に『台湾における民衆キリスト教の人類学——社会的文脈と癒しの実践』（風響社、二〇一三年）、玄武岩、藤野陽平編『ポストコロナ時代の東アジア』（アジア遊学二五三、勉誠出版、二〇二〇年）などがある。

帝国日本は北海道開拓を重要課題と位置づけたが、それと時に競合し、時に協力してきたのがキリスト教である。列強諸国の植民地拡大とキリスト教宣教は連動しており、北海道では帝国日本の開拓とキリスト教の宣教という二つの植民地主義の主体があったと言える。ここではキリスト教建築を通じてその特徴を考える。

はじめに

北海道のランドマークと言えば、時計台や北海道庁旧本庁舎といった戦前の近代建築物が思いつくのではないだろうか。明治政府は開拓の名のもと北海道を急速に開発し多くの帝国建築を生み出した。北海道が植民地かというのは意見が分かれるところであろうが、明治政府にとって急ぎ「開拓」の必要のあるフロンティアであったことは間違いないし、それまでアイヌ民族が暮らしていた土地を和人が一方的に収奪していったという意味で植民地化と同様の要素があったことは否めないだろう。

しかし、戦前の北海道には開拓とは別の文脈で作られた建築物が存在する。それは教会をはじめ宣教師住宅、ミッションスクールといったキリスト教建築である。後述するようにキリスト教宣教は植民地主義と深く関連している。つまり、近代の北海道は帝国日本の開拓とキリスト教の宣教という二つの植民地主義が併存する場所であったということができる。そこで、ここでは北海道のキリスト教建築に注目することで、二つの植民地主義がせめぎ合う姿を紹介してみたい。

一、キリスト教と植民地主義
――文明化・福音化・植民地化

キリスト教はその世界宣教の過程で文明化（近代化）と植民地化と強く結びついていたことはすでに指摘されている。[1]キリスト教を派遣した欧米諸国は世界の各地に教育や医療、政治思想など近代技術を現地にもたらすという文明化をしつつ、軍隊と同時に入り各地を植民地としていった。

こうしたキリスト教と植民地主義、近代化の関係が北海道でどうであったのかといえば、キリスト教はさほど広がらず、欧米による植民地支配も受けなかったものの、教育、医療、文化事業等、近代化という次元では西洋から強い影響を受けているという点で肯首すべきだろう。キリスト教徒は多くないとはいえ、北海道は札幌バンドや新島襄、新渡戸稲造、有島武郎ら著名なクリスチャンと関わりがあり、日本国内ではキリスト教の影響が強い地域ということができる。例えば北海道大学はその前身、札幌農学校の教頭を勤めたウィリアム・スミス・クラークが学生らに「イエスを信じる者の誓約」に署名させ、学生らもそれに積極的に応じた。その校歌「永遠の幸」はもともと、アメリカ南北戦争の北軍の行進曲で、転じてキリスト教の讃美歌になったものを、一時キリスト教から強く影響を受けた有島武郎が翻訳を担当するなど、キリスト教・植民地主義・近代化という傾向を顕著に示している。

二、北海道における二つの植民地主義

それでは開拓とキリスト教宣教との関係を考えていくために、帝国期の日本に建てられたキリスト教建築物として札幌の教会をみてみよう。紙幅の関係上、道内全ての戦前に建てられた教会を紹介することはできないので、その他の教会については**表1**をご覧いただきたい。[2]

（1）戦前に建てられた札幌の教会

札幌の中心部を流れる創成川のほとりにたたずむ石造の日本基督教団札幌教会（**図1**）は一八七八年に伝道を開始し、一八八九年に教会が設立されている。現在の建物は一九〇四年に以前の建物が焼失したために一九〇四年に建てられたものである。一九八〇年には敷地内に四階建ての明星館も併設している。

札幌の中心地から東へ向かうとカトリック北一条教会がある。サッポロビールの工場跡に作られた複合商業施設サッポロファクトリー（レンガ館は一八九四年建築）からほど近いこ

表1　北海道内に残る帝国期に建てられた教会

名称	現在の建物の建築年	住所
日本基督教団札幌教会	1904	札幌市中央区北一条東1丁目2－4
カトリック北一条教会（札幌カテドラル）	1916	札幌市中央区北一条東6丁目10－6
日本福音ルーテル札幌教会	1934	札幌市中央区南12条西12丁目2－27
カトリック元町教会	1924	函館市元町15－30
函館ハリストス正教会	1916	函館市元町3－13
日本基督教団函館教会	1931	函館市元町31－19
函館元町港ヶ丘教会	1934	函館市元町29－15
トラピスチヌ修道院	1913	函館市上湯川町346
トラピスト修道院	1908	上磯町三ツ石392
日本キリスト教会遠軽教会	1931	遠軽町大通南2丁目
日本聖公会バチラー夫妻記念教会堂	1937	伊達市向有珠町119
日本基督教団名寄教会	1923	名寄市大通南2丁目
小樽聖公会	1907	小樽市東雲町10－5
日本基督教団小樽公園通教会	1926	小樽市花園4丁目20－18
カトリック住ノ江教会	1897ころ	小樽市住ノ江2丁目2－4
カトリック富岡教会	1929	小樽市富岡1丁目21－25
浦臼聖園教会	1959	浦臼町第5
北海道家庭学校礼拝堂	1919	遠軽町字留岡

図1　日本基督教団札幌教会（筆者撮影）

の教会は、一八八一年に創設され、一八九八年に聖堂が完成、一九一六年に現在の聖堂が完成している。施設内の司祭館と司教館も戦前の建築物だ。

札幌市の南西部の閑静な住宅街に位置する日本福音ルーテル札幌教会は一九一六年に札幌で宣教を開始し、現在の建物は一九三六年に、隣接するめばえ幼稚園は一九三七年に建てられた。

これらの教会に共通するのは、カトリック北一条がカテドラルであることに見られるように、各教団にとっていずれも地域のセンター的な役割を担っている点であろう。歴史が古いので当然と言えるかもしれないが、こうした歴史のある教会から複数の新たな教会が生み出されている。

（2）宣教師住宅

教会の他にもバチェラー邸や、ピアソン邸等、宣教師住宅は文化財として保存される。アイヌの父と呼ばれ、アイヌ民族の歌人である向井八重子（バチェラー八重子）を養子にし、アイヌ教育に力を注ぐなどした英国人で聖公会の宣教師バチェラーが、一八九八年から一九四〇年に帰国するまでの間、札幌で使用した住宅であるバチェラー邸（**図2**）は一九五三年に北海道が所有するが、一九六二年に北海道大学へと寄贈され、北海道大学植物園内に移築され、北海道大学農学部植物園・博物館などと並べられ当時の建築物として見学することができる。登録有形文化財（登録番号〇一―〇〇一八、二〇〇〇年四月二十八日）である。

図2　バチェラー邸（筆者撮影）

一八六一年に生まれた米国人宣教師ジョージ・ペック・ピアソンは一八八八年に来日し一八九二年に夫婦で来道、一九一四年から帰国する一九二八年までの間、野付牛（現在の北見）にて活動した。女子教育、廃娼運動、監獄伝道、アイヌ伝道などに力を注いだ。夫婦が暮らしたピアソン邸は一九一四年にヴォーリズによる設計で建てられた。夫婦が帰国したのちは一九三九年に医師の唐笠学に買い取られ、一時月刊の俳誌『阿寒』の編集室としても使われていたが、一九五三年に唐笠はこの住宅を北見市へ寄贈、その後北海道の所有となり、児童相談所として使われ、一九六八年に北見市が北海道より払い下げを受け、一九七〇年からの復元工事を経て一九七一年にピアソン記念館となった。北海道遺産（第五号二〇〇一年十月二十二日）や北見市指定文化財（第七号一九九六年七月八日）などにも登録されている北見市のランドマーク的存在となっている。

（3）キリスト教と関係の深い開拓団

赤心社や北光社などのキリスト教徒が多く関わった開拓団も存在するように、キリスト教は必ずしも帝国日本と対立ばかりしていたというわけでもない。赤心社にかかわる建築物として、一八八八年に建てられた浦河町の赤心社記念館（旧赤心社事務所、**図3**）がある。元々赤心社の事務所として荻伏駅前に建てられていたものを、一九一八年に荻伏村に寄付され、公会堂として現在の荻伏支所の場所へ移築され一九二五年より荻伏村役場の庁舎となる。一九五四年に現在建てられている浦河町荻伏一五番地へ郷土博物館として再移築、一九七四年に現在の赤心社記念館となった。その他、一八九四年に建てられた旧浦河公会堂を一九八三年に日本基督教団元浦河教会からの寄贈で北海道開拓の森が収集し、一九八五年に復元されている。平日は教育を行い、日曜日には礼拝を行っていた建物である。

図3　赤心社記念館（筆者撮影）

この様にキリスト教は帝国日本の開拓と時に競合し、時に協力関係を築いていた。協力した分野に教育や開拓があるだろう。一方で、マイノリティ、廃娼、女子教育といった信仰を含む価値観の問題では両者は競合する。例えばアイヌ民族への対応は帝国日本にとって文明化させるべき「土人」であったところ、キリスト教にとっては宣教の対象として重視していた。また、帝国日本は公的に遊郭をつくってきたが、キリスト教は廃娼運動を行った。北海道にも多くのキリスト教系学校が作られ教育に関して両者は協力関係にあったと言えるが、立ち遅れる帝国日本の女子教育にキリスト教は積極的に取り組んだ。北海道が向き合ったもう一つの帝国主義としてはロシア・ソビエトの存在が大きいが、国境を挟んで軍事力を競い合うというものとは異なるキリスト教という別の植民地主義の主体がそこにはあった。

三、現代の北海道における二つの植民地主義

(1)ホストゲストの権力性

前節で見たように戦前の北海道では帝国日本とキリスト教とがせめぎあってきたが、価値観が異なる戦前戦後で両者の関係性はどの程度維持されているのだろうか。戦後の北海道におけるキリスト教の教育や開拓に対する態度は大きく変容しているのであって、戦前のモデルをそのまま当てはめることはできない。一方、戦前戦後で全く違う社会になってしまったのでもない。そこでこのモデルが戦後の北海道でも援用できる例として観光化する函館のキリスト教を紹介したい。

以前の帝国主義は武力を背景とし領土を拡張した。それが現代では経済的に優位に立つということや、文化帝国主義と呼ばれるようなディズニーやドラえもんといったコンテンツを輸出して輸出国へのイメージを向上させると言ったソフトな方法に姿を変え、旧宗主国が支配し・旧植民地が支配されるという構造は維持している。そうした現代的な帝国主義的支配の方法の一つに「みる・みられる」というまなざしが孕む権力構造が挙げられる。そして、それが端的に現れるのが観光という実践だ。観光という実践においてはホストとゲストの権力関係を如実に反映する。

例えば都市の住民が郊外に観光に行く場合、「二十年前の東京みたいだね」とか、「夏休みに遊びに行ったおばあちゃんの家の近くみたい」などと自然と表裏一体の未発達さに自らの過去を見出しノスタルジックな情動が生じリラックスした気持ちに浸ることができるのと同時に「携帯電話が通じない」とか「交通が不便でレンタカーがないとどこにも行けない」などと不便さに対して上から目線で後進性を指摘にする。逆に郊外から都市へと観光に出た場合、お登りさんと呼ばれるこの人たちは悪い人に騙されないように怯えながら、ビルの大きさ、人の多さに驚愕する。優位に立つものが劣位に立つものを観光するときには後進性を、その逆は先進性をまなざすという構造であり、これは国境を越える観光実践の際はさらにはっきりする。ここでは教会のある風景が特徴の一つである現代の函館観光における帝国期に建てられたキリスト教建築からこの問題を検討したい。

（2）函館への観光のまなざし

まず、函館へ向けられる観光のまなざしを札幌と対比して考えてみたい。『るるぶ』二〇二〇を見てみると札幌への観光のまなざしは、北海道庁旧庁舎、時計台、さらに北海道神宮などの近代建築、土産物店、狸小路商店街、場外市場、札幌駅周辺などの市場やショッピング、海鮮、B級グルメなどの美食、藻岩山、テレビ塔、ノルベサの観覧車からの夜景などとしてまとめられる。

函館へのまなざしは函館山からの夜景やその他のライトアップスポット、坂道と教会の街、五稜郭にみられる歴史散策、ベイエリアのショッピング、朝市の海鮮、塩ラーメンやラッキーピエロのハンバーガー、ハセガワストアのやきとり弁当などのB級グルメといったところであろうか。

この様に札幌と函館への観光のまなざしには近代建築、グルメ、夜景といった共通点が多い。しかし、海・坂・教会という函館にあって札幌にないものがある。海と坂は札幌にないので仕方がないが、札幌にも北海道庁や時計台などと歴史的にも景観的にも匹敵するような教会はあるのにもかかわらず、観光のまなざしが向けられることは少ない。札幌では北海道神宮が掲載されているが、函館にある一九一五年に建てられた真宗大谷派函館別院は観光スポットとして紹介されにくいのと対照的である。函館ではなぜか教会建築も観光資源となっているのである。

四、函館の教会をめぐるまなざしのポリティクス

（1）元町の教会

函館市の元町、大三坂を登っていくと右手に見えてくるのが、白い壁と赤い屋根、そしてゴシック様式の塔が特徴的なカトリック元町教会（**図4**）である。一八五九年のフランス人宣教師が仮聖堂を建てたことに由来する本教会は、横浜の山手教会、長崎の大浦教会と同等の歴史を有する。以来数度の建て替えと、火事（一九〇七年、一九二一年）による焼失の後、現在の建物は一九二四年に建設された。函館市教育委員会の伝統的建築物に認定されており、午前十時から午後四時まで開放されている。堂内には火事の見舞いとして教皇ベネディクト十五世から送られた聖堂、十字架の道行なども拝観することができる。隣接する司祭館も聖堂と同じく一九二四年の建築物で、伝統的建造物に認定されている。

カトリック元町教会に隣接しているのが白い壁に緑の屋根の函館ハリストス正教会である。一八六〇年に初代のロシア領事館の付属として建築されたのがこの聖堂であるが、一九

〇七年の大火で消失したため、一九一六年に再建されたのが本堂である。鐘を賑やかに鳴らすところから「ガンガン寺」と呼ばれていたといい、この鐘の音は「日本の音風景一〇〇選」に選ばれている。函館市教育委員会の伝統的建築物であり、国指定重要文化財でもある。

さらに、日本聖公会函館聖ヨハネ教会（一八七四宣教開始、初めての聖堂は一八七八年完成。現在の建築は一九七九年完成）も隣接しており、この三教会で函館の教会群が形成されており、異国情緒が特徴である函館市元町末広町重要伝統的建築物群保存地区の主要な建築物と言えるだろう。

図4　カトリック元町教会（筆者撮影）

（2）見せない、撮らせないことで生じる聖性

この三つの教会に向けられるまなざしについて、いずれも函館の風景に組み込まれてまなざされることは受け入れているようで、いずれの教会も庭までの立ち入りは許されている。カトリック元町教会とハリストス正教会[3]は堂内への拝観も許されているが、聖公会は施錠されており平日の訪問は事前の申し込みが必要である。写真撮影についてはいずれの教会も可能だが、拝観のできない聖公会に加えて、カトリック元町教会でも堂内の撮影は禁止されている。

メディアと宗教の関係について研究を進めている大道[4]は聖地が人の目で見ることは許されていながら、写真撮影は禁止されるような場所として、恐山の本堂と地蔵殿、八角円堂、伊勢神宮といった場所を取り上げ、人は聖なるものの前に立つと、撮影することを控えようとする情動が生じるために、その場所が見えないことになるのだという。函館の教会がとる撮影お断りという態度はこれと似た構造を持っている。聖なるものを撮影しにくい人間に対して、撮影を禁じることでそれが聖なるものなのだと認識させるということである。

さらに元町には日本基督教団函館教会や函館元町港ヶ丘教会といった戦前に建てられた教会もあるが、観光者からのまなざしを集めるのは概ね上述の三教会であり、これらの教会に向けられることは多くない。

五、トラピスト修道院・トラピスチヌ修道院

函館市近郊にトラピスト修道院（**図5**）とトラピスチヌ修道院という二つの厳律シトー会の修道院があるが、いずれも戦前に建てられた建築物を使用している。北斗市三ツ石のトラピスト修道院（正式名：灯台の聖母トラピスト修道院）[5]は一八九六年に設立された日本で最初の男子トラピスト修道院である。一九〇三年に木造の建物が火事で消失したため、建て替えられ一九〇八年に現在の修道院本館が完成している。聖堂は一九七四年に完成している。

函館市上湯川町に位置するトラピスチヌ修道院（正式名：厳律シトー会天使の聖母トラピスチヌ修道院）は一八九八年にフランスからの修道女らによって設立された。一九二五年に火災で以前の建物が焼失したために、一九三〇年に再建され、現在の建物となっている。修道院の内部に入ることはできないものの、手入れの行き届いた庭園と展示室、売店などは午前八時から夏期は午後五時、冬季は四時半まで開放されている。

（1）祈りの場としての修道院への観光のまなざし

私は二〇二一年三月に函館から車で四十分ほどかけてトラピスト修道院を訪問した。雨の降る中であったが、車では入り口までいくことはできないので、駐車場に車を止めて坂を上り、その坂を登り門までつくと、柵の外から建物を覗き込むことだけが許され、門の中に立ち入ることはできない。門の横には小部屋があり、本修道院の様子を紹介する写真などが展示されている。内部の見学には事前の申し込みが必要な上、男性限定で、往復はがきで申し込む必要があるとの掲示がされる。

ホームページ[6]にはこの一連の情報は記載されていない。つまり、初訪問で院内の見学をするのは困難だ。加えて、申し込みに必要な往復ハガキの宛先などは書かれていないので、どこに送ればいいのか不明である。とはいえ、調査研究のためにできれば見学をしたいと思い往復はがきを送ってみたところ、以下のような返答があった。

主の平安

おハガキ、ありがとうございます。院内見学の件ですが、現在コロナ禍のため見学を見合わせています。再開のめどはたっていません。

本院のメンバーには高齢者や持病をかかえている者が少なくなく、院内は私たちの生活空間でもあるため、大事を取って控えさせてもらっています。

コロナが終息するまで、再開は難しいでしょう。

そういう訳で、まことに申し訳ありませんが、ご了承ください。

案内係

そもそもであるが、ここは観光地ではなく修道院である。

図5　当別トラピスト修道院（筆者撮影）

観光客を積極的に受け入れる場所ではない。しかも修道院の中でもその名の通り特に厳しい戒律がある厳律シトー会の修道院である。ホームページ[7]によると、修道院では朝三時三十分に起床し、夜八時に就寝する一日のほぼ全ての時間を祈りとミサそして作業、勉学にあてられている。修道院に入会するためにも実に厳しい条件が求められる。[8]こうして世から離れて厳格な戒律を守って暮らしている人々の空間はカメラとガイドブックをもったどこの馬の骨ともしれない部外者が気軽に足を踏み入れて良い場所ではないだろう。

(2) 観光化する修道院

他方でこの聖なる祈りの場は観光化もされている。例えば、JR東日本が展開する「大人の休日倶楽部」のシリーズで「北海道の異国を巡る篇」というコマーシャル[9]が作られているが、この中でトラピスト修道院が「開国の頃の面影が今も残る北海道の街並み」として取り上げられ、イメージキャラクターの吉永小百合さんが、修道院を望む並木道を散歩するシーンなどが描かれている。涼しく気持ちのよさそうな春から夏の函館を舞台に、吉永さんが友人と思しき女性と二人、異国情緒に満ちた函館を新幹線に乗って訪問する。このコマーシャルを見た視聴者はここに行ってみたいという気持ちになるだろう。修道院が俗世間から距離をとって、静かに祈り労働する場所でありたいという態度は理解できるが、それならば観光客を呼ばなければいいのではないかと思わなくもない。

これにはこの修道会が「祈り働け」をモットーとしており、労働の成果としてバターやクッキーを販売していることと関係しているかもしれない。これらのトラピスト修道会の商品は非常に高い品質を誇り、函館の土産物としても人気を誇っている。祈り働く修道の場であるから、部外者からのまなざしを拒むのだが、一方で祈り働く修道の場であるからまなざしを引き受けるという逆転的な現象が生じている。

六、みせるキリスト教・みせられる日本社会

(1) みるものの持つ権力

先に現代の帝国主義的支配のあり方にみる・みられるというまなざしが関わっていると述べたが、もう少し説明しておこう。フーコーがパノプティコンと呼ばれる監獄の建築様式を用いて説明したように、近代以降の社会では市民は国家からまなざしを向けられていると感じることで、巧妙に主体性を奪う施設が作られた。監獄以外にも学校や病院、軍隊などがそうした機能を持つ代表的なものだが、管理者からみられているかもしれないと思うことで、人はみている者の望む生き方を主体的に選び取ってしまう。

観光とはホストがゲストに見られることで成立している経済行動ということができよう。ホストはゲストが望む景観を提供することで、ゲストを招き入れる。トラピスト修道院では観光客に対して祈りの場である修道院全体を見せることはないが、門の間からほんの少しだけ垣間見せることで、ほんの少しの権力を観光客に与える。その対価としてバターなどの商品を購入してもらう。こういったやり方は、観光におけるまなざしが持つ権力の凝縮した姿なのかもしれない。

(2) みせるホストの主体性

では、観光におけるホストとはただ常にゲストのまなざしを向けられるが故に劣位の立場に置かれ、そのことによって経済的なメリットを得るという存在なのだろうか。函館のキリスト教建築はホストとして単にゲストからのまなざしに晒されるだけの主体性なき存在でしかないのだろうか。

巨大建築物は、まなざされながらも、みるものを圧倒する。そこではもはや「みられる」対象ではなく「みせる」主体という姿がある。「みる・みられる」から「みせる・みせられる」というふうに発想を転換させることで違う見え方がするかもしれない。帝国日本の総督府や博物館といった建築物は「文明」を見せつけることで、植民地統治の一端を担ってい

た。それゆえに、わざわざ破壊されたり、過度に意味をこめて再利用されたりする。特に圧倒されない道路や上下水道に対して戦後の社会が過剰な意味を込めずに使用し続けることと対比してみると明らかだ。キリスト教の教会建築には「文明」を見せつけることで、宣教に寄与しようという意図があると言えなくもない。そこには宗教が巨大建築を建築しがちであることと連続性がある。(10)

函館の教会群が観光のまなざしに晒されることで、みられることを引き受けつつ、撮影を拒むことで聖性を生じさせるなど、単にみられるという受け身の立場に甘んじるだけといったことはなく、まなざしをずらすような動きもみせている。また、観光のまなざしに晒されるとはいえ、「異国情緒」を求める旅行者にキリスト教文明を好意的に伝えているのであり、みられることを拒んではいない。このように観光地としての函館のキリスト教はみたいゲストとみせたいホストとが協働しつつ、「みる・みせる」との間でせめぎ合いの場となっている。

おわりに

開拓と宣教という二つの植民地主義が近代以降、北海道という場所で時に競合し、時に協力することについて建築物を通じて考えてきた。特に帝国が崩壊してしばらくの時間が経っている現代社会においては観光という新しいアリーナにおいて、誰がみるのか、誰がみせるのかというまなざしの主体性をめぐるやりとりを見出すことができた。日本社会としてはキリスト教を観光の対象としてみたい(つまり、みることで優位に立ちたい)のに対して、キリスト教側としては意識的か無意識的かはわからないが、文明の使者として教会建築をみせるが、一方で修道院の内部や会堂内の聖壇などはみせない・撮らせない。このことで聖性を生じさせる。帝国期には開拓と宣教という軸で競合していた両者が、現代では観光のまなざしの主体性を奪い合う争いをしていると言い換えることができるのかもしれない。

異論もあるかもしれないが函館観光にとって函館山からの夜景は外せないと言っていいだろう。夜景は函館山からの眺望だけではなく、カトリック元町教会、函館ハリストス正教会等もライトアップされて昼間とは異なった顔を見せてくれる。観光客が函館に求める「異国情緒」の趣があり、函館山のロープウェイ乗り場からも近いため、ロープウェイを降りて街へと戻る途中に百万ドルの夜景の余韻に浸りながら、函館のキリスト教会を見学したり撮影したりする人も少なくないだろう。ここにはみせたい教会の姿があると言えるだろう。

一方で、みる側の人々にとってはどうなのだろうか。ライトアップされた教会をみた観光客がキリスト教を信仰するようになるだろうか。当然のことながらそう言ったことはほとんど起こらない。それもそのはずでライトアップされた教会に向けられる観光のまなざしは「異国情緒」やおしゃれな雰囲気を求めているだけのことであり、キリスト教とは異なる旧イギリス領事館、旧函館区公会堂や金森赤レンガ倉庫といったすぐ近くにあるその他のライトアップされた施設へのまなざしと大差なく、教会やキリスト教を特別視しているわけではないからであろう。このようにみる側とみせる側の思惑が交差しすれ違う場面こそ、戦後北海道における二つの植民地主義の協働と競合の場面であり、その場を作っているのが教会やキリスト教建築だと言えるだろう。

注

（1）杉本良男編『福音と文明化の人類学的研究』（人間文化研究機構国立民族学博物館、二〇〇二年）、杉本良男編『キリスト教と文明化の人類学的研究』（人間文化研究機構国立民族学博物館、二〇〇六年）など。

（2）北海道の近代建築に関しては角幸博が監修する下記のシリーズが網羅的に紹介している。ここでも参考にしている。北海道近代建築研究会編、角幸博監修『札幌の建築探訪』（北海道新聞社、一九九九年）。北海道近代建築研究会編、角幸博監修『函館の建築探訪』（北海道新聞社、一九九七年）。北海道近代建築研究会編、角幸博監修『旭川と道北の建築探訪』（北海道新聞社、二〇〇〇年）。北海道近代建築研究会編、角幸博監修『道南・道央の建築探訪――室蘭・苫小牧・伊達・松前・上ノ国・江差・寿都・岩内・余市・江別・石狩・美唄・岩見沢・夕張ほか』（北海道新聞社、二〇〇四年）。北海道近代建築研究会編、角幸博監修『道東の建築探訪――帯広・釧路・根室・北見・網走・浦河ほか』（北海道新聞社、二〇〇七年）。

（3）私が訪問した二〇二一年三月の時点では保存修理工事中であり拝観が停止していたため、立ち入ることはできなかったが、工事終了後は拝観が再開される予定である。

（4）大道晴香「メディアのまなざしを拒む場所　視覚情報の欠如から「聖地」と「カメラ」の関係を考える」（藤野陽平、奈良雅史、近藤祉秋編『モノとメディアの人類学』ナカニシヤ出版、二〇二一年）。

（5）山口博『トラピスト男子修道院写真集』（弘告社、一九七九年）。

（6）www.trappist.or.jp

（7）https://www.trappist.or.jp/home/Dailylife.html

（8）https://www.trappist.or.jp/home/WhatTrappist/Enter.html

（9）https://www.jreast.co.jp/otona/tvcm/hokkaidonoikoku.html?fbclid=IwAR0XLkVKs7P7pqB6Uz4KNshTZTKbbqP94OgK84xgrugE456bDw-PDM8kakg#utm_source=facebook_organic&utm_medium=social&utm_campaign=180606

（10）五十嵐太郎『新宗教と巨大建築』（講談社現代新書、二〇〇一年）。

樺太期の「産業」の遺構は何を伝えるのか

平井健文

本稿では植民地期における産業の遺構を保存することの意義と課題について、サハリンに残る樺太期の製紙工場・炭鉱跡を事例に考察した。その結果、植民地主義と資本との関係性を可視化する場として、また産業を軸として国家を越えたつながりを醸成する場としての意義を確認する一方、今後の課題として産業や戦後の生活をめぐる記憶・語りの多様性を担保することの重要性について指摘した。

ひらい・たけふみ――京都橘大学経済学部専任講師。専門は観光社会学、文化遺産研究、地域社会学。主な著書に『社会学で読み解く文化遺産――新しい研究の視点とフィールド』（共著、新曜社、二〇二〇年）、論文に「日本における産業遺産の観光資源化プロセス――炭鉱・鉱山の遺構に見出される価値の変容に着目して」（『観光学評論』五巻一号、二〇一七年）、「産業遺産保全における「場（milieu）」の象徴性としての「生活」――兵庫県生野鉱山跡の保全の実践を事例に」（地域社会学会編『地域社会における共同性の再構築』地域社会学会年報第三〇集、二〇一八年）などがある。

はじめに

産業遺産は、生産から輸送、廃棄に至るまでの一連の産業的プロセスに関わる有形・無形の遺産と定義され、指し示す対象は非常に幅広い。(1) あえて簡略に定義するならば、「近代」の産業に関わる文化遺産ということになろう。ゆえに近代という時代と切り離せない性質を持つ。近代の一つの側面が、植民地支配や帝国主義であるならば、産業遺産の価値説明やその保存活用の実践にもそうした歴史が反映される。この顕著な例として長崎県の端島（軍艦島）が挙げられよう。戦時中の強制連行の歴史をめぐって世界遺産登録時に外交論争が起こり、二〇二一年には国連教育科学文化機関（ＵＮＥＳＣＯ）が適切な価値説明を求める決議を採択するなど、後述する記憶をめぐるポリティクスが生じている。

しかるに、植民地期に関わる産業遺産の研究が充分に蓄積されているとは言いがたい。産業遺産が学術的な関心を集めるようになったのは、日本ではおおむね二〇〇〇年代以降のことだが、そこには以下のような背景がある。[2] 他の文化遺産に比して、産業遺産の大きな特徴は対象と人の時間的な近接性、つまり「新しい遺産」という性格にある。産業遺産にはまだ直接的な記憶を持つ人々が多い。そのため、産業遺産に関わりを持つ社会層の多様さや、社会層の間での、あるいは国家と地域社会の間での記憶をめぐる対立が顕在化しやすい。遺産の価値とは誰にとっての価値か、誰がそれを語りうるか、またそこに権力性は内在しないかという、価値や記憶をめぐるポリティクスの問題は、遺産研究（Heritage Studies）の中心的な論題となってきた。さらに、そうした多様性やポリティクスそのものが、ある対象が文化遺産としての価値を付与され、保存活用されるに至るプロセス（「遺産化」）を、私たちに明瞭に示すことになる。産業遺産のこうした特徴が認知されたこと、そして現実に産業遺産の保存活用の実践が全国的に進展してきたことで、産業遺産が人文社会科学の中で研究対象として扱われるようになった。

さて、こうした特徴を改めて検討すると、産業遺産研究と植民地期の遺産研究には通底する論点が多いことが分かる。時間的な近接性、記憶をめぐるポリティクスなどがそれである。産業遺産研究の文脈で植民地期の遺産が充分に扱われてこなかった理由は、ここにあるのではないだろうか。つまり、あえて「植民地期の」という限定を付けずとも、産業遺産を対象とすることで主たる論点の検証が可能であった。また、遺産として保存される対象をめぐる支配／被支配の歴史など、植民地期の遺産に特有の論点は、それの対象が産業遺産でなくとも充分に検証されてきた。

それでは、あえて植民地期のという限定を付けて、産業遺産を考える意味はどこにあるのだろうか。換言すれば、対象が産業に関わるものであるとき、植民地期の遺産保存にはいかなる意義と課題が生じるのか。本稿では、産業遺産研究の分野でもほとんど取り上げられていない樺太期の製紙工場や炭鉱の遺構を事例にして、こうした問いかけに答えてみたい。

一、樺太・サハリンにおける製紙・パルプ業と石炭産業

サハリン島は、北海道稚内市から最短距離で四〇キロほど北に位置する島である。その北緯五〇度線の南側を、日本は一九〇五年から四十五年にかけて樺太として領有した。本稿では、日本領時代を樺太、一九四五年からのソ連・ロシア領[3]時代をサハリン、また地理的名称として用いる際にはサハリン島と呼ぶ（**図1**）。

サハリン島における森林資源の豊富さは、領有直後から樺

太庁の注目するところであった。漁業振興や農業拓殖が行き詰まりを見せる中、森林資源がパルプ用材として適性があることが認められたため、樺太庁は三井財閥に協力を仰ぎ、製紙・パルプ業の振興を図ることになる。一九一五年に、三井合名会社の大泊工場が本格的に操業を開始し、すぐに三井と密接な関係にあった王子製紙に譲渡された。当初は品質管理の苦労があったものの、第一次世界大戦の勃発によるパルプ輸入量の急減もあって、工場の経営はすぐに軌道に乗る。同時期に樺太工業、少し遅れて富士製紙が樺太各地に製紙工場を建設し、製紙・パルプ業は樺太の工業生産額の大部分を占める主要産業となり、森林の払い下げは樺太庁の財源確保にもつながった。一九三三年には主要三社の合併により、樺太の九つの工場はすべて王子製紙のものとなった(4)。

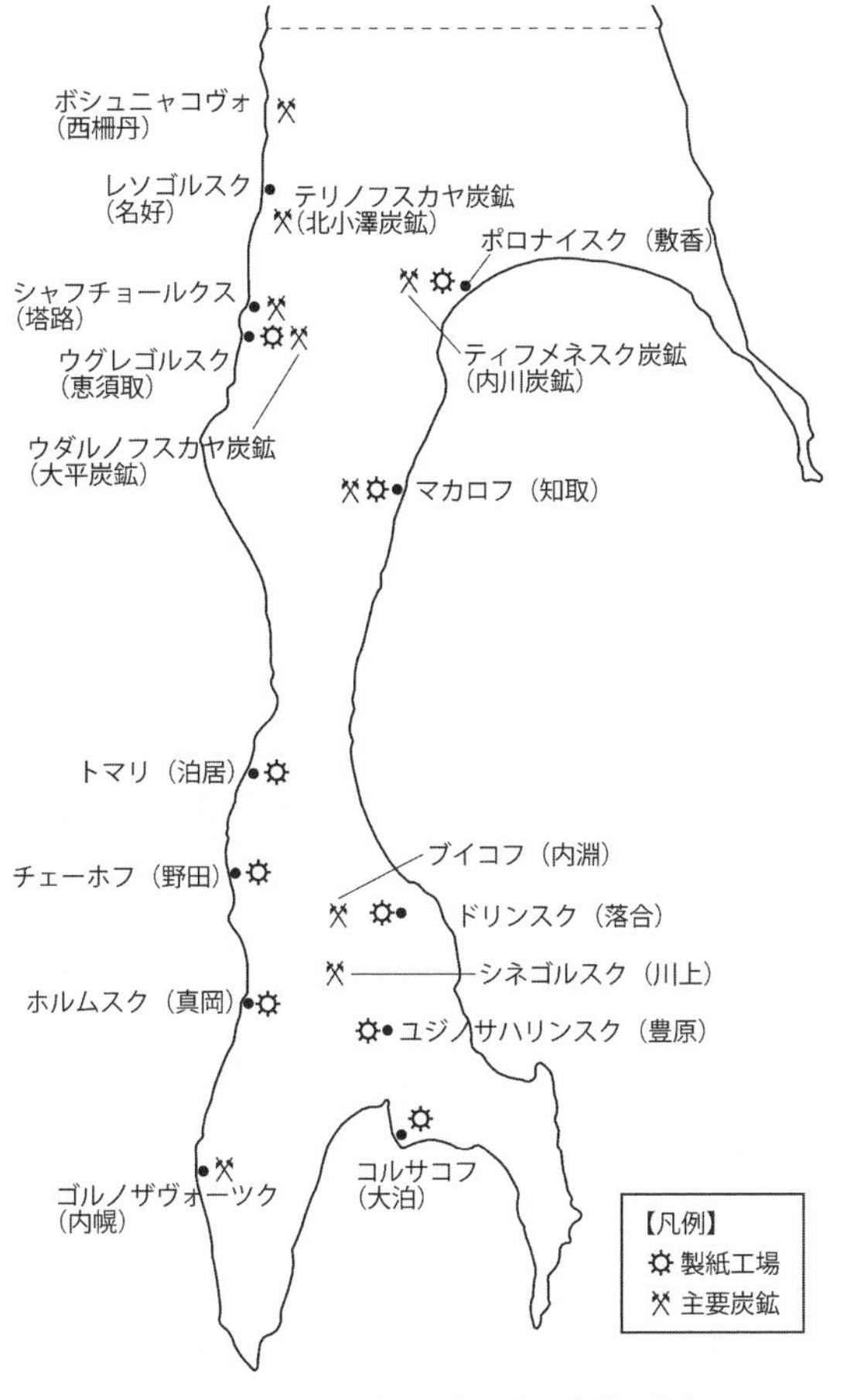

図1　樺太・サハリンにおける製紙工場と主要炭鉱の分布
出典：国土地理院地図およびGoogleマップを基に筆者作成。炭鉱の選定や位置関係については三木理史『移住型植民地樺太の形成』（塙書房、2012年）を参考にした。

　一方、サハリン島内の石炭埋蔵量も早くから注目されていたが、樺太庁は資源保護の観点から封鎖炭田制度を導入する。一九二〇年代まではその開封は限定的であり、一九一三年の川上炭鉱、一九二八年の内川炭鉱・内幌《ないほろ》炭鉱など、出炭が開始された炭鉱は限られた。なお、それぞれ製紙・パルプ業と石炭液化事業へ原燃料炭を供給するための開封であった。開封が一気に進むのが一九三〇年代で、内地における重化学工業の躍進と石炭需要の急増に加え、満州の撫順炭の増産抑制などの諸要因が重なり、樺太炭の需要が一気に高まった。それまでは製紙・パルプ業との関わりで三井が進出し、石炭液化事業は三菱が担ったが、この時期になると日本曹達や昭和肥料など多様な産業資本が進出することになる。新しく出炭を開始した炭鉱は、西海岸の北部に立地するものが多い（塔路、北小澤など）。(5)一九三七年には水産物を上回り、鉱産物が樺太の産業生産額の第二位になる。なお第一位は工産物であり、そのほとんどを製紙・パルプ業が占めたのは前述のとおりである。(6)

一九四五年のソ連占領後、製紙・パルプ業と石炭産業は国営企業による運営へと移行していくことになる。サハリンにおける二つの産業の重要性は戦後も同じであり、製紙工場は九つすべてが、炭鉱も主要なものは操業を継続した。しかし一九九〇年代に入ると、ソ連崩壊の影響を受け両産業は縮小を余儀なくされ、大半の工場と炭鉱が操業を停止した。二〇〇五年には最後まで操業したウグレゴルスク（恵須取《えすとる》）の製紙工場が操業を停止し、(7)二〇一七年にはウダルノフスカヤ（大平《たいへい》）炭鉱が閉山して、坑内掘の炭鉱はすべて閉山した。(8)なお露天掘の炭鉱は現在でも数ヶ所が操業を続けている。

二、製紙工場と炭鉱の遺構とその保存活用の現状

製紙工場は九つすべてが現存している。(9)多くの工場は閉鎖後そのまま放置されているが、ユジノサハリンスク（旧豊原）（**図2**）やホルムスク（旧真岡《まおか》）の工場跡（**図3**）は、一部の施設が自動車や船舶の修理工場に転用されている。また、周辺の住居や事業所への給湯・給気設備のみ稼働させているところもある。これは炭鉱跡でも同じである。特に規模の大きいホルムスクとウグレゴルスクの工場跡は、樺太期の遺産の代表例としてガイドブックにも取り上げられ、日本人向けのツアーでもホルムスクの工場跡が行先地に選ばれることがある。これは産業の遺構としては異例のことである。また、一連の工場跡はいわゆる廃墟マニアを中心とする日本の愛好家にも知られた存在であり、写真集も出版されている。(10)

一方で二〇二一年に入り、ドリンスクの工場跡を解体して跡地に物流施設を整備することをドリンスク市長が発表した。(11)これまで、頑丈な建造物が大規模に残存していることから、解体にかかる費用を理由に多くの工場跡が残されてきたが、今後ドリンスクと同様の例が他でも生じてくる可能性はある。

炭鉱跡の現存状況については、既往の報告がほぼなく、製紙工場跡ほどの注目を集めていないのが現状である。筆者が実際に探訪した限りにおいては、まずシネゴルスカヤ（旧川上）炭鉱跡では、次節で詳述するように遺構が大規模に残存し、資料館も開設されている（**図4**）。また、ブイコフのドリンスカヤ（内淵《ないぶち》）炭鉱跡も残存しており、一部の施設は給湯・給気施設として稼働している（**図5**）。炭鉱施設の中には立ち入ることができないが、その入り口付近にあるかつての鉱業所には、キャップランプを被った炭鉱労働者の壁画が描かれ、町の入り口には炭鉱の坑内機械を模したモニュメントが設置されている。

今日のサハリンにおいて、こうした産業の遺構を積極的に保存活用しようという動きはまだ見られない。樺太期の遺産がサハリンにおいて忌避されているというわけではなく、ユジノサハリンスクではサハリン州立郷土博物館（旧樺太庁博物館）をはじめ、いくつもの樺太期の建築が保存活用されている。ただ、文化財行政の予算上の制約もあり、他の地域では樺太期の遺産の保存や改修は進んでいない。加えて、サハリンにおいて産業遺産という概念に対する理解が醸成されているとは言いがたい状況にある。(12)

しかし、実際に製紙工場・炭鉱跡は島内に広く残存しており、これらに直接・間接の関わりを持つ人々もサハリン、日本側双方に存在する。また、新型コロナウイルス感染症の拡大前は、一定数の日本人も同地を訪れていた。これらの遺構が現存す

図2　ユジノサハリンスクの製紙工場跡（2015年8月30日、筆者撮影）

図3　ホルムスクの製紙工場跡（2015年7月23日、筆者撮影）

る意味、そしてこれから生じうる保存活用の課題について検討することに一定の意義はあるだろう。

三、樺太期の「産業」の遺構は何を伝えるのか

(1)資本と植民地支配との関係を可視化する場

樺太の二大産業としての製紙・パルプ業と石炭産業は、樺太庁、ひいては政府による「国家的要請」(13)を受けた資本によって支えられた。三井は樺太庁からの求めに応じて樺太の事業に参入し、一九三〇年代に樺太の炭鉱開発が進められた背景には、国家的に石炭・石油資源確保の逼迫性が高まったことがある。樺太は徐々に帝国日本の経済体制の中に組み込まれていった。ホルムスク、ドリンスクやウグレゴルスクの、他を威圧するような工場跡は、同時期の植民地支配と一体化した産業の強大さをいまに伝えるものである。

図4　シネゴルスカヤ炭鉱の石炭積出施設と線路の跡（2015年10月31日、筆者撮影）

図5　ドリンスカヤ炭鉱跡の入口。右側に給気用のパイプが見える。（2019年9月9日、筆者撮影）

また、樺太の産業史を論じる上で欠かせないのが、労働者の移動における資本の役割という観点である。樺太の植民地としての特徴は、領有権の変化と合わせて政治的マジョリティが入れ替わった点にある。樺太庁は日本人の定住を進める必要があったものの、その施策は充分な効果を上げなかった。樺太庁警察部が発行した報告書の中に「樺太の開拓を為

すがためには必然的に内地より資本を輸入すると同時に之と相並んで労働者を持参させざるべからざる状況に在り」[14]という象徴的な一文があるように、そこで課題となったのが労働者の確保であり、その役割を担ったのが樺太に進出した資本であった。歴史学者の天野尚樹は、こうした「樺太へのひとの移動における資本の主導性」を製紙・パルプ業を事例に論じつつ、そこに帝国と資本の「共犯関係」を見出している。[15]

一九四二年当時、南樺太炭礦鉄道株式会社の常務であった三川一一も、「樺太島内に於ては全然労務者を供給する力がないのでありまして、従来専ら東北地方から募集して居ります。二、三年来、朝鮮からも相当募集して居ります。」[16]という記述を残している。石炭産業でも労働者確保の困難が叫ばれる一方、ここで注目されるのが朝鮮からの「募集」である。樺太の朝鮮人には、樺太領有前からの居住者、一九一〇年代後半からの炭鉱の期間労働者（一部はその後に定住）、沿海州や北サハリンからの移住者、そして戦時下の強制連行による来島者の四つの出自がある。一九二〇年には一〇〇〇人に満たなかった人口は、一九三〇年には八〇〇〇人を超え、終戦時には約二万三五〇〇人を数えた。[17]こうした朝鮮人の主たる労働先が炭鉱であった。

戦後、樺太からの引き揚げは大陸に比べて遅れた。しかし「引き揚げが遅れた日本人よりも惨憺たる運命を強いられたのは（中略）強制動員によって連れてこられた朝鮮人である」[18]。日本は朝鮮人の引き揚げに消極的であり、労働力を残したいソ連の意向、また当時の朝鮮半島情勢もあって、彼／彼女らはサハリンへの「残留」を余儀なくされる。現在のサハリンにおいても、民族構成ではロシア人に次いで多い。残留した朝鮮人にとって炭鉱は、継続して労働の場となった。サハリン残留朝鮮人一世の韓国への永住帰国事業が本格的に開始された二〇〇〇年前後、まだ稼働していたドリンスカヤ炭鉱を訪れたジャーナリストの吉翔と片山通夫は、「現在、ブイコフ第一の石炭会社で働く従業員は約七〇〇人、その中の半分が韓人である」[19]と記している。当時は強制連行の記憶を持つ朝鮮人一世も多くブイコフに暮らし、またその記憶が二世以降に引き継がれている様も記述されている。[20]

このように、製紙工場・炭鉱跡は、樺太における植民地支配と資本との関係性、その中で生じた人の移動、そして今日まで続く植民地支配の構造的な影響を「可視化」する場所と言えるだろう。

（2）産業が生み出す新しいつながり

シネゴルスカヤ炭鉱跡には、石炭の積出施設や線路の跡、また事務所やボイラー施設などが広範に残存している。旧事

図6　シネゴルスカヤ炭鉱の資料館の内部。正面には「KABAKAMИ-TAH3AH」（川上炭山）の文字が見える。（2019年9月9日、筆者撮影）

務所には現在、郵便局やオフィスなどが入居しているが、二〇〇二年、その一角に資料館が開設された。この資料館は、地元の住民が主体となって運営されており、樺太期からソ連・ロシア期に至るまでの、炭鉱で使われた道具や生活用具、写真などが展示されている（図6）。樺太期のものとソ連・ロシア期のものが、ちょうど半分ずつになるようにレイアウトされているが、これはサハリン州立あるいは国立の博物館には見られない構成である。この資料館を訪れる日本人も存在し、書き置き帳には日本からの来訪者の感想が残されているほか、旧川上村の住民が訪れた際に贈った書が額縁に入れて展示されている。

その展示の中に、北海道赤平市や夕張市といった北海道の旧産炭地との交流を伝える新聞記事がある。この記事では、赤平市での祭りにシネゴルスクの住民が参加し舞踏を披露した様子が伝えられている。また、シネゴルスクの住民の日本訪問の様子が写真でも紹介されている。

以上のようなつながりは、国家ではなく地域の間で、正確には旧産炭地と、産炭地に関わった個人の間で保たれている。このように、炭鉱という産業を軸にした、現代における新しいつながりの萌芽がそこに見出すことができる。社会学者の中澤秀雄が「炭鉱はグローバルな共通言語」[21]と言うように、国の違いはあっても、炭鉱には技術的、労働的、あるいは生活文化的に共通する要素が多く、また長きにわたって重要な産業であり続けたため、炭鉱に関わる人の間に相互理解が生まれやすい。シネゴルスクの事例には、炭鉱のこうした特性が表れている。

産業を介した相互理解を進めるためには、往時の労働や生活を物語るモノが残存していること、そしてそれを物語ろうとする人の存在が必要になる。シネゴルスクの場合、製紙工場跡や他の炭鉱跡の所在地とは異なり、地域住民が炭鉱の歴史も含めて村の歴史を保存・展示し、またそれを基に他の地域との交流を図ろうとする動きがある。もちろん「共通言語としての炭鉱」の中には植民地支配と関連する要素もある。一方で、産業を軸として、国家を越えたつながりを地域社会で作り出せることも、シネゴルスクの事例は示している。

(3) 戦後の日常にまつわる記憶

先述のとおり、サハリンの製紙工場や炭鉱は、戦後においても住民の労働や生活と密接に結びついてきた。それゆえ、「大日本帝国期の遺産」という観点のみに拘泥することは、それらの遺構にまつわる記憶や価値の多様性から目を背けることにつながってしまう。この事実を理解するために、本節ではサハリンからの日本人永住帰国者に着目する。永住帰国者とは、引揚者とは異なり、さまざまな事情で戦後のサハリンに残留した日本人やその家族のうち、一九九〇年代以降に日本へと帰国した人を指し、二〇二一年現在で三〇七名を数える[22]。

筆者は二〇一五年から断続的に永住帰国者への聞き取りを行ってきた。ここで彼／彼女らの語りをいくつか示したい。A夫妻はホルムスクで長く暮らし、二人の出会いも製紙工場であった。夫妻は、現在の工場跡をどのように認識しているかという筆者の問いかけに対して、「私たち夫婦の出会いもそこですから。工場があったから、まちが出来て人が住んだ。人生や生活を支えてくれた場所じゃないですか[23]。」と答えている。また同じく永住帰国者のB氏は、「私たちは『王子』があったからこそ生きてこれたんです。そこで働いた人たちの記憶は残してほしいねぇ[24]。」と筆者に話している。

ここで注意したいのは、A夫妻やB氏が、「樺太期のもの」「日本人」という観点から製紙工場跡にまなざしを向けているわけではないということである。むしろ、戦後の生活者としての印象を筆者に語った上で、B氏はだからこそ工場跡を残してほしいと述べている。

また、永住帰国をしていない残留日本人は現在もサハリンに暮らしている。その一人であるC氏に、炭鉱跡の保存活用についての聞き取りを行った際、筆者は、樺太期から続いてきた坑内堀の炭鉱の閉山に「寂しさはないですか？」と尋ねた。それに対して、やや困惑したような表情を浮かべつつ、C氏は「まだ掘ってるからねぇ、寂しいとは……[25]」と答えている。先述のとおり、露天掘の炭鉱はまだサハリンで操業している。筆者は「樺太期の遺産」という文脈で彼に質問をしてしまったが、現在もサハリンで生活を営む彼にとって、炭鉱や石炭産業はあくまでも「産業」の文脈に位置していることが読み取れる。

ドイツの歴史学者のJ・アスマンとA・アスマンは、集合的記憶にコミュニケーション的記憶と文化的記憶という区分を導入した。前者は個人の記憶を基盤に、具体的な生活連関における相互行為を通じて自然発生的に形成されるのに対し、後者は外在的なメディアや文化実践の中に形成される。(26) さらに、文化的記憶は機能的記憶と蓄積的記憶に区分される。機能的記憶は特定の集団と結びつき、選択的で価値に拘束された記憶を指すのに対し、蓄積的記憶は意味の布置にはめこまれていない「無定型の集塊」を指す。(27)

この区分に従えば、サハリンの製紙工場・炭鉱跡を、樺太の産業的発展の証とする観点から説明される記憶は、「日本人の」「樺太」に結びつけられた機能的記憶と言える。製紙工場跡を紹介する文献の中にも、こうした観点からの記述が散見される。一方で、A夫妻らの記憶は、コミュニケーション的記憶に区分できよう。こうした記憶は、共同体の関心や制度によって再構成して語られるものではなく、メディアや文化実践の中にも包含されていない。だからこそ、C氏への聞き取りの例から分かるように、一般的な枠組みからは捉えられない、対象をめぐる意味の豊かさを私たちに気づかせてくれる。

ここまで見てきたように、戦後の労働や生活との関係性を持つ産業の遺構は、その対象をめぐる記憶と、それに基づく語りの多様性を内包している。私たちは、無意識的でも何らかの機能的記憶に基づいて植民地期の遺産にまなざしを向けてしまうことが多い。しかし、産業の遺構にはそれだけでは捉えきれない要素がある。生活者の立場から想起され語られるコミュニケーション的記憶は、時間的な連続性と、関わり合う人々の多様性に基づく、産業の遺構の多面的な理解を促しているのである。

四、植民地期の産業遺産保存の意義と課題

改めて本稿の問いかけに立ち返ると、対象が産業に関わるものであるとき、植民地期の遺産保存にはいかなる意義と課題が生じると言えるだろうか。本稿で概観してきた樺太・サハリンの事例から考えると、まず前者については以下のように説明できる。第一に、植民地支配と資本との関係性に加え、今日まで続く植民地支配の構造的影響を可視化する場として、第二に、産業という共通項から、創発的に国家を越えたつながりを形成できる場として、製紙工場・炭鉱跡を位置づけることができる。すなわち、産業という軸をもって、一方では

植民地支配の歴史と現代における課題を自省的に捉えつつ、他方で産業という軸だからこそ成立しうる新しい関係性の萌芽を見出すことが可能になる。

後者については、引き続きアスマン夫妻の記憶論から考えてみたい。コミュニケーション的記憶は担い手とともに移ろうものであり、担い手ともに失われる。一方で、それらがアーカイブされたり、特定の集団の関心を集めたりすることで、文化的記憶へと転じていく可能性を持つ。その際に、永住帰国者・残留日本人の記憶は機能的記憶として顕在化するのか、あるいは蓄積的記憶としてその背景を為すのか。A・アスマンの言うように、両者の境界は固定的なものではなく、その時々の社会的な枠組みによって変化する。[28]

現在、旧満州や朝鮮半島、あるいは台湾などと比べ、サハリンにおいては植民地期の「記憶間の相互作用」[29]が生じているとは言いがたい状況にある。つまり日本と現地の間において、記憶をめぐるポリティクスや、一方での新しい可能性の創出といった現象はまだ一般的には見られない。しかし今後、「遺産化」に伴って日本とサハリンの間での記憶の相互作用が生じるとき、生活者の記憶が国家や日本人といった「特定の集団」と結びつき、機能的記憶へと転化する可能性は指摘できるだろう。

遺産をめぐる支配的かつ権力的な言説が、他の言説を周縁化していくことは、これまでの遺産研究が明らかにしてきたことである。[30]それを回避するためにも、サハリンに残る製紙工場・炭鉱跡が「遺産化」されるとき、これまで見てきた記憶・語りの多様性や、あるいは残存するモノの複雑性を収縮させず、その多様性・複雑性を担保することが求められてくる。そしてこれらの意義と課題は、樺太・サハリンに限らず、他地域における植民地期の産業遺産を考える上でも重要な論点になりうるだろう。

注

(1) Philip Feifan Xie, *Industrial Heritage Tourism*, Buffalo: Channel View Publications, 2015, p.44

(2) 松浦雄介「産業遺産と文化のグローバル化――九州・三池炭鉱の事例から」(『日仏社会学会年報』二三巻、二〇一二年)八三―一〇三頁、木村至聖「産業遺産――近代の文化遺産としてのポリティクス」(木村至聖・森久聡編『社会学で読み解く文化遺産――新しい研究の視点とフィールド』新曜社、二〇二〇年)一二一―一二六頁。植民地における産業遺産についての先行研究としては、波多野想「文化遺産は誰のものなのか――台湾における日本統治時代の建築」(西川克之・岡本亮輔・奈良雅史編著『フィールドから読み解く観光文化学――「体験」を「研究」にする一六章』ミネルヴァ書房、二〇一九年)一二〇―一四〇頁などがある。

(3) 国際法上は帰属未定地であるが、一九四五年以降はソ連・

ロシアが実質的に領有し、日本の総領事館も二〇〇一年に設置されている。

(4) 会田理人「樺太におけるパルプ・製紙工場の設立と河川利用」(北海道開拓記念館編『北方地域の人と環境の関係史――二〇一〇―一二年度調査報告』二〇一三年)二三五―二四六頁、中山大将「森と共に生きる人びと、一九一五～二四年」(原暉之・天野尚樹編著『樺太四〇年の歴史――四〇万人の故郷』全国樺太連盟、二〇一七年)一一五―一五六頁。

(5) 三木理史『移住型植民地樺太の形成』(塙書房、二〇一二年)、三木理史「炭鉱で生きる人びと、一九二五～三六年」(前掲注4原・天野著書)一五七―一九六頁。

(6) 樺太庁『樺太庁統計書』昭和十六年版。

(7) 井澗裕『サハリンのなかの日本――都市と建築』(東洋書店、二〇〇七年)。

(8) Е. В. Дорохина, "Шахта《Ударновская》(1924–2017 гг.)," *ВЕСТНИК САХАЛИНСКОГО МУЗЕЯ*, 25, 2018, pp.115-127

(9) 那部亜弓『知られざる日本遺産――日本統治時代のサハリン廃墟巡礼』(八画出版部、二〇一五年)、鈴木明世「現サハリン南部における日本統治期建造物の残存状況について」(『北海道博物館研究紀要』第六号、二〇二一年)一一一―一二五頁、および筆者による現地調査より。

(10) 前掲注9那部著書。

(11) 北海道新聞、二〇二一年四月二十四日、二三面。

(12) たとえば、二〇一五年にユジノサハリンスクで行われた樺太期の史跡保存に関する国際シンポジウムにおいて、サハリン側の出席者が「いま、サハリンの市民は、工場を文化遺産と理解できないでしょう。建築財、文化財には見えないし、そこに美しさもない。」とコメントしている。

(13) 三菱鉱業セメント株式会社総務部社史編纂室『三菱鉱業社史』(三菱鉱業セメント株式会社、一九七六年)四二五頁。

(14) 樺太庁警察部『樺太在留朝鮮人一班』(警察研究資料第三輯、一九二七年)。同資料は、桑原真人「〈資料紹介〉樺太庁警察部『樺太在留朝鮮人一班』」(『在日朝鮮人史研究』八号、一九八一年)七五―一二五頁に採録。

(15) 天野尚樹「樺太における「国内植民地」の形成――「国内化」と「植民地化」」(今西一・飯塚一幸編『帝国日本の移動と動員』大阪大学出版会、二〇一八年)一一三―一四四頁。

(16) 三川一一「樺太の石炭鑛業に就て――昭和十七年一月二十四日、新春講演會講演」(『燃料協會誌』第二一巻第二三五号、一九四二年)三一四―三二一頁。

(17) 前掲注5三木著書、玄武岩「解説　サハリンで交錯する日韓の「残留者」たち」(玄武岩・パイチャゼ・スヴェトラナ著・後藤悠樹写真『サハリン残留――日韓ロ　百年にわたる家族の物語』高文研、二〇一六年)一九九―二四七頁。

(18) 前掲注17玄論文、二二一頁。

(19) 在サハリン朝鮮人のこと。

(20) 吉翔・片山通夫『サハリン物語――苦難の道をたどった朝鮮人たちの証言』(リトル・ガリヴァー社、二〇〇〇年)。

(21) 中澤秀雄「グローバルな共通言語としての炭鉱」(中澤秀雄・嶋崎尚子編著『炭鉱と「日本の奇跡」――石炭の多面性を掘り直す』青弓社、二〇一八年)一八四―一九九頁。

(22) NPO法人日本サハリン協会「日本サハリン協会について：団体概要」http://sakhalin-kyoukai.com/about/index.html(二〇二一年八月三十一日取得)

(23) 筆者によるA夫妻への聞き取りより(二〇一六年二月十二日、札幌市にて)。

(24) 筆者によるB氏への聞き取りより（二〇一六年三月二十六日、札幌市にて）。

(25) 筆者によるC氏への聞き取りより（二〇一九年九月十一日、ユジノサハリンスク市にて）。

(26) 安川晴基「「記憶」と「歴史」——集合的記憶論における一つのトポス」（『藝文研究』九四巻、二〇〇八年）二八二（八五）—二九九（六八）頁。

(27) Aleida Assmann, *Erinnerungsräume: Formen und Wandlungen des kulturellen Gedächtnisses*, Munchen: Verlag C.H.Beck, 1999（安川晴基訳『想起の空間——文化的記憶の形態と変遷』水声社、二〇〇七年）。

(28) 前掲注27 Assmann著書。

(29) 高媛「ポストコロニアルな「再会」——戦後における日本人の「満州」観光」（倉沢愛子他編『岩波講座　アジア・太平洋戦争四　帝国の戦争経験』岩波書店、二〇〇六年）三七一頁。

(30) Laurajane Smith, *Uses of Heritage*, London: Routledge, 2006.

付記　聞き取り調査にご協力いただいた方々と、サハリン・札幌での調査の機会を設けてくださった北海道大学のパイチャゼ・スヴェトラナ先生に御礼を申し上げます。なお本研究はＪＳＰＳ科研費19H00611の助成を受けたものです。

「満洲」日本統治期の建造物の今

——満洲映画に映された中国東北地方の建造物を中心に

林　楽青

一九三二年、日本は中国東北地方に「満洲国」を建国し、「日本化」および「近代化」を図る過程で、様々な建造物を建てた。さらに、映画会社「満映」を設立し、映画に象徴的な建造物を映し出すことで「満洲」の近代化を宣伝した。本稿では、「満映」が日本統治期に建造された建造物をどのように撮影し、映画に映し出したかをつぶさに追い、それらの建造物の当時と今を検証したい。

りん・らくせい——大連理工大学大学院准教授。専門は人間文化学。主な著書に『ワン・アジアに向けて』（共著、花乱社、二〇一七年）、論文に「満洲映画における中国農村イメージの形成」（『東アジア文化研究』（1）、二〇二一年）、「映画からみる日本語コミュニケーションの実態」（『国際連語論学会連語論研究研究会報告』第四十一号、二〇一七年）などがある。

はじめに

中国東北地方はかつて、日本が間接統治する植民地であった。「偽満洲国」（以下、「満洲」と略す）はその力を関東軍に掌握され、外交、軍事、内務等まで支配され、日本帝国の傀儡政権となった。日本帝国は植民地化政策として「満洲」の「日本化」および「近代化」を図り、その過程で近代的な建造物を多々、造り上げた。その成果を宣伝する最も有効な手段が映画であった。一九三七年、満洲映画協会株式会社（以下、「満映」と略す）が国策で設立され、街の様子や建造物を映画に映し出し、「満洲」の近代化をアピールした。

「満映」は南満洲鉄道株式会社（以下、「満鉄」と略す）と「満洲」の共同出資で設立された。存続期間はわずか八年であったが、劇映画、文化映画、ニュース映画等、千本近くの作品を制作した。それらの作品は政治経済宣伝向けのプロパガンダ映画と呼ばれるが、「満洲」の風景、衣食住等の生活実態、各民族の風習等、「満洲」の歩みと実態がそのまま記録されている点で、貴重な研究史料とも言える。しかしながら、一九四五年の「満洲」解体により、その多くは紛失してしまった。ゆえに、「満映」研究は元「満映」スタッフの自伝や回想録等に基づいたものが主であった。

一九九四年、「満映」フィルムの一部がロシアで発見されたのを機に、「満映」研究がさらに進められている。主な研究は映画発展史の視点から行われたもので、映画の内容、とりわけ、映画に映された「満洲」の「実景」に関する研究は管見のかぎり見当たらない。本稿では、「満洲映画」（「満映」が制作した映像作品）の内容および、そこに映し出された「満洲」建造物の実態を検証したい。研究手法としては、元「満映」スタッフと「満洲」経験者に映像作品を見せながら聞き取り調査を行うとともに、映画ロケ地への実地調査により建造物の当時と今を比較検討したい。

一、「満映」の変遷

「満映」は元々、「満人」つまり、中国人に見せる映画を制作するための国策映画会社であった。設立当初は俳優がおらず、文化映画（教育映画）を制作した。後に中国人俳優を募集し、劇映画を作り始めたが、監督、カメラマン、技術者は日本人であった。それらは日本映画を真似たもので、文化が異なる中国人が「面白くない」と評する可能性があった。しかし、一九三八年に李香蘭《りこうらん》（日本人、本名は山口淑子《よしこ》）が「満映」に入社し、日本映画スターと共演することにより女優および歌手として、日本や中国等で大人気を博した。翌一九三九年末に竣工した「満映」スタジオは東洋一の規模を誇り、数多くの作品が制作された。当時の「満映」は「満洲」のみならず、中国全土、日本、朝鮮半島、東南アジアにまで影響を及ぼした。

敗戦直後、戦火を免れた「満洲」は旧ソ連軍支配下にあったが、豊富な資源と近代的な社会基盤を持っていたため、共産党と国民党が奪い合った。また、巨大施設を有する「満映」は両党の垂涎の的となった。それは、膨大な文盲の民から支持を得るための重要な宣伝手段と認識されていたからである。敗戦直後の混乱期、延安の共産党はすぐに「満映」に目を付けた。左翼傾向のある「満映」中国人社員に接触し、旧ソ連の力を借りて「満映」を接収した。その後、中国共産党が主導権を握り、「満映」を「東北電影公司《とうほくでんえいこうじ》」（戦後中国初の映画会社）と改名した。しかし、日本人技術者がいなければ映画制作できない状態であったため、左翼系の元「満映」日本人社員に協力を求めた。そうして集められた「満映」日本人（朝鮮人と台湾人を含む）約三〇〇人が中国人社員と共に映画制作を行った。その作品は中国東北地方のみならず、共産党解放区の中国、ソ連、朝鮮、日本でも上映された（1）。東北電影公司で働いた日本人技術者は「満映」時と同様、映画や諸分野で活躍する中国人材を育成した。

二、映画『迎春花』に映された建造物

現存する「満映」劇映画のうち、「満洲」を舞台に制作されたのは『東遊記《とうゆうき》』、『白蘭《びゃくらん》の歌』、『迎春花《げいしゅんか》』、『皆大歓喜《ジェイダイハンキ》』、『私の鶯』、『晩香玉《ワンシャンユー》』の六作である。そのうち、『東遊記』と『白蘭の歌』は大部分が日本で撮影され、一部、「満洲」の田舎がロケ地となったものの、場所が特定できない。また、『晩香玉』においてはロケ撮影シーンが少ないため、調査対象外とする。

『迎春花』は「満映」と日本映画会社の松竹とで共同制作され、全七十四分の作品である。監督は佐々木《ささき》康《やすし》、主要役者は「満映」の李香蘭、松竹の木暮《こぐれ》実千代《みちよ》と近衛《このえ》敏明《としあき》である。そのストーリーは、東京の大学を優秀成績で卒業した村川武雄（近衛敏明）が某日本会社の「満洲」支社に赴任するところから始まる。支社長の河島は村川の叔父であったが、特別扱いを受けず通常給料で働き、某満人宅で下宿しながら「満洲」生活に馴染むよう努める。満語ができなかった村川は下宿家族の同僚である白麗（李香蘭）の助力により、満人の生活、満語、風習等を学び、徐々に満人の友人を増やし、「満洲」生活を軌道に乗せていく。物語が展開し、村川の従妹であり、河島支社長の娘である八重（木暮実千代）が村川に好意を持ち始める。しかし、鈍感な村川はその想いに気づかず、八重が支社長の娘として周囲に迷惑をかけていると叱咤する。八重は村川と白麗が次第に親密になるのを感じ取り、大いに悩む。白麗は八重の想いを汲み、村川の通訳としてハルビン出張する際に八重を誘い、二人の仲を取り持った。ラストシーンで、村川の想いは白麗にあることを悟った八重は日本帰国を決意し、白麗もまた、「満洲」を離れ、北京行きを決意する。

（1）スケート場

映画のオープニングで建物に囲まれたスケート場（図1）が映し出される。その建物は元「満映」社員の緒方氏によれば、「満映」公舎の広場である。筆者は二〇一六年六月二十九日に長春へ赴き、それが「満映」公舎内の広場であったことを確認した（図2）。満映公舎は一九三七年から着工準備を始め、一九三九年十月に落成した。六つの撮影用スタジオ、事務所、食堂、録音室、大講堂、現増室、俳優室、ボイラー、車庫等も含め、計二万余平米の敷地であった。そこでは最先

図1　映画におけるスケート場

図2　スケート場の現在（2016年6月、筆者撮影）

端の設備と技術を用いた撮影、録音、現像、特撮等が行われ、世界先端レベルに達していたという。[2] 公舎は戦後、東北電影制片廠（新中国初の映画会社）、長春電影制片廠（「長影」と略す）と改名され、そこで数多くの映画が制作された。後に長影旧跡博物館に改修され、二〇一四年に開館し、『満映』から長影に至るまでの資料等が展示されている。

図1の背景にある煙突はボイラー用であり、現在は無くなっている。白黒映画であったため建物の色が判断できなかったが、現存の建物で確認したところ赤レンガ造りで、形状はそのまま残っていた。緒方氏によれば、「満洲」の冬は最低マイナス三十度まで下がり、庭に水を撒いたらすぐに凍り、スケート場として使えたそうだ。

(2) ヤマトホテル

ストーリーの結末では八重が日本へ帰国し、白麗が村川のもとを去って北京に行くことになる。ラストシーンで一人ぼっちの村川が荘厳な建物（**図3**）の前で立ち尽くす姿がロングショットで撮影されている。その建物は「満鉄」経営の高級ホテル「奉天ヤマトホテル」である。「満鉄」は「大連大和ホテル」や「ハルビンヤマトホテル」等、一九〇七年から終戦まで十五軒のホテルを「満洲」に建設した。[3] 本作に映る「奉天ヤマトホテル」は一九一〇年、奉天（現・瀋陽）駅と共にステーション・ホテルとして竣工した。ホテルの外壁は白のタイル張りで、全客室にバスルームが付き、最新かつ高級ホテルであった。[4] 現在もホテル「遼寧賓館《りょうねいひんかん》」として利用されており、二〇〇七年に遼寧省文物保護建造物、二〇一三年に国家レベルの文物保護建造物の認定を受けた（**図4**）。

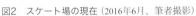

(3) ソフィスカヤ寺院

村川と白麗がハルビンで中国企業との商談を終え、冬に行われる洗礼祭を見物するシーンがあり、五分ほど紹介がなさ

図4　奉天ヤマトホテルの現在（2016年6月、筆者撮影）

図3　映画におけるヤマトホテル

図6　ソフィスカヤ寺院の現在（2016年6月、筆者撮影）

図5　映画におけるソフィスカヤ寺院

れる。そこではソフィスカヤ寺院（図5）全体がロングショットで撮影され、その後、寺院内部が映し出される。ドーム型の天井は無数のガラス窓で飾られ、洒落たライトが吊り下がり、その豪華さと荘厳さが伝わってくる。本寺院は一九〇七年、ロシア帝国が建造し、一九二三年に再建開始、一九三二年に竣工し、アジア最大の正教教会となった。最上階の鐘楼には音色の異なる鐘が七つあり、その内部に入って確認したところ、映画シーンと同じ様子で残っていた。内壁は至る所に痛みが見られたが、色褪せた姿に古色蒼然たる趣を感じた。本寺院は一九八六年にハルビン市役所から重点保護建築に、一九九六年に国家重点保護見物に認定された。改修後、現在はハルビン建築芸術館として開放され、正面にはレオナルド・ダ・ヴィンチの『最後の晩餐』のレプリカが飾られている。周辺には商業施設等の現代的建造物が並び、近代的な寺院が異彩を放っている（図6）。

『迎春花』のロケ地は「奉天」、ハルビン、「新京（現・長春）」の三都市である。物語はまず、「奉天」から始まり、ハルビンでのエピソードまで盛り込まれた。スケート場は、長春の「満映」公舎にあるものの、本作からは長春を宣伝する意図が感じられない。瀋陽には「一朝発祥の地、二代帝王の城」として、清朝時代の遺跡が多数、残っている。奉天ヤマトホテルを背景に撮影されたことからは、中国の歴史ある「奉天」が日本の力により、近代都市に変わりつつあることをアピールしようとした意図がひしひしと伝わってくる。奉天ヤマトホテルは当時、最新かつ最高格式のホテルとして知られ、新中国成立後しばらくの間、瀋陽の最高級のホテルとして使用され、毛沢東国家主席や周恩来総理等の国家指導者らも訪れた[5]。一九九〇年代まで、交通の便利さとホテルの高級感により、瀋陽の一流ホテルとして市民に愛された。大連のヤマトホテルも同様であり、十五軒の「満洲」ヤマトホテルでランキング一位に輝いた。戦後は「大連賓館」に改名され、大連一豪華なホテルとなった。結婚式の宴会場や、国家指導者らが大連を訪れた際の宴会場として使用された。一九七二年の日中国交正常化以来、とりわけ中国の改革・開放以後、日中関係は飛躍的発展を遂げる。九〇年代まで大連や瀋陽を訪れた日本人は必ずと言って良い程、ヤマトホテルに宿泊した。宿泊客は高級感溢れる空間で国境と時空を超え、日本統治時代の「満洲」の雰囲気を味わったことであろう。地元住民はヤマトホテルに対し、どのような思いを抱いていたであろうか。現地調査したところ、若者は日本人が建てたホテルであることをほとんど認識していなかった。その歴史を知りつつホテルを利用している人々からは、「過ぎ去ったことを振り返らず、未来を志向すべきだ」という思いが窺えた。

三、映画『皆大歓喜』に映された建造物

『皆大歓喜』は「満洲」建国十周年記念に制作されたファミリー映画である。「満洲」の新京で撮影され、監督と俳優は全て中国人、ストーリーも中国人に関するものである。「満洲」の田舎に住む老婆が「大東亜博覧会」の新京開催を機に、二人の息子と一人の娘に呼ばれて上京する。老婆は汽車で新京へ出向き、その発展ぶりに驚愕する。物語は展開し、老婆は娘の喜英宅で、娘が病院長の夫の女性問題をめぐり夫婦げんかする様子を目にする。翌日、三男の克明宅を尋ね、共に暮らす克明の彼女と出会う。博覧会場で老婆は、会社の金を横領して首になった三男が会場内レストランでアルバイトしているのを目撃する。また、会場内で財布事件に遭い、次男の克居の彼女と出会う。そして、博覧会見物をしながら、あちこちで笑いの種を作る。それから偶然、娘夫婦に会って説教し、二人の間の誤解を解く。その後、老婆は娘一家と克

図7　映画におけるニッケビル

図8　ニッケビルの現在（2016年6月、筆者撮影）

居の彼女の演唱会を鑑賞し、克明の彼女と再会する。そうして、家族全員が揃い、一家団欒で夕食を楽しみ、皆が大歓喜するというストーリーである。

主なロケシーンは老婆が田舎から新京へ上京する際の列車内と、新京の駅から娘の家へ向かう車窓から街並みを見る場面である。「満洲」の記念事業として新京に設けられた博覧会場で撮影されたシーンが多く含まれるが、現在、その会場が存在しないため、実地調査は不可能である。

（1）ニッケビル

新京に着いた老婆が娘の喜英に迎えられ、車に乗るシーンがある。車窓から新京の発展ぶりを見せるため、トラッキング手法で大同大街（現・人民大街）沿いの両側に建つ建造物が撮影されている。

フレーム右に映るのはニッケビルで、屋上に塔状のものが備わっている（**図7**）。ニッケビルは一九三五年十二月に着工、翌年末に竣工し、一階は商店、二階はオフィス、三、四階は宿舎であった。[6] その二階に「満映」のオフィスがあり、「満映」設立の一九三七年から一九三九年まで使用された。戦後、屋上にあった塔を外して二階を増築し、現在は六階建てのオフィスビルとして使用されている。現地調査時に周辺住民に建物の歴史を尋ねてみたが、知る者はいなかった（**図8**）。

（2）三中井百貨店

康徳会館の南側にある建物は三中井百貨店であり、トラッキング撮影され、全体像は映っていない（**図9**）。三中井百貨店は一九三六年に竣工し、高級百貨店として賑わった。聞き取り調査した天川氏の話によれば、店内には舶来品が数多く並び、金持ち客が買い物をするデパートであったという。

戦後、一九五二年から一九九五年まで長春市百貨店第五店舗

図9　映画における三中井百貨

図10　三中井百貨の現在（2016年6月、筆者撮影）

図11　映画における満洲中央銀行

図12　満洲中央銀行の現在（2016年6月、筆者撮影）

として使用されていたが、その後、五階を増築し、現在、オフィスビルとして使用されている（図10）。

（3）満洲中央銀行

本シーンの最後に二秒ほどであったが、満洲中央銀行とその象徴的な大理石柱が映し出される（図11）。それは一九三四年から四年の歳月をかけて建造された。外観はイオニア式ジャイアント・オーダーが十本立ち並ぶルネサンス様式であり、中には冷房と暖房が備わっていた。戦後も銀行として使用され、現在、中国銀行吉林分行になっている（図12）。

『皆大歓喜』のロケ地は長春である。一九三〇年代初期、日本は「満洲」の田舎である長春県に首都を建造し始め、数多くの建築物を建てた。現存する建造物は以下の三種に大分される。一、愛国主義の基地。観光スポット第一位の「偽満皇宮博物館」（「偽満州国皇帝宮殿」）は日本植民地時代の傀儡政権を実証し、「亡国奴」や「漢奸（売国奴）」への警世役を務めている。二、愛国主義啓蒙施設。代表的なのは長春の「八大部」である。観光名所ではないが、建物正面に日本植民地時代の解説文が備え付けられ、現在、教育、研究、民間向け施設として活用されている。(7) 三、民間施設。映画内のオフィスビル、デパート、金融機関等がその例である。それらは戦後、そのまま、ないし部分改築されて使用されている。建物に説明書きがなく、地元住民はその歴史を知らずに利用している。(8)『迎春花』に映し出された「満映」公舎は戦後、国営映画会社としてそのまま使用されたが、一九九〇年代末期、日本の映画会社であったことや日本映画人の役割等は認めるようになった。

四、映画『私の鶯』に映された建造物

『私の鶯』(一九四四年)は「満映」と東宝が共同撮影したミュージカル映画で、原作は大仏次郎《おさらぎじろう》の『哈爾浜の歌姫』である。脚色演出は島津保次郎《しまづやすじろう》、プロデューサーは「満映」東京支社の責任者の岩崎昶《いわさきあきら》、カメラマンは「満映」の福島宏《ふくしまひろし》である。主演は「満映」の李香蘭であり、他「満映」俳優がエキストラとして数名、出演した。東宝からは千葉早智子《ちばさちこ》、進藤英太郎《しんどうえいたろう》、黒井洵《くろいじゅん》等の有名俳優の他、グリゴリー・サヤービン、ワシリー・ドムスキー、ニーナ・エンゲルガルド等のロシア人俳優も出演した。ミュージカル映画のため歌うシーンが多く、トムスキー劇団、エンゲルガルド歌劇団、サヤーピン歌劇団、ハルビン交響楽団等、専門的な劇団とオーケストラも出演した。つまり、プロデューサー、主役(哈爾賓歌劇団と李香蘭)、カメラマンは「満映」から出したが、それ以外は東宝が手配した。

ストーリーは一九一〇年代のロシア革命を背景に、オペラ歌手を含むロシア人らがシベリヤから中国に逃れたところを日本人の隅田が救うシーンから始まる。隅田は中国東北軍閥の戦闘に巻き込まれ、町から脱出する最中、妻子とはぐれてしまう。三年かけて妻子を捜し続けた後、諦め日本帰国を決意する。一方、隅田の妻は脱出途中に死亡し、娘のマリ子はロシア人歌手の養父、デミトリに育てられ、ハルビンで歌手デビューする。そこに満洲事変が勃発し、ハルビンは混乱する。事態が収束した頃、デミトリが病に伏し、そこにマリ子の実父、隅田が訪ねて来る。デミトリは容態が回復しないまま オペラ劇場に立ち、歌う途中で倒れ、この世を去る。ラストシーンではマリ子がデミトリの墓前で「私の鶯」というロシア語歌を歌い、冥福を祈る。

『私の鶯』の舞台はハルビンであり、日本人の子がロシア人によって育てられるというプロットである。作品内ではロシア文化、習慣、町の建物等が紹介されている。

図13　映画における中央寺院

図14　中央寺院の跡地（2016年8月、筆者撮影）

(1) 中央寺院

　本作では背景に中央寺院が映り込むシーンが度々、見られる。冒頭では一隻の客船が広大な松花江を運航する。負傷した隅田は客船に乗り、妻子を捜しにハルビンへ向かう。ハルビン到着後、街の風景が紹介される。まず、寺院の屋根がクローズアップされ、次にロングショットで寺院全体が映し出され、「中央寺院」との字幕が入る（図13）。それから、道端で花を売るマリ子が上野と出会うシークエンスがある。ロングショットで正面に寺院、左パン（水平にカメラを移動し撮影する手法）でマリ子の学友が寺院前の歩道を歩き、マリ子に会って会話する。その背景に寺院が映る。次に、ロングショットで寺院裏の歩道で花を売るマリ子が映り、そこへ中国人警官がやって来て怒鳴り、花を払い飛ばす。その背景にも寺院が映し出される。そこへ上野が来て警官の横暴を静止し、二人が会話するシーンがツーショットで映し出される。その背景にも寺院が映る。

　中央寺院は大直街に建てられ、ロシア正教のハルビン本山（カテドラル）であった。釘を一本も使用しておらず、建築史上最高傑作と讃えられたが、文化大革命期の一九六六年に破壊された。現在、その跡地はロータリー広場となっている（図14）。

(2) イーベルスカヤ寺院

　隅田がハルビンに到着し、街の風景を紹介するシーンにイーベルスカヤ寺院も映し出される（図15）。一九〇八年、ロシア帝国軍が戦没兵士を祭るために建造した教会である。教会は南北方面を向き、正面に大きな鐘楼があり、その上に玉ねぎ状の屋根が五つある。敷地内には戦没兵士の遺骨が埋められているという。[9] 日本植民の「満洲」時代には白系ロシア人の正教教会として使用されていたが、戦後、文化大革命期に屋根と内部が破壊された。二〇〇七年、ハルビン市から市文物保護物の認定を受けた。二〇一七年に屋根が修復され、周辺に娯楽施設等も設けられ、現在、文化広場として活用されている（図16）。

(3) ウスペンスキー墓地

ウスペンスキー墓地はラストシーンで映し出される。まず、ロングショットで正面から墓地が撮影され、「ウスペンスキー墓地」との字幕が出る。次に、生い茂る樹林の中に建つ尖塔を備えたウスペンスキー寺院が映し出される（図17）。本寺院は一九〇八年に建造され、ハルビン在住ロシア人が葬儀を行う際に使用した。そこに眠るロシア人は一九五八年時点で四四二六人であった。その後、ハルビン市が墓を新墓地へ移動し、現在は文化公園として活用されている（図18）。本寺院は二〇〇七年、ハルビン市から市文物保護物の認定を受けた。

五、建物の保護と利用

映画に映し出された建造物は中国東北地方のハルビン、長春、瀋陽の物であった。東北三省には日本植民地時代の建造

図15　映画におけるイーベルスカヤ寺院

図16　イーベルスカヤ寺院の現在（2016年8月、筆者撮影）

図17　映画におけるウスペンスキー墓地

物が多数、現存している。大連はロシアと日本の植民地であったため、ロシア風と日本風の建造物が混在している。瀋陽は清の発祥地であり、建築様式は満洲、モンゴル、漢のものと日本植民地時代のものとが融合している。長春市は「満洲」の首都であり、「満鉄」附属地を基に建設された都市であり、日本植民地時代の建造物が数多く残されている。ハルビンはロシアと日本の植民地であったがロシア風建造物が多く、「満洲」・日本の力が及ばず、日本植民地時代の建物は少

図18　ウスペンスキー墓地の現在（2016年6月、筆者撮影）

ない。韓国では日本植民地時代の建造物が解体されるとよく聞くが、中国東北三省の建造物はなぜ保存、活用されたのか。

その第一理由は、日本植民地時代の建造物は「戦利品」であり、近代的かつ丈夫であり、解体するより活用した方が賢明であると判断されたからである。それは実利主義であり、当時、経済力が弱かった中国が都市建設を進める一つの選択肢であった。第二理由は、それらが歴史的文物として、法律で保護されるようになったからである。一九六一年三月四日、中国国務院は歴史建築物保護に関する初の「文物保護管理暫行条例」を公布した。その後、「文物保護単位保護管理暫行弁法」が制定され、一九八二年、歴史建造物保護に関する憲法ともいえる「中華人民共和国文物保護法」が中国人民代表大会で初めて承認された。それに基づき、各地方政府が都市発展の需要に沿って関連法規を打ち出した。そうして偽満州国軍事部遺跡（一九八四年、市文化財指定）や偽満州国民生部遺跡（一九八四年、市文化財指定）等、「偽満州国八大部遺跡」は一九八八年、「全国百二十六景観」の一つとして「中国国家級景観区」に指定された。そうして植民地時代の建造物は二〇〇〇年頃まで、観光資源として各地で活用された。

しかしながら、保護文化財としての認知度が低い建造物の一部は破壊された。また、「建設性破壊」（都市建設のため、古

い建物が破壊されること）と言われた物もある。(10) 一九八〇年代まで長春に残っていた日本植民地時代の建造物からは当時の様子が窺えたが、一九九〇年代以降、都市建設途中で消えてしまった。そのような現象は他の都市でも見られる。現在、植民地時代の建造物に対し、「歴史的価値が高く、保護すべき」という意見がある一方、「国辱の印であり、破壊すべき」との対立意見も存在している。

おわりに

「満映」は当初、国策宣伝のために設立されたが、現地中国人に好まれる作品も制作した。「満映」設立前の「満洲」ではすでにアメリカ・ハリウッド映画を始め、日本映画や上海映画等の作品が上映されていたため、「満映」の映画人らはそれらに匹敵する映画制作の難しさを理解していた。「満洲」の中国人に「満映」作品を見てもらうには、身近な出来事を映画化し、興味を引くしかないと考えられた。(11) リアリティを出すため、「満洲」の風景や街の建物をありのまま撮影し、スポーツ中継のように実況した。それにより、観客の心を捉えることができた。

「満映」は設立当初は日本映画会社と協力し、合同作品を作った。それらは「満洲」の中国人のみならず、日本本土の日本人に見てもらうため、「満洲」の近代化とエキゾチックな風景が盛り込まれた。典型例は『迎春花』であり、そこには瀋陽ヤマトホテル、長春の「満映」公舎、ハルビンのロシア寺院等、各市を代表する建造物が登場する。それらは現在もなお、地元を代表する名所となっている。「満映」は後に自力で映画制作ができるようになり、「満洲」に住む中国人庶民向けの『皆大歓喜』が生まれた。本作で映し出されたのは名所ではなく、長春の庶民生活に密接した建造物であった。それらは戦後、改修し使用されているものの、地元住民からは関心を持たれていない。『私の鶯』はミュージカル映画として知られるが、太平洋戦争最中に作られ、日本人とロシア人との友情物語であったため、上映は許されなかった。そこに映し出されたのはハルビンの代表的なロシア正教教会であり、ロシア・ノスタルジアが強く感じられる。映画に映し出された建造物の多くは文物保護物に認定され、現在、修復されたり、そのまま活用されたりしている。

検証の結果、「満映」三作品に映し出された建造物は有名無名を問わず、その多くが現存し、中国化していると言える。それでもなお、ホテル、駅、映画会社、オフィスビル、銀行、教会等、その用途を変えずに残る建造物に日本植民時代の面影は残り続けるであろう。

注

(1)『中国映画』六（一九七七年）によれば、終戦直後、日本へ入ってきたソ連映画は全て東影が日本語字幕を付けた。
(2)胡旭・古泉著『満映――国策電影面々観』（中華書局、一九九〇年）。
(3)財団法人満鉄会『満鉄四十年史』（吉川弘文館、二〇〇七年）。
(4)富田昭次『ノスタルジック・ホテル物語』（平凡社、二〇〇〇年）。
(5)二〇一六年六月三十日現地調査で遼寧賓館内の展示資料による。
(6)浜野健三郎『あゝ満洲』（秋元書房、一九七一年）。
(7)「満洲国治安部」（現吉林大学第一医院）、「満洲国司法部」（現吉林大学医学部）、「満洲国経済部」（現吉林大学中日聯誼医院）、「満洲国交通部」（現吉林大学公共衛生学院）、「満洲国外交部」（現太陽会館）、「満洲国民生部」（現吉林省石油化工設計院）、「満洲国興農部」（現東北師範大学附属中学校）、「満洲国文教部」（現東北師範大学附属小学校）
(8)現地調査で地元の住民にその歴史を確認したところ、知っている人がいなかった。
(9)ハルビン地方志編輯委員会『哈爾浜市志』（黒竜江人民出版社、一九九八年）。
(10)于奇「長春歴史文化与欺瞞建築遺産保護」『営造』（第五輯）、二〇一〇年）四四六―四五〇頁。
(11)坪井興「満州映画協会の回想」（『映画史研究』一九号、一九八四年）。

参考文献

株式会社満洲映画協会『満洲映画協会案内』（株式会社満洲映画協会発行、一九三七年）
内田吐夢『映画監督五十年』（三一書房、一九六八年）
山口猛『哀愁の満州映画――満州国に咲いた活動屋たちの世界』（三天書房、二〇〇〇年）
佐藤忠男『キネマと砲聲――日中映画前史』（岩波書房、二〇〇四年）
四方田犬彦・晏妮『ポスト満洲映画論――日中映画往還』（人文書院、二〇〇一年）
林楽青「映画にみる『満洲国』――『迎春花』のスポーツをめぐって」（『東亜大学紀要』第24号、二〇一七年）一一一六頁

監獄博物館とノスタルジア
――ダークツーリズムを暗くするもの、明るくするもの

藤野陽平、芳賀　恵

現代の感覚から見れば十分に人権が認められていなかった当時、帝国日本は多くの政治犯、思想犯を収監した。その監獄は今日、博物館として新たな姿を見せているが、各地でそのあゆみや受け止められ方は大きく異なる。ここでは帝国日本の監獄のその後の姿を韓国の西大門、日本の網走を中心に紹介する。

はじめに

長い廊下の両脇に雑居房や独居房が並ぶ建築。多くの市民にとって監獄という建築は、非日常を体験できる場所として観光のまなざしが向けられやすい場所の一つである。そのためサンフランシスコのアルカトラズ島、南アフリカのロベン島のように元監獄が観光地になるケースは少なくない。パノプティコンと呼ばれる一望監視システムを採用した放射状に広がる建築様式や、囚人たちの生活を紹介する展示、薄暗い独特な雰囲気はさながら地獄絵図のように、来園者をして、このような場所に入れられることのないようにと思わせる。

その時、来館者にとって囚人たちは遠い存在として感じられ、グロテスクさとブラックユーモアとが混ざり合いながら、ホラー映画を見るような怖いもの見たさの欲求を満たしてくれる。観光人類学者の市野澤が「苦しむ他者の映像や再現展示は、優秀なポルノグラフィーのように、我々の欲望を刺激し、快楽をもたらす」(1)というとおりである。監獄をテーマにした居酒屋やカラオケボックスの存在も同様の文脈に位置づ

ふじの・ようへい――著者略歴は本書掲載の藤野論文「開拓と宣教のせめぎ合い」を参照。
はが・めぐみ――北海道大学大学院メディア・コミュニケーション研究院学術研究員。専門はメディア、韓国映画。主な論文に「リメイク作品から見る日韓ドラマの「社会性」――『ハケンの品格』(日)と『職場の神』(韓)を題材に」(共著、『越境するメディアと東アジア――リージョナル放送の構築に向けて』勉誠出版、二〇一五年)、「韓国映画の「植民地もの」における脱ナショナリズムの隘路――『軍艦島』の「親日派」表象をめぐって」(共著、『国際広報メディア・観光学ジャーナル』二六号、二〇一八年)などがある。

けられるだろう。

しかし、そこに幽閉されている囚人が、実は悪政を敷く独裁政権に対して、自由や人権を求め立ち上がった政治犯だったとしたら、そのまなざしの意味は一変する。見るに耐えない拷問に苦しむ姿や志半ばで息を引き取ったというエピソードに接するうちに、来館者たちは義憤を覚え、収容者たちはもはや罪を犯した悪人ではなく正義に命を捧げた英雄となる。

帝国日本は日本国内だけではなく、植民地にも監獄を建築し、現在、ダークツーリズム・サイトとして公開されている場所もある。ここではこうした旧帝国日本の監獄博物館を比較検討することで、ダークツーリズムがどうしてダークになるのかについて考えてみたい。

一、ダークツーリズムと監獄博物館

ダークツーリズムとはどういった旅であろうか。観光学者の井出はこの言葉を「人類の悲劇を巡る旅」(2)、「戦争や災害をはじめとする人類の悲しみの記憶を巡る旅」(3)と定義している。観光社会学者の須藤と遠藤は、ダークツーリズムをより細かく、一、人為的にもたらされた〝死〟や〝苦しみ〟と結びついた場所へのツアー、二、自然によってもたらされた〝死〟や〝苦しみ〟と結びついた場所へのツアー、三、人為的なものと自然の複合的な組み合わせによってもたらされた〝死〟や〝苦しみ〟と結びついた場所へのツアーと三分類している。(4)戦争や自然災害などと並び、政治犯を収容した監獄という国家暴力の記憶を伝える場所は、ダークツーリズムの典型的な場所である。

思想・良心の自由が保障されていなかった当時、帝国の拡大に伴い各地に思想犯の存在が広がることとなった。また、帝国崩壊後の東アジア社会でも、共産主義や民主化運動を厳しく取り締まり、多くの政治犯を生んできた。その後、各地で民主化が進み、政治犯を収容した監獄が博物館となるケースが見られる。韓国のソウルにある西大門《ソデムン》刑務所歴史館がそれに当たる。

二、西大門刑務所歴史館(韓国・ソウル)

ソウル市の都心にほど近い西大門区に西大門刑務所歴史館(図1)がある。この建築物は帝国日本が建設したパノプティコン構造の近代建築である。一九〇八年に「京城監獄」として開所し、状況や制度の変更にともなって一九一二年に「西大門監獄」、一九二三年に「西大門刑務所」と名を変えながら、独立運動家などの収容に利用された。戦後は米軍の軍政下で「ソウル刑務所」と改称したが、一九五〇年に勃発し

図1　西大門刑務所歴史館（藤野撮影）

た朝鮮戦争で国連・韓国軍と朝鮮人民軍がかわるがわるソウルを占領したことから、刑務所の運営主体も数度にわたり交替した。その後の軍事政権下では一九六一年に「ソウル矯導所」、一九六七年に「ソウル拘置所」と改称し、民主化運動家などを収容した。

以上のように、建物が監獄として使用された期間は一九八七年十一月にソウル拘置所が郊外に移転するまでの約八十年間である。移転時に獄舎の一部や炊事場などが撤去され、一九八八年に残った獄舎や死刑場が国家史跡（第三二四号）に指定されている。

一九九八年、撤去された施設などを復元し、博物館としてオープンした。保安課庁舎（展示館）、獄舎、ハンセン病舎、労役をする工作舎、死刑場などを見学できる。公式カタログには「近現代期のわが民族の受難と苦痛を象徴してきた西大門刑務所を保存・展示する博物館」[5]とあり、まさしく韓国におけるダークツーリズムの代表的な場所といえよう。現在、管理・運営は西大門区都市管理公団が行っている。

二〇一〇年から段階的に行われた大規模改修では当時の図面や写真をもとに、保安課庁舎の外壁、囚人が互いに会話できないよう隔離して運動させる隔壁場、炊事場などが復元された。後述するが、柳寛順ら女性独立運動家を収容した女獄舎については特に大がかりな復元工事が行われた。

展示館には当時の写真や収容者の記録、新聞記事などが展示されている。展示館の地下では独立運動家への拷問の様子をろう人形と音声で再現し、帝国日本がいかに残虐だったのかを知らしめる歴史教育の場としても活用されている。

展示を見るかぎり、同館は「帝国日本に対する独立運動の象徴」の意味合いが強い。大規模改修工事を経た再オープンが日韓併合百周年に当たる二〇一〇年に設定されたことや、二〇一八年三月一日に三・一節（一九一九年の三・一独立運動を記念する日）の式典が同館構内で行われ、文在寅大統領が出席したことからも明らかであろう。さらに同館では柳寛順を主人公にした映画も撮影されている。(6)

対照的に、戦後の軍事政権下における民主化運動家の投獄に関する資料は、近年は増加しているものの比較的少ない。帝国日本が使用した期間よりも戦後に使用された期間が長いにもかかわらず、この建築物は「帝国日本による民族の受難と抵抗の地」としての象徴的な意味を強く打ち出しているといえるだろう。

三、博物館網走監獄の暗さと明るさ

多くの日本人にとって網走といえば監獄が連想され、逆に監獄と言っても網走が連想されるのではないだろうか。この監獄の建物を移築したのが今日の博物館網走監獄である。網走に監獄ができたのは、南下するロシアに対抗するため、札幌から旭川をへて網走へと至る北海道中央道路の掘削が急務であったことと関係している。一八九〇年、釧路集治監初代典獄の大井上輝前が網走を視察し、ここを道路開削の起点とする。同年四月二十七日、釧路監獄署網走囚徒外役所（翌年七月に釧路集治監網走分監と改称）として発足、囚人を使った中央道路開削にあたる。(7)

その後も重罪人が送られ、一度収監されれば、二度と戻ることはできない「地獄同然の監獄」というイメージが持たれるようになる。一八九七年に英昭皇太后が崩御したことによって恩赦が出されるが、重罪人が多かった網走からは放免されたものが多く、一時閉鎖される。また、一九〇九年に大火が発生し復旧まで三年の時間を要した。

戦後、一九七三年に施設が全面改築されることとなるのだが、市民を中心にそれを惜しむ声が上がり、博物館網走監獄として移築復元することになる。十年後の一九八三年七月、博物館網走監獄会館記念式典を迎えている。

今日、博物館網走監獄には四つの重要文化財（庁舎（一九一二年建築、一九八八年移築）、二見ヶ岡農場旧事務所（一八九六年建築、一九九九年移築）、舎房及び中央見張所（一九一二年建築、一九八五年移築、図2）、教誨堂（一九一二年建築、一九八一年移築））と三つの登録文化財（網走刑務所裏門（一九二四年建築、一九九五年移築）、煉瓦造り独居房（一九一二年建築、一九九一年移築）、哨舎（後述））の他に鏡橋（一八九一年建築、一九九四年再現）、味噌・醤油蔵（一八九二年建築、一九八三年再現）、休泊

図2　中央見張所（藤野撮影）

所（一八九一年建築、一九八三年再現）、職員官舎（一九一二年建築、二〇〇二年再現）、耕耘庫（一八九一年建築、二〇〇二年再現）、漬物庫（一八九一年建築、一九八三年再現）、独立型独居房（一九一二年建築、一九八三年再現）、網走刑務所正門（一九二四年建築、一九八三年再現）、水門（一九二四年建築、二〇〇二年再現）などが展示されている。

戦後の建物では裁判所法廷（一九五二年建築、一九九三年移築再現）、高見張（一九四八年建築、一九八三年再現）、哨舎（建築年不明、一九九二年移築）も同博物館で展示されている。それ以外にも従来の門が網走市内の永専寺に移築されている（一九一二年建築、一九二四年移築、網走市文化財第一号）。

なお、北海道には五つの集治監が存在しており、網走以外には一八八六年建築の樺戸集治監が月形樺戸博物館として、一八八六年建築の北海道集治監釧路分館が標茶町博物館ニタイ・ト内にて標茶町郷土館として建築物が公開されている。建物の全体は残っていなくても、三笠市に一八九〇年に建てられた旧空知集治監典獄官舎のレンガ煙突が、帯広市の緑ヶ丘公園内に一九〇一年建築の十勝監獄石油庫が保存されており、帯広には窯跡を記す掲示板も見ることができる。

（1）ダークな展示としての囚人道路

前述の通り、明治期に南下するロシアに対抗するため急ぎ北海道に道路を作る必要が生じ囚人たちが駆り出されて作った道路が北海道中央道路で、囚人道路とも呼ばれる。囚人たちの多くは自由民権運動に参加するなどして当時の政府に反対した、現代の観点からは思想犯に位置づけられる人々であった。この背景として当時、開拓政策の調査で北海道を視察した官僚の金子堅太郎の主張がある。博物館網走監獄には

「元々彼等は暴戻の悪徒であって、尋常の工夫では耐えられぬ苦役に充て、これにより斃れても、監獄費の支出が減るわけで、万やむを得ざる政略なり」という金子の文が掲示されている。

　その結果、二二八キロの道路がわずか八ヶ月で建設された。重機などない当時、過酷な自然環境の中で動員された一一一五人の囚人のうち実に二一一人が死亡している。当時の労役の様子については吉村昭の『赤い人』に描かれている。博物館では、休泊所（**図3**）という移動式の簡易な建築物で一本の丸太を数人で共有の枕として使用し、起床時間になるとそれを叩いて起こしていたことが展示され、「このような労働形態が後のタコ部屋労働につながっていったのです」とその後重大な問題となるタコ労働の原型となったことが説明される。こうした暗い歴史については「赫い囚徒の森体験シアター　知られざる二二〇キロの苦難」という展示があり、アニメーションと映像、音声とを組み合わせ当時の囚人たちへの共感ができるように設えられている。

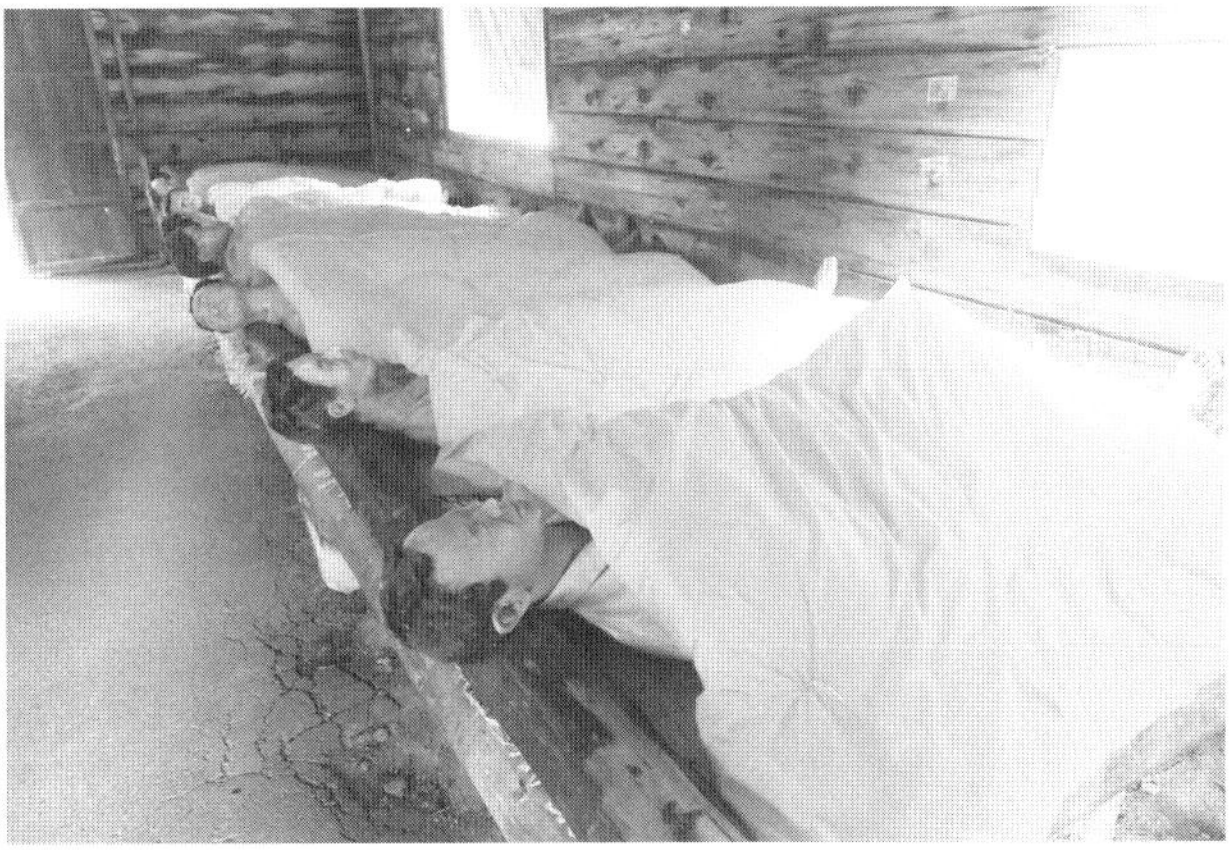

図3　休泊所（藤野撮影）

（2）ダークツーリズムと同居する明るさ

　しかし、博物館網走監獄ではダークさが全体の雰囲気を包んではいない。例えば監獄歴史館には「網走監獄入獄写真」というものが設置されている。これはプリントシール機（いわゆるプリクラ）のシステムを使い、入獄の際に囚人が撮られるような写真を撮影できるものである。この機械のすぐ横にはプリントされた写真を貼ることができるようになっている。そこに貼られた写真の多くはいわゆる「変顔」をしているものが多く、ダークさは微塵も感じられない。上述の「赫い囚徒の森体験シアター」と同じ建物に設置されており、過酷な苦役によってボロボロになって倒れていく囚人たちの響き渡る悲鳴に近い声と、観光客が残していった変顔とが一つの空間を共有しているのだが、どうにもミスマッチである。

網走監獄のダークさを覆い隠している近年の要因として、コンテンツツーリズムの存在にも触れておくべきであろう。元来『網走番外地』など映画やドラマの撮影地として取り上げられることの多かった網走監獄であるが、二〇一四年から連載中のコミック『ゴールデンカムイ』を通じて、それまでとは異なる顧客層を獲得している。

二〇二〇年二月と九月の二回、博物館網走監獄を訪問した際にもこうしたゴールデンカムイ・コンテンツツーリズムが盛んに行われていた。ポスター、主人公らのパネルや作者による直筆のイラストのほか、ミュージアムショップにはゴールデンカムイグッズなどが並べられる。本作品の「聖地巡礼」としてこの場所を訪問する人々にとっては旧帝国日本の監獄という暗さを感じられないのではないか。

観光地の持つ明るさと暗さ。まさに光の前には影は存在しえないように、両者の共存は困難である。明るさと暗さの呉越同舟という状態が北海道における帝国日本の監獄博物館の特徴と言えるだろう。韓国の西大門刑務所歴史館ではいずれも明るさを感じる土産物が販売・提供されることはなく、変顔で写真撮影をするような雰囲気ではないのと対照的である。

四、モノが作る情動としてのダークさ
――ノスタルジアのもつ敵対性

西大門監獄が強いダークさを感じさせる一方で、博物館網走監獄はライトな印象が否めない。この差はどこにあるのだろうか。ここでは建築物の持つ物質性やそれが人に感じさせるノスタルジアに注目してみたい。

ノスタルジアに関してメディア研究者の日高は敵対性という概念をもちいて説明する。時代を敵対する二つに分けることで一方を良く描き、他方を悪く描く方法だ。例えば昭和三十年代を貧しくとも心が豊かであった「あの頃」と言いさえすれば、経済発展していても現在は心が失われてしまったと批判することができるのである。(8) いずれのまなざしにおいてもダークな時代の良い点は無視され、明るい時代は過度に美化される。ヒトという動物にはダークな時代の明るさとライトな時代の暗さは認識されにくい。

(1)コンクリートと赤レンガ

現代の韓国社会で広く共有されている二つの敵対する時代は、暗い時代としての「日帝」時代と、明るい時代としての「光復」後ということができるだろう。ここでは建築物の持

つ主体性を物質性から考えてみることにする。博物館は単に展示内容だけがメッセージを発しているのではなく、その空間やしつらえといったモノそれ自体が訪問者に多くを語りかけてくる。いや、むしろ後者の方が雄弁であるくらいである。

東アジアの近代化、帝国日本による植民地化というレベルでは、その建物が赤レンガで作られている場合は日帝時代を、コンクリートの場合は光復後を連想させる機能を持っている。当然、一九四五年八月十五日で建物の素材が変わるわけではないのだが、ノスタルジアの持つ敵対性はこうした物質性にも展開される。

図4 戦前の扇型に復元された隔壁場（藤野撮影）

(2) 赤レンガで復元される西大門監獄

前述のように一九九八年に公開された西大門刑務所歴史館は、二〇〇八年から二〇一〇年にかけて一三一億ウォン（約十三億円）を投じ大規模な復元工事を行った。中でも大掛かりな改修が行われ、獄舎と並び目を引いている建築物が展示館である。展示館は一九二三年、刑務所の業務を取り仕切る保安課庁舎として地上二階、地下一階建てで建設された。

復元工事では赤レンガを使った植民地時代の姿を再現した。実はこの建物は戦後も継続して使われていたが、一九五九年に増築し、外壁に白いタイルを貼りつけていた。白いタイルを貼った経緯について歴史館の公式ホームページに記載はないが、反共を掲げる軍事政権が「共産主義の象徴」として赤色を嫌ったためとも言われる。(9)

この建物以外にも、二〇一〇年の改修の際には女獄舎や隔壁場といった施設が赤レンガで再建された。隔壁場とは収容者の屋外運動施設で、互いに会話などをすることができないように壁で仕切り、監視がしやすいように扇型に作られたも

図5　女獄舎（藤野撮影）

のである（**図4**）。現地の展示を見るかぎり、日帝期には扇型だった赤レンガの隔壁場も戦後はコンクリートで円形に拡張されている。収容人数の面では戦後のコンクリート隔壁場の方がよりダークなのではないかと思うが、再建されたのは赤レンガの隔壁場であった。

西大門監獄は決して戦後の軍事独裁政権時の人権侵害から目を背け、隠蔽しようとしているわけではない。むしろ戦後の民主化抗争の資料の展示も充実させているのである。しかしながら、主眼は日本帝国主義への批判と独立運動家の記録であり、そうした戦前の帝国日本による国家暴力の糾弾という雰囲気の空間にはコンクリートではなく赤レンガが多用されることとなる。

（3）女獄舎の復元

再建された建物の中でも特徴的なものが女獄舎（**図5**）である。二〇一三年四月一日の開館式では、一九一九年の独立運動を再現した劇や女性伝統打楽器グループの公演などが行われ、各メディアがこぞって取材に駆け付けた。

女獄舎は、各地で独立運動が盛んになり女性の収容者が増加したため、一九一八年に新設された施設である。ソウル拘置所時代の一九七九年ごろに撤去されたが、一九九〇年に政府が跡地の調査を行い、このとき地下独房の存在が明らかになった。ここに柳寛順が収容され獄死したとみられることから、これを復元し「柳寛順の地下監獄」として展示が行われてきた。

新たに再建された女獄舎は、二〇〇九年に見つかった一九三〇年代の図面をもとにしている。拷問器具や写真のほか、それまでほとんど知られていなかった女性運動家ら一七五人の資料を展示している。その中には独立運動に共鳴した日本人女性の名前もある。

狭い空間に数多くの女性が収容された「八号監房」も再現された。八号監房は柳寛順ら各地の独立運動家が収容された雑居房である。三・一運動の一年後には八号監房の女性たちが声を限りに「大韓独立万歳」を叫んだという、運動の象徴的な場所である。女性たちの職業は看護師、バス車掌、女工、記者、妓生、伝道師、教員、農民、学生などさまざまで、居住地や階層を越えて独立と女性解放で連帯したと伝えられている。近年韓国で高まるフェミニズムの波にも呼応し「女性たちの連帯」に注目した展示館といえるだろう。

(4) 台湾の監獄博物館にみるノスタルジア

帝国日本の監獄博物館を考える上で、日本から向けられる台湾の日本統治期の監獄へのまなざしを紹介し対比したい。今日の台湾に日本人が日本統治期の建築を「古き良き日本を探しに」訪れる観光実践が広くみられるが、監獄が観光のまなざしの俎上に登ることは多くない。検索エンジンを使って「台湾、日本統治期、監獄」などと検索しても、国定古跡に認定されている嘉義旧監獄と台北監獄の壁の跡がヒットする程度である。実際には帝国日本は台北、台中、嘉義、台南、宜蘭、花蓮（宜蘭と花蓮は台北監獄の支所）にも監獄を設置したのだが、それらが古き良き日本を感じることのできるスポットにはなりにくい。

旧帝国日本の台湾監獄へのまなざしにはあまりダークさを感じない。台北監獄についてはタイワントゥデイのウェブサイトで「台湾における刑務所行政史の目撃者、台北監獄の塀古跡」[10]という記事がヒットする。そこでは日本の台湾統治に抵抗した人々が収容され、公開処刑も行われており、今も残る赤レンガの門から深夜に遺族が死体を受け取ったことから「死体を搬送する門」と呼ばれたということが紹介される。このように内容はかなりダークだが、その塀は人々が慌ただしく行き交う台北市内の喧騒に紛れてあまりに寡黙である。

古き良き日本の姿を探しに日本人が台湾へ旅行をする場合、嘉義旧監獄については資料館となっているために比較的情報が見つかりやすい。ここを紹介するウェブサイト「台北ナビ」の記事は建築が貴重であるという観点からまとめられている。また、囚人房の説明について「天井裏は職員が上から囚人たちの様子を監視するところでもあるのですが、この設計の素晴らしさは、かえって現代的なスタイルのような気がしました。／一部屋に五、六人入っていたそうです。ナビは以前政治犯が送られていた緑島の昔の刑務所を見たことがありますが、こちらの方がきれいで設備もよく、環境の差を感じました」[11]と非人道的な緑島とは異なるという点が述べられる。極め付きは「トリップス」という旅行紹介サイト[12]である。ここでは「ちなみにこの施設、建物の至る所に、木材としてヒノキが使われています。また南国の湿気の多い場所であることに配慮して通気性にも優れた形をしているので、舎房の中はひんやりと心地の良い空気が漂っているのです」、「この嘉義舊監獄『衛生科』という建物内には、病室や歯の治療室などもあります。受刑者の健康にも色々な配慮がされていたわけですね」などと紹介され、「住みたい監獄」であると紹介される。

台湾における帝国日本の監獄は韓国や網走とも異なった文脈があり、それぞれの歴史や人々の扱い方を考える際に興味深い。

おわりに——ノスタルジアの持つ光と影

「あの頃は良かったなあ」というノスタルジアは誰もが感じたことがあるもので、少し物悲しいようでもあるが、心地よくもある。古民家がカフェになり、赤レンガの倉庫が観光地として土産物を販売したりする。しかし、そこには、「あの頃」が美化され、それに前後する時代を敵対的に捉え、ダークに見せてしまうという二元論的思考の限界が横たわる。明るい「あの頃」の前に暗い時代はよりダークに見える一方で、ダークな時代の明るさと明るい時代のダークさは後景へと押しやられ、明るさとの対比で暗さはよりダークさを強めていく。韓国では帝国日本をダークに描く監獄博物館となっていた。戦前のダークさを強調するあまり、「光復」後に民主化運動家を政治犯として収容していた事実が展示されているのにもかかわらず見えにくい。

北海道の監獄博物館について言えば、韓国のように暗さと懐かしさを振り分ける二つの時代に区分できるような時代認識が共有されていない。網走や月形の監獄博物館がダークになりきれない原因の一つに、暗さを味わう際の比較としての明るい時代の欠如という点があるのだろう。

どの時代をダークと感じるのかは、歴史や記憶をめぐるポリティクスの中で構築されたものである。そこで、ノスタルジアに込められた政治性を読み解いていく作業が必要となる。その政治性は単に展示だけに現れるのではなく、赤レンガかコンクリートかというような物質性にも現れる。建築物の持つ物質性も考慮に入れつつ、人の情動のあり方を考えていく必要があるのだろう。

注

（1）市野澤潤平「楽しみのダークネス——災害記念施設の事例から考察するダークツーリズムの魅力と観光経験」（『立命館大学人文科学研究所紀要』一一〇、二〇一六年）二三—六〇頁。

（2）井出明『ダークツーリズム——悲しみの記憶を巡る旅』（幻冬舎、二〇一八年）四頁。

（3）井出明、前掲書、二〇頁。

（4）須藤廣・遠藤英樹『観光社会学二・〇——拡がりゆくツーリズム研究』（福村出版、二〇一八年）一五八—一六二頁。

（5）西大門都市管理公団編『独立と民主の現場　西大門刑務所歴史館』（西大門都市管理公団、二〇一四年）一頁（韓国語版）。

（6）『抗拒：柳寛順物語』（二〇一九年、チョ・ミンホ監督）。三・一独立運動の百周年を前にした二〇一九年二月末、韓国で一般公開された。

（7）網走監獄に関する情報は現地調査で得た情報に加えて、博物館網走監獄のウェブサイト https://www.kangoku.jp/（二〇二一年九月二十六日閲覧）、そして、重松一義『博物館網走監獄』（網走監獄保存財団、二〇〇二年）、重松一義『史料　北海道監獄の歴史』（信山社、二〇〇四年）、角幸博監修、北海道近代建築研究会編『道東の建築探訪——帯広・釧路・根室・北見・網走・浦河ほか』（北海道新聞社、二〇〇七年）、並木博夫『博物館　網走監獄』（網走監獄保存財団、二〇一二年）を参照した。

（8）日高勝之『昭和ノスタルジアとは何か』（世界思想社、二〇一四年）。

（9）「'경술국치 100년' 서대문형무소 복원 본격화（「韓日併合一〇〇年」西大門刑務所復元本格化）」news.naver.com/main/read.naver?mode=LSD&mid=sec&sid1=102&oid=001&aid=0003125307（二〇一〇年二月十七日付聯合ニュース）。

（10）「台湾における刑務所行政史の目撃者、台北監獄の塀古跡」。jp.taiwantoday.tw/news.php?unit=190&post=74731（二〇二一年五月三十一日閲覧）。

（11）「獄政博物館（嘉義市）」www.taipeinavi.com/miru/221/（二〇二一年八月三十一日閲覧）。

（12）trip-s.world/kagi-prison（二〇二一年八月三十一日閲覧）。

紅楼の現在――台湾社会の写し鏡の場としての歴史遺産

上水流久彦

著者略歴は本書掲載の上水流論文「旧植民地の建築物の現在」を参照。

台北市南西部にある紅楼は台湾初の公営市場として建築された赤レンガが美しい歴史遺産である。現在は、文化施設として活用され、台湾のモダンなグッズが販売され、セクシャルマイノリティにもフレンドリーな姿も見ることができる。それらの姿には、台湾の人々の台湾への誇りや台湾社会の戦後の歩みが反映されている。

はじめに――台湾における歴史遺産の姿

台湾の原宿といわれる西門町の中心に存在するのが、赤レンガが美しい西門紅樓（以下、紅楼、**図1**）である。紅楼は、日本統治時代の一九〇八年に台湾初の公営市場「西門市場」として建築され、一九九七年に三級古蹟として認定され(1)た。同時期に建築された市場で唯一建て直されず残っていることと、当時の生活資料としての価値が評価された。二〇〇〇年には一部が火災で焼けたものの、その建物の重要性を認識した人々が改修し、二〇一〇年からは「文創産業園区（文化創意産業パーク）」となった(2)。

文化創意産業とは、台湾の文化を基盤としてアートな商品をつくる、または歴史的建築物をリノベーションして活用するなどのビジネスを意味している。そのため、現在は、カフェなども併設され、様々な文化活動が行われる場所になっている。さらに紅楼の周辺にはセクシャルマイノリティが集まるレストランやバー（台湾では同志酒吧という）があり、東アジアでセクシャルマイノリティに対して最もフレンドリーであるとされる台湾社会を象徴する場所となっている。

以下では、紅楼を事例に台湾の植民地期の建築物が如何に利活用され、台湾社会の変化をどのように反映しているか、紹介したい。

図1　紅楼を正面から見た全景（筆者撮影）

一、紅楼の歴史

（1）一九四五年まで

最初に紅楼の運営母体となっている台北市文化基金会が発行した書籍をもとに紅楼の歴史を紹介する。[3] 紅楼が建てられた西門の外側は淡水河の氾濫などによって荒れた土地であったが、日本の植民地統治（一八九五〜一九四五年）の初期、総督府は土地の整備を行う。そして、台湾では初めての公設の市場・西門市場が建築される。八角形の赤レンガの建築物に十字型の建物が合わさった形であった。その市場内には稲荷神社があった。[4] 設計は、台湾総督府の営繕課にいた近藤十郎による。西門の外には墓があり、台湾の民間信仰である八卦と西洋の十字架を組みあわせて邪気を払おうとしたという説もある。

台北市は西門より南西にある艋舺（日本統治期には「バンカ」という同じ音をとって「萬華」となった）から東へ、北へ広がる形で街が発展していった。西南に広がる萬華は、台湾漢人が居住する地域であった。西門の東には台湾総督府がおかれ、日本統治以降本格的に開発された東側は、日本人（当時は内地人と称された）が居住する地域であった。その丁度分岐点に紅楼はある。ある湾生（台湾生まれの内地人）は台北高校時代、学校から「萬華には行くな」と言われ、一度も行くことがなかったという。[5]

落成した西門市場では多くの野菜や果物、肉、おもちゃ、化粧品や雑貨が売られ、多くの人でにぎわった。また、その周囲は映画館、劇場などの娯楽の場でもあった。日本料理屋も数多くあった。言語学者で独立運動に人生を捧げた王育徳はその回想録で映画を見た後に「西門町市場でオデンやスシを食べてから帰った」[6]と記している。

(2)一九四五年から現在

日本が戦争に負け、台湾から去った後、西門町は映画館が数多く並ぶ街へと発展していく。一九五〇年当初、京劇などの舞台となっていた紅楼であったが、見る人も少なくなり、映画館へと変わっていった。古い映画などが安い値段で見られる映画館として若者に人気があった。一九七〇年代、西門町界隈は、台北を代表する商業地であり、多くの台湾の人々が買い物や娯楽を楽しんだ。

一九七〇年代をピークに徐々に西門町は衰退を始める。一九九〇年代になると、当時、台北市の最東部であった「東区《トンチー》」と言われる地区が筆者の記憶によると急速に発展し、その後、ビジネスの中心も東区に移っていった。一九九〇年代には、紅楼に残る店もわずかとなり、建物自体が当時の建築基準を満たさないものとなった。一九九七年に三級古蹟に認定されるが、その年、映画館も廃業となる。二〇〇〇年には火事に見舞われる。

再建された後、二〇〇二年には紅楼の再生が始まり、小劇場として活用されるようになる。そして、二〇〇七年からは台北市文化基金會の運営のもと、文化創意産業パークとして様々な文化活動が行われる場所となった。公設市場として始まった紅楼であるが、映画館、劇場、デパートなどを経て、現在の文化施設へと変貌した。

二、「文創」と本土化

(1)「台湾」を商品化する

歴史遺産と聞くと、大事に保存されているという印象を持つかもしれない。または日本の寺院のように静寂な雰囲気の佇まいを思い出す人もいよう。しかし、台湾の歴史遺産は違う。多くがレトロでモダンな雰囲気を楽しむ文化創意産業の拠点になっている。紅楼もその一つで、古蹟指定の理由にも再利用の発展性があげられている。

文化創意産業は、現代の台湾社会を読み解く重要な産業である。[7]台湾では略して「文創(以下、文創)」と言われる。自分たちの文化が持つ要素(デザイン、習慣、建築物など)を創造的におしゃれで、モダンで、アートなものに変え、それらを活用して行うビジネスを指す。文創は台湾各地で見ることができ、例えば、台南市にある林百貨、台湾東部の花蓮市にある酒工場跡地を活用した花蓮文化創意産業園区などが有名だ。そして、この産業の隆盛は、台湾の人々が自分たちの文化に自信を持っていることの表れとも言え、紅楼の営みもそれを象徴する。

(2) その歴史的経緯

台湾の歴史遺産において台湾文化の活用は当然のように感じられるが、そうではない。台湾で台湾を自分の文化として語る台湾の人々の歩みがそこにはある。台湾の人に言わせると、台湾は長年自らが自らを治めたことがなかった。オランダや日本などの外国勢力に統治され、日本統治以前は清朝の支配下にあった。第二次世界大戦後は祖国復帰が叶ったと思ったが、そうではなかった。国共内戦に敗れ台湾に来た中国国民党（以下、国民党）は台湾を中国の一部として統治し、独裁のもと、台湾の人々は「中国人」になることが求められた。中国語や、中国の歴史・地理などを学ばされた。

台湾出身者の李登輝が大統領になった一九八七年以降、ようやく「台湾は台湾だ」という意識のもと、政治、文化、教育などで改革が進められていく。「本土化」といわれる動きであるが、これが顕著となるのが、一九九〇年代後半であり、二〇〇〇年代以降、台湾意識は多くの台湾の人々に浸透していった。その脈絡のなかに台湾文化を活用した文創もある。

三、台湾文化の多元性を語る紅楼

(1) 変わる歴史遺産化の目的

文創のなかでは、植民地期の建築物も活用されることが多い。この点には疑問を覚える人もいるかもしれない。台湾から見れば植民地統治は負の歴史であり、負の歴史の象徴として韓国の総督府（戦後は大統領府）のように破壊されることもあるからだ。

実際、日本植民地期の建築物は、一九八〇年代以前は歴史遺産として認定されることはなかった。戦後は日本軍と中国本土で戦った国民党の支配下のもと、それら建築物は、基本的に植民地支配の残滓とみなされ、破壊の対象とされた。(8) そうでなければ、官舎や行政機関などに活用されているか、または放置という状況であった。

文化保存の法律の点でもそれは確認できる。台湾では一九八二年に文化資産保存法が制定されるが、当初、その目的は「国民の精神生活の充実と中華文化の発揚」であった。中華文化の発揚こそが重要であった。例えば、一九八五年出版の

『臺閩地区古蹟巡礼』(行政院文化建設委員会、一九八五)に記されるように、台湾の歴史遺産とは中国の歴史遺産の類型のミニチュアで、日本式建築物や近代的建築物はその範ちゅうになかった。

だが、本土化は歴史遺産のこのような理解を変えていく。二〇〇四年に台北市文化局がシンポジウム資料として出した『審古査蹟――文化資産保存三十年論壇』会議手冊は、歴史遺産を「多様な価値観が表象され、「集合記憶」の問題だ」と明記する。[9] 二〇〇五年には文化資産保存法は全面的に改正され、第一条の目的は「国民の精神生活の充実と中華文化の発揚」から「国民の精神生活の充実と多元文化の発揚」へと改正された。台湾には先住民がおり、そこに後に本省人と言われる漢人が移り住み、既述したように様々な支配や統治を受けた。このような台湾の複雑な、ある意味、多元的な社会の在り方が反映される象徴に歴史遺産がなった。

この改正は現状の追認という側面も強く、実際には日本植民地期の建築物は、台北を例にとれば一九九〇年代後半以降、次々に歴史遺産として指定されていった。[10] 既述した台北市主催のシンポジウムにおける「多様な価値観…」の記述も、当該法律の改正前であった。

(2)遺産化される統治期の建築物

このような歩みの結果、歴史遺産は台湾の歴史を語るためのモノとなり、日本統治期の建築物もそのひとつの場になった。これらの建築物は、中国とは異なることを示す、国民党の歴史観に対抗する重要な道具であり、自らの歴史の一部と認識された。日本の統治は良い悪いではなく、中国にはない台湾独自の経験というわけである。[11] 近年の台湾での神社の復興について、台湾宗教を研究する蔡錦堂は「侵略国恥」や「皇民化」の要素が日本の敗戦直後に否定されたものの、そのような汚名が現在拭われ、再生するチャンスが与えられるようになったとも述べる。[12]

もちろん、このような日本の統治期の建築物に対する認識は、中華民国の歴史観からすれば許されるものではなかった。したがって、その認定に対して反発も起きた。外省人(戦後国民党とともに台湾に渡ってきた者及びその子孫)のある台北市文化局長(当時)は、「一〇〇年しか歴史がない台北で古蹟が一〇〇もあるのは多い」と批判し、ある外省人文化人は、最近の古蹟の指定基準はレベルが低くなったと述べた。これらには植民地期の建築物を古蹟認定することへの反発が看取できる。それでも、現在は、台湾の歴史を語る場として植民地期の建築物は、古蹟指定が進んでいる。現在、台湾の古蹟

は九〇一あるが、そのうち、統治期に建築されたものが四四七で全体のほぼ半数を占める。(13)

四、利活用される歴史遺産

図2　エイズに関わる啓発活動の様子（筆者撮影）

(1) 観光スポットとして

多元的な台湾の歴史を語る場となった歴史遺産であるが、二〇〇〇年以降は、特に文創産業パークとなるための条件が整えられていく。文化資源と、経済活動や観光との連動である。文化資産保存法が改訂され、二〇〇〇年には歴史遺産の再利用が可能となり、建築物をミュージアムやカフェなどにすることが可能となった。またICOMOSは一九九九年に国際観光文化憲章を出し、観光と文化を結び付けて経済効果を生み出すことをうたう。それを受けて、台湾の行政機関である文化建設委員会のガイドブックでも文化観光の促進を推奨する。歴史遺産を快適さや快楽を充足するための消費空間に変える下地のひとつが、台湾でもヨーロッパをモデルに作られた。二〇〇一年には初めて台湾で「台湾の古蹟を知ろう」の日が、ヨーロッパの動きをまねて九月十五、十六日に認定された。

紅楼も文化資源と経済活動が連動している。紅楼は地下鉄の出口を出たすぐの場所にあり、西門町のランドマークになっている。多くの若者が待ち合わせにも使い、行きかっている。紅楼のなかには、モダンな雰囲気を活用したカフェがあり、台湾の名産のお茶が楽しめ、台湾の軽食が食べられる。また、クラフトアートや文創商品が常時販売されている。親子でグッズをつくるワークショップなど、各種ワークショップが多く開かれ、親子づれで訪れる人も多い。テーマを決めて各種展示（**図2**はエイズに関わる啓発活動）も行われる。台北（特に紅楼付近の歴史）を知る特設展示もなされたことがある。また、小劇場も二階にあり、京劇など様々な公演が行われている。

(2) ブーム化する利活用

紅楼に限らず、多くの歴史遺産が現在、カフェやレストランになっている。その代表的なものが、台北中心部にある青田七六である。戦前の一九三二年に建てられ、台北帝国大学教授の住宅であった。戦後は台湾大学の教授の住宅となった。木造で作られたこの建物は、二〇〇六年に古蹟指定され、レストランとして活用されている。台湾人にも日本人にもレトロでお洒落なレストランとして人気がある。

台南市には、林百貨がある。戦前の林デパートで、一九三二年に建築された。一九九八年に台南市により古蹟指定されたが、活用はされていなかった。二〇一〇年に修復され、二〇一三年にはある企業に経営が委託され、現在はビル全体が、文創商品を売る建物になっている。一方で、屋上にはアメリカ軍の空襲によって壊された神社跡があり、その機関銃で撃たれた痕もその壁には残されている。

歴史遺産の維持費用の捻出という側面があったが、ここ十年は歴史遺産を消費空間にすることが台湾ではかなり加速され、一種のブームになっている。歴史遺産を訪れた観光客が飲み物さえ売っていないと不満を述べる話や台湾中部の台中市の歴史遺産の多くがカフェやレストランになっていることが報道されるほどである(二〇一七年九月十四日付聯合報)。紅楼もその流れにある。多くの人々がそこを歴史遺産として見学するだけではなく、活動する場として活用する。ここに生きた・活きた歴史遺産の姿が見られる。

五、セクシャルマイノリティと台湾社会

(1)台湾社会におけるセクシャルマイノリティの人権

紅楼が「生きた」歴史遺産である証が、紅楼の周辺に展開される数多くのセクシャルマイノリティが集まるレストランやバー、それに関連するショップである(図3)。二〇〇六年には紅楼周囲に初のゲイバーがオープンした。[14] 二〇一〇年頃から、たびたび、筆者自身も台湾の友人に誘われて、行くようになった。オープンカフェのスタイルになっており、ゲイの人に限らず、様々な人が飲食を楽しんでいる姿を見ることができる。また、紅楼の内部にはジェンダーレストイレ(性別に関係なく誰でも入れるトイレ)が設置されている(図4・5)。このように紅楼は彼らにフレンドリー(中国語では「友善」)な台湾社会を実感できるスポットでもある。

ごく簡単に台湾のセクシャルマイノリティの歴史を紹介しておく。セクシャルマイノリティの権利が訴えられていくようになるのは、戒厳令が解除された一九八七年以降である。ただ、筆者が二年弱台北に暮らしていた一九九〇年代半ばにおいて、セクシャルマイノリティの権利について話を聞くことは皆無であり、むしろ、現在二二八和平公園[15]となっている新公園について、同性愛者が集まっているとその噂を聞く程

図3　紅楼周辺のショップ（筆者撮影）

度であった。(16) それも否定的に語る者も多かった。

だが、二〇〇四年には「性別平等教育法」が成立する。この法律では、学校での性自認や性的指向による差別的扱いが禁止され、教育では、性自認や性的指向による差別をしてはいけないこと、性の多様性を学ぶことが義務付けられた。(17) 二

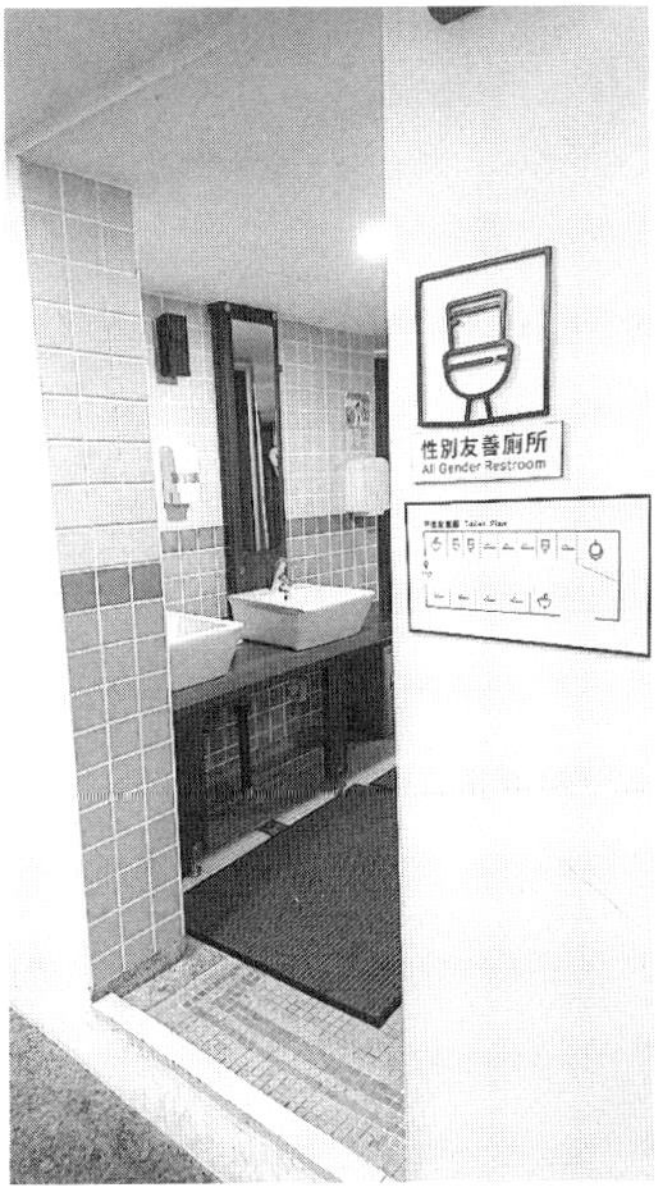

図4　紅楼内部のジェンダーフリートイレ（筆者撮影）

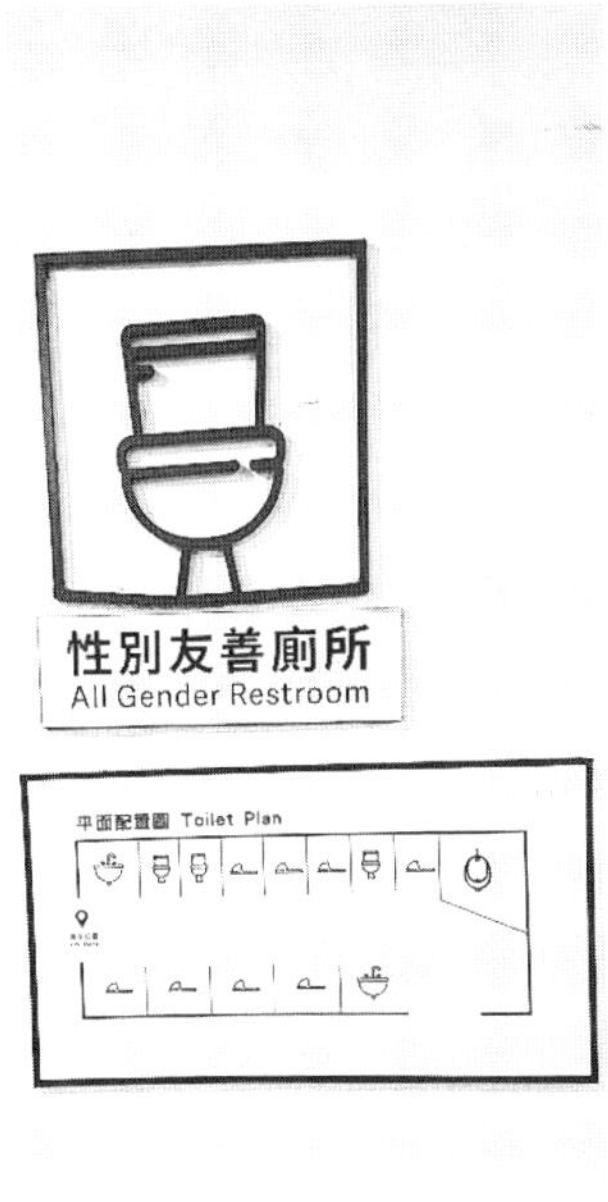

図5　紅楼内部のジェンダーフリートイレ説明図（筆者撮影）

〇〇八年には、「両性工作平等法」（二〇〇二に成立）のなかで、職場における多様な性別または性的指向に基づく差別が禁止された。当然これらの法律の制定には、多くの市民団体の活動があった。二〇〇三年からは台北市で「台湾同志遊行（プライドパレード）」が始まった。プライドパレードとは、性的マイノリティの存在を広く知ってもらい、かつその法的権利を求め、文化をたたえるパレードである。二〇二〇年のパレードには約一三万人が参加した。

(2) 台湾の同性婚

台湾では同性婚が二〇一九年に特別法として認められた。法的に同性婚ができることを目指したのは、二〇〇〇年に当選した民進党の陳水扁であった。彼は、二〇〇一年に「人権保障法」案を提案し、そこで同性婚を明記したが、最終的には廃案となる。その後、台湾伴侶権益推進連盟などの活動が中心となって、同性婚への台湾社会における賛成意見が増えていく。また、二〇〇八年に大統領に当選した馬英九は、二〇〇三年のプライドパレードに台北市市長として出席し、スピーチを行った人物であり、セクシャルマイノリティの人権に理解をもっていた。また二〇一六年に当選した民進党の蔡英文もその点は同様で、セクシャルマイノリティの人権の保障を重視した。

その後、二〇一七年五月に、司法院（法務省に相当）の大法官会議（憲法法廷）が、同性婚を認めないのは憲法違反との判断を下し、二年以内の合法化を求めた。結果、台湾では、二〇一九年五月十七日に同性間の結婚の権利を保障する特別法を可決した。二〇二一年時点では、同性間の結婚の合法化は、東アジアで唯一である。

(3) 国際社会のなかで

このような状況は、台湾がおかれた国際状況とも関係する。台湾のセクシャルマイノリティを研究する福永は、セクシャルマイノリティにおける人権と外交の結びつきを指摘し、「民進党政府は「人権後進国」の中国とは対称的に民主化の成功を実現したとするアイデンティティに依拠し、人権状況の改善を国策に据えることによって対米関係の深化や国連に代表される国際機関・国際社会への復帰を実現しようと企図した」[18]と述べる。また、佐藤は人権外交という概念を提示し、台湾の外交政策について、「台湾が国際活動空間を広げていく一つの手段として、また、中国に対する外交カードとして、台湾の民主化と自由経済を対外的にアピールすべきであることを政策方針の一つとして提言」されたとする。[19]

このような政治的な背景もあるものの、セクシャルマイノリティの人権の保障は台湾社会で多くの人の賛同を得ている。

また、近年は、若い人々を中心にセクシャルマイノリティへの連帯、支援も一層広がっている。台湾にセクシャルマイノリティについて現在でも差別や偏見があるのは事実である。また、同性間の結婚の権利を保障する特別法の成立過程においては、伝統的な家族の在り方を壊すとして否定的な意見もあった。[20]だが、それでもセクシャルマイノリティの人権を尊重し、彼らが住みやすい社会を構築することを彼らと一緒に取り組むセクシャルマジョリティも多く存在する。そのような台湾社会の姿を見ることができる場が、周囲に多くのゲイバーやショップがあり、ジェンダーレストイレが設置されている紅楼である。

おわりに

（1）多様な姿を見せる歴史遺産

筆者は、台湾の植民地期の建築物の現在の様子を、「外部化」、「内外化」、「内部化」、「溶解化」、「遊具化」の五つに分類している。負の歴史として放置・破壊される外部化、負の歴史として自らの歴史の一部とする内外化、他者に対抗するための道具として肯定的に自らの歴史の一部とする内部化、さらに日本植民地期の建物であった歴史が意味を持たない形でカフェなどとして利用される溶解化、日本に行かなくても日本を体験できる消費空間として活用される遊具化である。[21]

ある建築物についてどのような意味付けを行うかは、各個人の立場による。[22]したがって、紅楼について既述したように日本植民地統治の負の財産として否定的に見る台湾の人がいる可能性は否定できない。

（2）脱色化される「日本」

しかし、現在、多くの人は「日本」という意味を脱色した形で紅楼を訪れているように、筆者には見受けられる。紅楼の展示において日本植民地期の歴史は記してある。また、本稿の紅樓の歴史で引用した当該書籍や現在のホームページにもその歴史は記されている。したがって、忘却はされていない。

だが、筆者自身、一九九四年から現在まで、数十回となく紅楼で台湾の人と待ち合わせ、ゲイと思われる人が客として多いバーで飲食をともにしたが、日本の植民地統治を象徴する建築物として紅楼が語られることはなかった。「ゲイが多い」とやや否定的な文脈で語る者（シスジェンダーでヘテロセクシャルな性自認と性的志向を持つ）もいたが、多くの台湾の筆者の友人は、むしろ、このような空間が台湾にあることを楽しんでいるようであった。台湾でのセクシャルマイノリティの人権尊重を筆者にはっきりと語る者もいた。

文創商品と言うデザイングッズが多く売られ、その展示を楽しむ人たちの姿は、「日本」を楽しむものでもなく、「日本」を否定するものでもなく、「日本」を肯定するものでもなかった。赤レンガづくりのおしゃれなスポットとして、台湾社会に溶け込んでいた(23)。その姿は、まさしく「溶解化」である。

(3) 台湾社会を写す鏡として

日台友好の雰囲気のなか、日本統治期の建築物に過去の日本を見いだし、さらにそれらの建築物を、日本のものを大切にする台湾像の象徴とする日本の人もいる。だが、紅楼から見えてくる台湾の人々の関りは、そのような見方が日本側の目線であり、そのような意味を見いだすことの根拠の無さを示している。日本統治期の建築物はすでに統治から七五年以上たち、台湾の人々のものとして利活用されてきた（時には破壊されてきた）。むしろ、統治期の歴史よりも戦後の歴史が長い。日本統治期の建築物は、日本統治期を語るだけではなく、台湾社会の在り様を表象するモノとしても存在している。

注

(1) 一九九七年以前は一級から三級までに分類されていた。現在は、国家指定、直轄市指定、県市指定に分かれる。なお、古蹟とは台湾の文化資産保存法によれば、「生活上必要なものとして建てられた歴史、文化、芸術的価値を持つ建築物及びその附属施設」を指す。紅楼の指定理由は、市場という近代的な生活に関わる価値を有する点である。類したものに歴史建築があるが、こちらは歴史的事件とのかかわりが重視される。

(2) その活動は、https://www.redhouse.taipei/Index_New.aspx（二〇一一年八月一日最終確認）のホームページでも見ることができる。

(3) 特段に断りがない場合は、謝小韞『西門紅樓轉型全紀録 打造文創新聚落』（台北市文化基金會、二〇一〇年）の記述に基づく。

(4) 建築時の様相は、https://blog.xuite.net/ppapago200tw/twblog/121230459（二〇一一年八月一日最終確認）にて確認できる。

(5) 萬華には遊郭もあり、その点からも高校生の彼は行ってはいけない場所だったという。

(6) 王育徳『昭和に生きた台湾青年――日本に亡命した台湾独立運動者の回想』（草思社、二〇一一年）一七七頁。

(7) 台湾の文化創意産業については、新井一二三『台湾物語――「麗しの島」過去・現在・未来』（筑摩書房、二〇一九年）の「文化創意ブーム」が参考となる。

(8) 松田ヒロ子「『故郷』としての台湾――台北市青田街のコミュニティ活動と植民地の記憶」（蘭信三編『帝国崩壊とひとの再移動―引揚げ、送還、そして残留』勉誠出版、二〇一一年）一七〇―一八〇頁。

(9) 台北市政府文化局『審古査蹟――文化資産保存三十年論壇』（二〇〇四年）。

(10) 上水流久彦「台湾の古蹟指定にみる歴史認識に関する一考察」（『アジア社会文化研究』五号、二〇〇七年）八四―一〇九頁。

(11) 上水流久彦「台湾の古蹟指定にみる歴史認識に関する一考察」(『アジア社会文化研究』五号、二〇〇七年)八四—一〇九頁。
(12) 蔡錦堂「コメント及び戦後台湾における神社処分について」(『非文字資料研究』第一三号、二〇一七年)八九—九六頁。
(13) 文化部文化資産局の統計データ(https://nchdb.boch.gov.tw/二〇一一年八月一日最終確認)による。
(14) 林青穎「如夢如幻境——台北男同志酒吧與紅樓南廣場空間經驗分析」(台湾・世新大学修士論文、二〇一一年)。
(15) 一九四七年に国民党の統治に抗議した台湾の人々の抵抗運動に対する弾圧を二・二八事件という。その犠牲者を悼む式典がその事件の発生日である二月二十八日に毎年行われている。
(16) 白先勇の『孽子』では、新公園を舞台に同性愛者が描かれている。
(17) この法律の制定には、一五歳の少年の死があった。少年は「女っぽい」ことを理由にいじめられ、二〇〇〇年四月に学校のトイレで亡くなっている姿で見つかった。台湾のセクシャルマイノリティに関して、劉靈均「性的マイノリティ運動」(赤松美和子・若松大祐編『台湾を知るための六〇章』明石書店、二〇一六年、一七二—一七六頁)や田村慶子・疋田京子「アジアにおける性的マイノリティの人権と市民社会——台湾、シンガポール、日本の比較研究を中心に」(『KFAW調査研究報告書』二〇一七年)に詳しい。本稿でも参考にした。
(18) 福永玄弥「性的少数者の制度への包摂をめぐるポリティクス——台湾のジェンダー平等教育法を事例に」(『日本台湾学会報』一九号、二〇一七年十月)四五頁。
(19) 佐藤和「民進党政権の『人権外交』——逆境の中でのソフトパワー外交の試み」(『日本台湾学会報』九号、二〇〇七年五月)一三二頁。
(20) 同性婚を求める活動では、特別法ではなく、民法の異性間の結婚と同じ形で認められることを望んでいた。しかし、二〇一八年十一月二十四日に行われた「公投(国民投票)」では、民法の婚姻は一男一女の間に限定されるという案が成立し、特別法での合法化となった。この国民投票の直後、筆者の本務校に留学していたある台湾人学生は話をしたいと、大変失望しながら筆者を訪ねてきた。彼女は、「今の台湾はやはりまだまだです」という。「周りの人間もみんな今回の結果について残念がっています」と語ってくれた。欧米の各国で同性婚が認められるなか、台湾は特別に同性婚を認めるということが「まだまだ」なのであり、人権が重視されない台湾の状況に失望したのであった。
(21) 本書の第I部拙稿にその詳細については記した。
(22) 本稿では林百貨を融解化の事例としたが、遊具化の要素がないわけではない。本書の第I部拙稿では遊具化の事例として紹介した。
(23) 本書の執筆者の一人であるパイチャゼによると、ヨーロッパの人々に札幌を案内した時、赤レンガの近代建築物に何ら関心を示さなかったという。赤レンガはむしろ貧しさの象徴であると彼女はいう。このような西洋建築物に価値を見いだす東アジアの状況については、上水流久彦「帝国期遺産をまなざす「われわれ」の特殊性」(『東アジア文化研究』一号、二〇二一年三月)五七—七五頁に詳しい。

「日本」と「近代」を観光化すること
――韓国・九龍浦の事例から

中村八重

なかむら・やえ――韓国外国語大学融合日本地域学部教授。専門は文化人類学。韓国地域研究。主な著書に『日本で学ぶ文化人類学』（共編著、昭和堂、二〇二一年）、『帝国日本における越境・断絶・残像――人の移動』（共著、風響社、二〇二〇年）などがある。

韓国の近代建築物をめぐる観光における日本認識は、複雑に交錯している。ひとつは日本的なものが批判される「日本色批判」、ふたつ目は日本を意識せず、ブームやドラマのロケ地となったことを観光動機とする「流行志向」、そして三つ目は業者の側からの日本的なものを追求し他所と異なる観光地を目指したい「日本コンテンツ志向」である。

はじめに

韓国で近代建築物はどのように活用されているだろうか。韓国において近代の建築物はレトロで美しいといったポジティブなイメージでもとらえられるが、反面、帝国日本や植民地支配といったネガティブなイメージに直結もする。ただ必ず日本にまつわるコンテンツが嫌われているかといえば決してそうではない。韓国において「日本」を連想させる「近代」を主な表象として観光化するときにぶつかりやすい障壁と、そうしたせめぎあいが実際にどのよう形で起きているのか、社会状況により目まぐるしく変わる評価を、二〇二一年現在の「九《ク》龍《リョン》浦《ポ》日本人家屋通り」の事例を中心に論じ、活用と観光の状況を切り取ってみたい。

近代建築物が注目を浴びるようになったのには、いくつかの要因がある。一九九〇年代以降に近代建築物の保存・活用の趨勢になってきたことがあげられる。一〇〇年以内の近代文化遺産を文化財とする登録文化財制度（二〇〇一年）の施行も一役買っている。二〇一九年のいわゆる輸出規制問題に端を発する日韓関係の悪化により、九龍浦のような日本家屋のある観光地は観光客が激減したこともあった。だが反対に数年来のレトロブーム（後述する、ニューとレトロを合わせたニュートロと呼ばれる、古いものをかえって新しいと感じる若者をターゲットにした消費トレンドが主たるもの）により、近代建築物のある地域は人気が出ている。

こうした前提のもとに、本稿では九龍浦の近代建築物をめぐる観光を通してみえる日本認識について考察する。本書編者の上水流は、植民地期建築物をめぐって日本をどう意識化するかという観点から類型化を試みている。日本が脱色された活用のされ方を「溶解化」とし、日本要素を楽しむことを「遊具化」と整理している。[1] そして韓国では日本を意識して観光化する「溶解化」「遊具化」はあまり起きにくく、さらに日本を自分のものとして表現手段とする「内部化」は韓国では見られないとしている。[2] 本稿では主に人に焦点を当て、実際の現場におけるより複雑な実情を、現地でのインタビューを交えて検討してみたい。

一、近代建築物をめぐるせめぎあい

韓国において植民地期建築物（ここでは近代建築物と呼ぶ）が観光化するときにみられるのが、植民地にまつわるものは悪とするいわば公的な見解と消費文化としての観光地化のせめぎあいであると言える。韓国では植民地期の文物を利用した観光地には、必ずといっていいほど歴史教育と結びつけられた公的な説明がつく。浦項《ポハン》駅案内板には、「痛ましい過去の歴史を保存し記憶する未来世代のための教訓の場所」と九龍浦日本人家屋通りが紹介されている。そして、九龍浦にある案内板には、「植民地時代の日本人の豊かな暮らしぶりを再現し、それとは反対に、日本に搾取され、貧しい生活を強いられていたわが民族のことを忘れないための教育の場にする目的として」造成されたと紹介されている。

他にも、「時間旅行」というキャッチフレーズで有名な群山《グンサン》でも必ず「収奪の現場」といった見解が必ず強調される。例えば、朝鮮銀行の建物であった群山近代建築館では、ほぼ実物大の人形で日本人警察官が朝鮮人を足蹴にしている展示があり、日本人による収奪を象徴的に表現している（**図1**）。こうした歴史教育の場にしてほしいという公的な見解は、多くの観光客が来て楽しみ消費するという、観光地化とは矛盾するものであるが、この両者のせめぎあいのなかで成立しているのが、近代建築物をめぐる観光だといえるだろう。

ではこの観光の中で、日本はどのように認識されているだろうか。結論的に整理しておくと、現在の九龍浦における近

図1　群山近代建築館の展示（2018年4月、筆者撮影）

代建築物の観光を通じた日本認識は、三つの方向に向かう力が交錯している状態と整理できそうである。ひとつは韓国でよくみられる「日本色批判」、ふたつ目は「流行志向」と名付けておくが、レトロブームやドラマのロケ地であるという、いわば「日本色」を脱色した志向、三つ目に日本的なものを追求したい志向、ここでは「日本コンテンツ志向」と呼んでおく。次節では具体的に九龍浦の概要と上記の三つの志向についてみていきたい。

二、九龍浦日本人家屋通り

（1）開発の経緯

九龍浦日本人家屋通りは、慶尚北道浦項市南区九龍浦邑九龍浦里にある。一九一〇年から日本人が入植しはじめ、二〇〇戸程度の漁村が形成され、豊かな漁港として栄えたという。戦後、二〇一一年になって観光地としての整備事業が行われ、全長四五七メートル、二八棟の日本式家屋が連なる一本の通りが造成された。いくつかの飲食店、物品販売店、そして、階段を上った高台に港を望む神社の跡地がある。通りは日本式の建物を改修したものや後に建てられた民家などが混在している。主要な建物である旧橋本家は、九龍浦近代歴史館として市が運営している。

観光開発は、二つの方向から進められた。ひとつは地元からで、二〇〇五年頃地元の有志による団体がいくたびかに渡って市へ提案、嘆願を出し、日本家屋の保存・活用、観光開発、生活改善を願い出たという[3]。

もうひとつは日本人観光客の誘致をねらった市主導の開発

である。[4] 浦項市は日本人観光客の誘致、日韓交流事業を進める目論見があった。浦項―舞鶴間の国際フェリー就航が現実化しようとしていた二〇一二年にフェリーのトライアルがあった際、京都知事を九龍浦近代歴史館オープニングセレモニーに招待した。しかしながら、二〇一四年に市長の交代により日韓交流に関連する事業は九龍浦の事業を含めて下火になったという。関係者の人々からもしばしば市への不満が聞かれた。

(2) 名称問題

九龍浦日本人家屋通りは、幾度か改称されている。正式には九龍浦日本人家屋通りだが、少し前まで九龍浦近代文化歴史通りと呼ばれており、現在二つの名前が混在する状況である。当初、九龍浦日本人家屋通りで計画がすすめられたが、九龍浦近代文化歴史通りの名でオープンした。後に当初の名称に再び改称された。再度の改称について、文化解説士（当該の自治体の歴史・文化など観光資源全般を解説するボランティア）は次のように解説してくれた。「当時、近代が流行っていましたからね。日本人の家だし、近代というのは語弊があるということで、学者たちと行政が相談してもとに戻したんです」。

実際のところ、近代建築物が保護の対象として認識されるようになり、地方都市の再生が切実になると、韓国各地の近代建築物が残る地域でそれを活用した観光開発が進んでいた。改称は、「我々の」（韓国人）近代文化歴史から「彼ら」（日本人）の家屋へ回帰させたといえるだろう。我々の中にある歴史ではなく、他者なる日本人の歴史という認識である。大邱や群山のように近代をキャッチフレーズにして、都市の再生を図った事例と対照的である。空き家が多かった九龍浦は、戦後の町の歴史と生活が重層的に形成されていた大邱《テグ》や群山と多少異なると指摘できる。

三、三つの志向性

(1)「日本色批判」

韓国内では、本来の筋を離れて過度に日本的であることが「日本色」[5] と言われ批判の対象になることがある。九龍浦日本人家屋通りには着物体験の店があり、しばしばやり玉に挙げられてきた。

在日韓国領事館で長く勤めていた浦項出身の店主Aさんが開いた「古里屋」は、二〇一三年にオープンした着物着付店である。整備事業が始まる頃に家を買い、日韓交流カフェを営みお茶を出したり物品を売ったりしていたが、場所を変えて着物や浴衣を着付ける店にした。Aさんは日本の人脈を通じて寄贈された着物や自ら仕入れた浴衣を用い、着付けもきちんと習っているという。

着物体験は特に若い人たちに好評であったのだが、メディアで猛烈に批判されることが度々あった。中でも植民地支配からの解放の日である八月十五日に着物を着ることに対して、見咎められたり、SNSなどで批判されたことがあったという。さらに、二〇一五年末いわゆる慰安婦合意後の二〇一六年頃には各種メディア、SNSにおいて批判が相次いだ。そして直近では、二〇一九年輸出規制による日韓関係の悪化とそれに伴う不買運動の影響で、九龍浦全体に客足が途絶えることになり、幾度も経営の危機にさらされた。

批判の内容としては、本来歴史教育の場であるべきところが「着物を着て闊歩する場所になっている」といったもの、「民族主体性を忘れた無分別な行為だ」、というようなものがある。筆者が実際に聞いたところでは、二〇一八年に「群山では韓服を着て独立運動のパフォーマンスをする。ここでは反対に、着物を着て侵略者のコスプレをする。こんなことがあっていいのか」と憤りつつ解説をしてくれるツアーガイドがいた。

店主はこうした批判に耐えられず度重なる休業、縮小を強いられたが、様々な工夫を凝らしてあきらめなかった。韓服、チャイナドレス、昔風の制服、近年流行した「開化期衣装」を取り揃えて並べ、駄菓子の販売も行うなど様々な方法で「日本色」を希釈した。一時期は、ドラマタイトルを冠する看板をかかげたこともあった。Aさんは「ここができるときから関わってきて、愛着がある。この通りには日韓交流のものがあるべきと思っている」と語ってくれた。Aさんは市の国際交流の事業にも関わりがあり、近代歴史館の名誉館長にも任命されている。自ら事業を続けることで地元での雇用も継続させたいという思いもある。着物体験は現在も営業を続けるが、コロナ感染の拡大により一時期ほどの人気ではなくなっている。他にもいろいろな事情から、日中韓のお茶体験ができる店にする構想であるという。

ところで、開化期衣装とは、二〇一八年ごろからの「ニュートロ」の一現象として現れた、モダンガールとモダンボーイをイメージしたワンピースやスーツなどの貸衣裳のことである。近代建築物がある界隈でコスチュームを着て歩くことが流行したが、特に歴史とも関係ない各地の観光地で見ることができるようになった。このレトロブームにはいろいろな現象があり、二十年ほどまえの商品の復刻や、開化期衣装のように植民地の時代をイメージしたものまで幅広い。レトロブームは肯定的に解釈すれば古いものへの評価の高ま

図2　2021年度版浦項市観光地図の表紙（2021年7月、筆者撮影）

図3　撮影スポットの案内板（2020年8月、筆者撮影）

りといえ、古い日本家屋が残る九龍浦の観光も、ある意味レトロブームの恩恵を受けていると考えることができる。

（2）「流行志向」

最近、九龍浦は大ヒットドラマのロケ地になり、ロケ地観光にがらりと変わった。二〇一九年に放映されたKBSドラマ『椿の花咲く頃』というドラマの、主要なシーンのほとんどがこの通りで撮影されている。架空の海辺の田舎町、忠清道オンサンの古い町並みという設定になっており、実際の地域と設定の地域が異なり劇中の方言も異なっている。注目すべきは、九龍浦の家並みは日本家屋ではなく、田舎の古い建物として撮影されて、まったく日本的な雰囲気が出ないように撮影されていたことである。この「日本色」がないロケ地観光に多くの人が訪れるようになり、浦項市も積極的に推進している（**図2**）。

通りには主要なシーンの撮影スポットの案内板があり（**図3**）、観光客はここで写真を撮ることになる。前に見えるのは神社の階段である（**図4**）。主人公の店の設定の家屋前には、写真を撮るために椅子も用意されており、狭い通りに人と車が渋滞することになる（**図5**）。撮影場所でなくとも、ドラマにあやかった名前を入れた店がいくつも誕生しており、それなりに繁盛している。たいていは外部から来た業者によって運営されている。

では、九龍浦で働く人々は日本家屋の保存とドラマの影響についてどう思っているだろうか。二〇二一年七月にインタビューをした範囲で紹介しながら考察してみる。まずは、近代歴史館に市から交代で派遣されている文化解説士に聞いた言葉である。文化解説士Bさんは興味があってきたという筆者に問わず語りで以下のように語ってくれた。「痕跡を残しておけばそれが語ってくれる。残しておかなければ、日本が我々にしたことがわからない。九龍浦はほかのどこにも残っていない歴史教育の場」。また、文化解説士のCさんは、ドラマによって町並みが変わったことについて次のように話してくれた。「十年経って市の規制が緩まり、ドラマがヒットしたものだから日本家屋が次々に改造されている。私たちとしては残念。悪い歴史も歴史だから残すほうがよいが個人の家なのでどうしようもない」。

図4　ドラマと同じように写真を撮ろうとする観光客（2020年8月、筆者撮影）

図5　ドラマに出た建物の前で写真を撮る観光客（2020年8月、筆者撮影）

基本的にふたりともこの通りは歴史教育の場という意味をもち、日本家屋は残すべきという意見である。しかしながら、彼らの思惑とは別に観光客はドラマの撮影地として訪れることは否定できない。

近代歴史館の前で許可を得て、八つのグループに観覧後の感想を聞いてみた。これといって感想がない場合が最も多く、いくつか得られた感想は植民地や歴史のことではなく、木造の家についてのものだった。ソウルから来た五十代の女性は、「情があると思う。昔住んでいた町を思い出す」と語ってくれた。三十代の女性は「木造の建物は環境にやさしいと思う。現代の家はせまいのに、高級で広くて庭園もあって面白かった」と語り、同行した小学生の子供は木で作られたトイレが印象的だったと話してくれた。感想のないグループには、観光動機を聞いてみたが、ドラマのロケ地で有名だから来てみたという意見がほとんどであった。

次に日本家屋を改造したカフェにおいて、八つのグループ客に観光動機と家屋の感想について尋ねると、すべてのグループで日本や植民地に対する言及がなかった。ある家族連れは、「浦項市に就職した子供に会いに来て、有名だから来てみた」と言い、別のグループは「海水浴に行った帰り。食事をして帰る」という。九龍浦は日本人家屋通りのほかに近隣の海水浴場と海産物を食べさせる食堂街も有名である。そして、観光動機として最も多かったのがドラマとの関連である。ある大学生グループは、「旅行の最終日。ドラマで見たので来た」という。ある会社員のグループも「インターネットに出ていた」「ドラマで知った」と答えてくれた。ある大学生に、カフェの建物が日本家屋なのは知っているかと尋ねると、「日本風の家とは思わなかった。ドラマに出てくる木造の家」と答えてくれた。こういった具合に歴史に関しても、「日本」に関しても全く意識せず、流行が観光動機として最も影響のある様子が垣間見られた。

(3)「日本コンテンツ志向」

次に、この通りで店を出す業者は多少異なる意見があることを指摘しておきたい。ドラマの撮影地になった影響で、日本人家屋通りは雰囲気が変わってしまった。このことは一面では歓迎され一面では懸念されているようである。

着物着付け店の店主Aさんは思うところがたくさんあるのだという。「日本人家屋通りなんだから」「ドラマはいつまでも続かない」「食堂が足りない。日本料理の店がもっとあったほうがいい」など、と意見を述べてくれた。また、その日偶然他所から来ていたたこ焼きのフードカーをみつけ、日本語で「(この通りに)似合うね」と言っていたのは印象的であった。
物品販売店の店主Dさんは、「ドラマがヒットしたから、儲かると思ってどんどん外部の人が入ってきて、関係のないカフェ通りみたいになってしまった。売り上げは減った。最初はよかったよ。でもみんな思ったより儲かっていない。日本人家屋通りだからそれに合わせるべき」と、述べてくれた。

日本家屋のカフェ店主Eさんは、「ここは団結できない。日本と何の関係もない店ができた。日本家屋通りだから、日本風でないといけない。外部の人は地元の会議や説明会に出てこないし、挨拶もしない。市が規制すべき。母はよく（市に）抗議していた。日本人家屋通りに合う商売をしないといけないと」と、日本風であるべき、また業者同士でそのような合意があるべきという意見である。

当の外部から来た業者にも話を伺った。二階建ての日本家屋の内部を改造して、東南アジア風のカフェを経営している店主Fさんは、ドラマの放映後に事業を展開している。日本人家屋通りの観光についてどう思うかという質問に、「多様性があるほうがいい。日本の感じが出る通りになってほしい。新しく日本コンテンツの店を出したいが空きがない」と話してくれた。今は東南アジア風だがと断りながら、「日本コンテンツ」という言葉を用いて、理想を語ってくれた。

このように意外にも、業者たちは日本人家屋通りというタイトルに沿う観光開発を望む意見ばかりであった。教育の場という感覚とは違う、日本家屋の存続や「日本コンテンツ」を望む様相である。そして実は、文化解説士が望む歴史教育の場であるための日本家屋の保存は、こうした日本コンテンツ志向と一脈通じることを付け加えておきたい。

おわりに

ここまで、九龍浦の近代建築物観光を通して日本に対する認識をみてきた。文化解説士は、公的な見解と同じく歴史教育というものを重要に考えていることを確認できた。メディアやSNSでは、「日本色批判」が見られた。しかし、最近の観光客は日本や歴史ではなく、ドラマという「流行志向」の傾向があった。一方、それと裏腹に店主たちは観光地として日本的ないわば「日本コンテンツ志向」であることが分かった。このように、それぞれが異なる思惑を持ち、せめぎあっている様子が垣間見られた。「日本人家屋通り」と名付けられた観光地は、他の観光地と異なる独自性を獲得するため「日本」を活用して自己表現することをむしろ望んでいるのかもしれない。当然のことながら、改めて建物ごとではなくステークホルダーごとに異なる様相があることが本稿を通じて少しでも明らかにできたのではないだろうか。近代建築物をめぐる観光は、こうした複雑なせめぎあいが交錯するなかで成立しているのである。韓国の近代建築物をめぐる観光に見られる日本認識は、日韓関係、流行などによって顕在化したり無化されたりするという特徴があり、変化が激しいため、これからも見守っていく必要があると考える。

注

（1） 上水流久彦「建築物に見る日本の植民地支配に関する台湾の歴史認識――他地域との比較から」（『生命環境学術誌』一一、二〇一九年）。

（2） 上水流久彦「台湾の植民地経験の多相性に関する脱植民地主義的研究――台湾の植民地期建築物を事例に」（三尾裕子・遠藤央・植野弘子編『帝国日本の記憶』、風響社、二〇一六年）。

（3） 金貞賢「現代韓国における植民地遺産と近代観光――「九龍浦近代文化通り」を事例に」（『日本民俗学』二九二、二〇一七年）。

（4） 日本人を呼ぼうとした当初の市の思惑は、日本人に不快感を与えない開発や近代歴史館の展示の方向性に影響を与えている。こうした「優しい物語」については前掲の金の分析が詳しい。

（5） 実際には倭色という俗語が使われているが、ここでは日本色という言葉を用いる。

付記　ＪＳＰＳ基盤研究（Ｂ）「日本植民地期遺産をめぐる歴史認識の文化人類学的研究――建築物のライフヒストリーから」（課題番号19H01393）の助成を受けた。

帝国医療の想起と忘却

――旧南洋群島の病院建築物から

飯高伸五

いいたか・しんご――高知県立大学文化学部准教授。専門は文化人類学、オセアニア研究。主な論文に "Tourism of Darkness and Light: Japanese Commemorative Tourism to Paradise," In *Leisure and Death: An Anthropological Tour of Risk, Death, and Dying*, A. Kaul and J. Skinner (eds.), University Press of Colorado, Louisville, 2018, "Palau Sakura Kai," In *Memories of the Japanese Empire: Comparison of the Colonial and Decolonisation Experiences in Taiwan and Nan'yō Guntō*, Y. Mio (ed.) Routledge, Mio (ed.) Routledge, London, 2021 などがある。

日本統治下ミクロネシアでは官立医院が設置され、木造や鉄筋コンクリートの病院が各地に建設された。それらは太平洋戦争後、アメリカ統治下で無用の長物となったが、パラオ・コミュニティーカレッジ、北マリアナ諸島歴史文化博物館など、文化施設に転用されたものもある。病院建築物は複数の統治国がもたらした「近代」の記憶がせめぎあう場となっている。

一、植民地的近代と医療

(1) 植民地的近代

グアム島とギルバート諸島を除く赤道以北のミクロネシア地域は、十九世紀末から一九八〇年代まで、ドイツ、日本、アメリカによる様々な形態の統治を受けた。一九一四年から約三十年間続いた日本統治時代、島々は南洋群島と呼ばれ、マリアナ諸島やパラオ諸島を中心に日本人移住者の流入が進み、一九三〇年代半ばには当時「島民」と総称されたミクロネシアの人々を凌駕するに至った。同時に現地社会に対しては文化的同化政策が施され、ミクロネシアの人々は統治機構の末端に組み込まれていった。太平洋戦争後には、アメリカ統治下で民主政治の導入など「アメリカ化」が進展していった。そして一九八〇年代後半以降は、北マリアナ諸島がアメリカ合衆国のコモンウェルスになり、ミクロネシア連邦、マーシャル諸島共和国、パラオ共和国がアメリカとの自由連合関係のもとで独立していった。

十九世紀末以降、複数の列強の政治戦略のせめぎあいによって不安定だった国際情勢のなかで、ミクロネシアの人々は、その時々の統治国の政策に翻弄された。人々の植民地経験は重層的で、[1]日本社会が戦後経験したようなカタストロフィを小規模な島社会が継続して経験することになった。この過程で、ミクロネシアの人々は様々な「近代」を経験した。それは、都市インフラの整備を通じた生活の利便性向上、学校教育を通じた識字能力の獲得、医療衛生の整備を通じた疾病罹患率や死亡率の低下といった「近代化の恩恵」よりもむしろ、日本統治時代には支配と一体化した「植民地的近代(colonial modernity)」としてミクロネシアの人々に降り注いできた。すなわち、自由な移動を制限されるなど身体の不自由を課され、文化的同化を通じて宗主国に寄与する人間に創り変えられ、ココナツ栽培や鉱山労働などの安価な労働力として搾取され、伝統的な生活様式を「遅れている」とか「不衛生である」と否定されるなど、広義の暴力にさらされる経験に他ならなかった。

(2) グローバルな近代と帝国的近代

日本近代史研究者のジョルダン・サンドによれば、人々に広く生活の便宜を提供する「グローバルな近代」が普遍的であるのに対して、支配の便宜のために導入された「帝国的近代」は普遍的な性格を欠いているという。[2]帝国的近代は、民族主義の否定などを通じて被植民地の人々を抑圧するほか、帝国崩壊後には容易に放棄されたり、無用の長物となったりすることが多々ある。例えば、帝国日本の同化政策によって外地の若年層は日本語を習得し、結果として就職する機会を得たが、帝国崩壊後の新たな社会体制のなかでは、日本語能力が生かされる機会はなかった。日本統治下で整備された都市インフラのなかには、近代的建築物をはじめ戦後も活用されたものもあったが、戦時中に破壊されたり、戦後活用されずに放置されたりしたものも多い。外地の経済開発は主として日本人移住者によって担われ、現地への技術移転が乏しかった。[3]また戦後、日本統治時代を否定的に評価する風潮のなかで、旧朝鮮総督府のように意図的に遺産が破壊されることもあった。これらの事例は「帝国的近代」が普遍的ではないことを例証している。

「グローバルな近代」と「帝国的近代」の区分は、「植民地の近代化」がもたらす恩恵を肯定的に捉える立場と、暴力や支配の一形態である「植民地的近代」として批判的に捉える立場とに概ね呼応しているが、両者の関係はより複雑である。サンドの指摘を受けて文化人類学者の植野弘子は「帝国的近代性とグローバルな近代性が、互いに組み込まれていたものであるならば、帝国支配が終わったのち、それらはそれほど明確に分けられたのであろうか」[4]と問い、植民地状況下に置かれた人々は日常生活のなかで、複雑に絡み合った複数の「近代」をどのように経験してきたのかを民族誌的に解明する必要性を提唱している。その際、建築物などに代表される日本統治時代の遺産――触知できる物質的な実体という意味で、広くモノと呼んでもいいであろう[5]――に注目し、その歴史や人々との関係性を検討することも、ひとつの有効な着眼点となる。

本稿では、日本統治時代のミクロネシアに建設された官立病院に注目し、ミクロネシアの人々にとって植民地的近代がどのように立ち現れてきたのかを通時的に検討していく。ミクロネシアの人々はドイツ統治下で既に「近代」を経験していた。日本統治期になって、恒久的な領有を視野に統治機構が整備されると、現地社会の生活様式にまで「近代」は浸透していった。医療衛生政策を通じた現地社会への介入もその一形態であった。日本統治下では各地に官立医院が設置され、木造や鉄筋コンクリートの病院が建設されていった。屈強な近代建造物のなかには、太平洋戦争の戦火を生き延び、戦後に文化施設として転用されているものもある。病院建築物は、現在でも大日本帝国による医療（帝国医療）の記憶を喚起しているが、同時に戦後のアメリカによる施政のなかで新たな役割を与えられ、複数の統治国がもたらした「近代」の記憶がせめぎあう場となっている。

二、帝国医療の展開

（1）南洋庁医院の設置

第一次世界大戦に際して日本海軍はミクロネシアの島々を占領した。一九一九年のヴェルサイユ条約で、帝国日本による南洋群島統治に対する国際的承認が得られると、軍政から民政への移行が進み、軍医に代わって文官の医官と医員が配属された。一九二二年四月、パラオ諸島のコロール島に南洋庁が設立され、国際連盟の下での委任統治が始まると、同時に発布された南洋庁医院管制のもとでサイパン（Saipan）、パラオ（Palau）、ヤップ（Yap）、ポナペ（Ponape）、トラック（Truk）、ヤルート（Jaluit）の各支庁管内に医院が設置された[6]（**図1**）。一九二六年にはクサイ島にポナペ医院クサイ分院が設置されたほか、遠隔地では一九三三年の公医規則により南洋庁長官が任命した公医が医療衛生の用務に当たった[7]。

病院建築物は、南洋庁医院管制発布と同時期に一様に建築されたわけではなく、各支庁の実情に従って順次整備されていった。当初はドイツ統治時代の建造物を利用するなどして

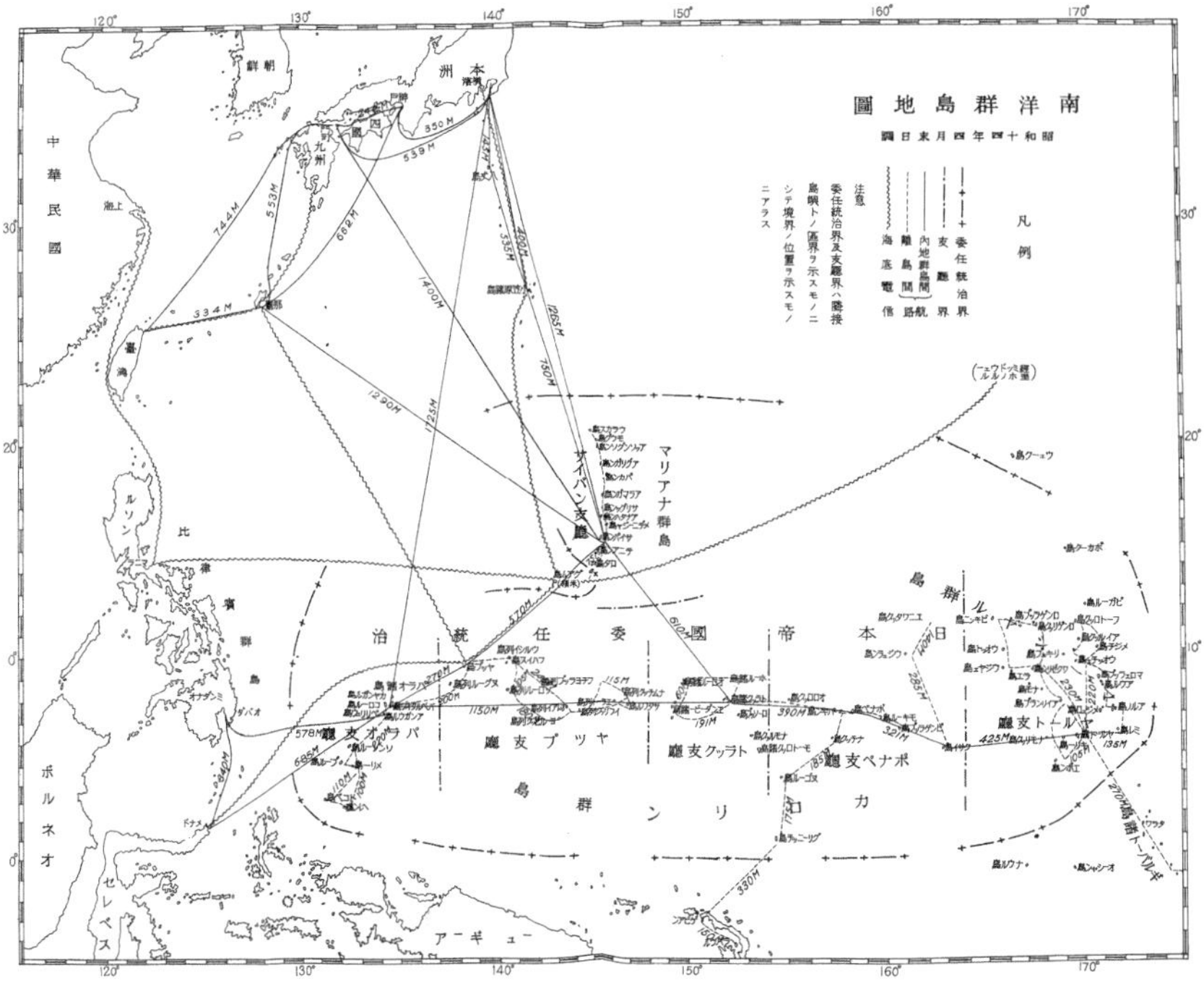

図1　南洋群島地図（1939年4月末、南洋庁作成）

いたところもあったが、統治の進展に伴って木造や鉄筋コンクリートの医院が建設されていった。各地の医院の設計者や施工者については不明な点が多く、施設の推移がどのようなものであったか、木造や鉄筋の病院建築物が実際にはいつ設立されたのかも現時点では定かではない点も多い[8]。こうした建築物をめぐる史資料の残存状況は、朝鮮半島や台湾と比べて周辺の統治地域であった南洋群島の位置づけをよく示している。

それでも、辻原万規彦は『日本建築学会会員名簿』の検討から、南洋庁所属の建築技術者（主に技手や技師）や、南洋庁で活動していた事業所所属の建築技術者を一部解明した。一九二六年に鉄筋コンクリートでL字型のサイパン医院本館（図2）を設計したのは、山下弥三郎（南洋庁在籍期間一九二五～一九四三年）という人物であった[9]。また、同じく鉄筋コンクリートのパラオ医院本館とトラック医院本館は、玄関まわり、窓や庇のデザインが酷似していることから同一人物による設計者であるという。写真資料からは[10]、パラオ医院本館（図3）の建設が一九三一年から一九三二年と推測され、トラック医院本館（図4）は一九三二年五月竣工であることがわかる[11]。

半官半民の南洋興発株式会社による製糖業の隆盛をみ

たサイパン支庁管内では、南洋庁設立翌年の一九二三年には、既に日本人移住者が現地人を上回っていた。サイパン医院の新館が設計された一九二六年には、現地人三六四一人に対して五八二七人の日本人移住者がおり、その後も一九三〇年には日本人移住者は一万五六五六人になり、増加の一途をたどった。また、パラオ医院本館の竣工直後で、トラック医院本館竣工当時にあたる一九三二年五月は、南洋庁施政十年を迎えて様々な記念事業が行われていた時期にあたり、当該年度とその前後の年度には、医院の新築・増築にも例年より多額の予算が充てられている。[12] 翌年の国連脱退宣言に呼応して、南洋群島は日本の南進の拠点に位置づけられ、さらなる移住者の投入を通じて経済開発が推進されていった。現在にまで残る南洋庁サイパン医院および南洋庁パラオ医院が建設された時期は、当該地域における日本人移住者増加および統治政策強化という重要な局面に呼応している。それらは、統治を推進すると同時にその実績を誇示するような象徴的な建造物であったと予想される。

図2　南洋庁サイパン医院。サイパン島ガラパン（出所：南洋庁警務課編『南洋群島地方病調査医学論文集　第二輯』、1934年）

図3　南洋庁パラオ医院。コロール島（出所：南洋庁警務課編『南洋群島地方病調査医学論文集　第二輯』、1934年）

図4　南洋庁トラック医院。トラック諸島夏島（現トノアス島）（出所：南洋庁警務課編『南洋群島地方病調査医学論文集　第二輯』、1934年）

(2) 帝国医療の浸透

各医院は南洋庁内務部警務課の下に置かれ、医長、医官、医員、薬剤師、産婆、看護師らが配置された。医院では、現地人と日本人移住者との双方に対する診療が行われた。また、現地人の間に広く見られた皮膚疾患フランベシアなど、「地方病」調査も積極的に行われた。[13] 医療衛生の整備は、国連に対する『委任統治地域行政年報』のなかで、現地社会の福利への寄与をアピールするために紙幅を割いて説明されていたが、植民地的近代の観点からすれば警察機構の末端で、ミクロネシアの人々の身体を管理するための施政に他ならなかった。帝国日本は、ミクロネシアの人々が「衛生思想ニ乏シク其ノ生活亦甚タ非衛生的」であるとして施策を正当化していたが、[14] 日本人移住者の大量流入が現地社会にもたらす影響について十分に検討し、報告することはなかった。国際社会で懸念されていたヤップ島における人口減少問題については、結核の罹患率の高さや性病の蔓延による出生率の低下に起因するもので、いずれも在来社会における遅れた生活様式や衛生観念の欠如のために引き起こされていると報告された。[15]

南洋庁医院管制による医院設置後の受診状況の推移からは、現地人および日本人移住者に対して各地の医院が果たしていた役割の一端が垣間見える。南洋庁医院管制が敷かれた一九二二年には、南洋群島全体の現地人総人口は四万七七一三人で、うち外来患者実数は一万三一二二（男性八八二〇、女性四三一〇）、治療延日数は一七万二二六四であった。この時点で日本人は三三一〇人に過ぎなかったが、日本人の外来患者実数が七三七九、治療延日数が八万四八三であり、内地からの訪問者の受診も多かったと推測される。施政十年記念の一九三二年に至るまで、現地人の受診者実数は一万台から一万九〇〇〇台を行き来しており、変動の理由は不明であるが、経年に伴う増加傾向はみられない。[16] 一方で、日本人の受診は移住者の流入に伴って増加していった。一九三二年には外来患者実数は一万六〇一八、治療延日数一六万一三九〇に至り、南洋群島全体の日本人移住者が現地人を凌駕した一九三五年には外来患者実数一万九五九〇、治療延日数二一万二四一五、一九三八年には外来患者実数三万八七五八、治療延日数三七万四五五に至った。現地人については、一九三五年には外来患者実数二万一〇一二、治療延日数二三万六五九五とまだ日本人を上回っていた。一九三八年には外来患者実数二万二四五三、治療延日数二七万四八二〇と増加しており、現地社会への医療の浸透がうかがえるが、受診者全体に占める割合は低くなった。一九三〇年代末には医療サービスの受け手の中心が日本人移住者に移行していったことがわかる。[17]

問題に取り組み、解剖による死因究明[18]や性病検査などの問題に切り込んだ。南洋群島における医療衛生の諸問題に広く尽力し、裸になって現地の踊りを一緒に踊るなど、現地社会のなかに分け入ることも惜しまない人物であった。[19]同時に、伝統的首長をはじめ、現地の有力者たちは南洋庁の政策浸透を広く担わされ、統治上の要請に応えることを求められていた。藤井医長とヤップの伝統的首長が懇意になった背景には、こうした意図や思惑の交差があった。

ヤップにおける人口減少が国際的に問題視され、統治上の対応が求められるなかで、死因調査や生活改善などを現場で推進していくにあたって、藤井医長には、現地人有力者の協力が必要であった。伝統的首長が仲立ちしなければ現地社会の説得は難しかったと予想される。現地人の死亡届出および死因調査を通じた身体の管理が、伝統的首長のような媒介者を通じて浸透していったことがわかる。既述のように現地人の医院への通院は一定の浸透がみられたが、医療サービスの提供とともに死因調査のために現地人の解剖も行われていた病院建築物は、ミクロネシアの人々にとってはまだ近寄り難い場所であった。次に述べるように、ミクロネシアの人々は薬を処方されることには慣れていたが、外科的な処置をされることには慣れていなかった。

三、帝国医療の記憶

帝国医療の浸透は、現地の人々にとってどのような経験だったのであろうか。帝国日本は現地社会を「未開」で「不衛生」と位置づけ、医療衛生行政を通じて「文明国」として統治実績を積もうとしていた。こうした観点から書かれた当時の史資料からは、現地社会の観点は読み取りにくい。現地社会の観点を解明するためには、戦後の歴史過程に留意しながら、日本統治期を直接知るミクロネシアの人々や、かれらと関わりが深かった日本側の医療従事者の口述を検討する必要がある。ここでは南洋群島各地で医長を務めた藤井保の遺族からの聞き取りと、統治の中心地であったパラオで医院関係者の近くで生活していたことがあるパラオ人からの聞き取りをもとに、現地社会における帝国医療の記憶の断片を探っていく。

(1)日本人医師の思い出

藤井保は一九二九年から一九四四年まで、ヤップ、サイパン、ポナペ、パラオの医院で医長を歴任した。最初の赴任地であるヤップの伝統的首長のひとりは藤井医長と親しくなり、一九七〇年の大阪万博に招聘された際、当時東京都品川で開業医となっていた藤井を訪問し、戦後も親交を深めている。藤井医長は医師としての使命感を持ってヤップ島の人口減少

パラオ人のキャリー・メリル（Kyarii Mellil）さん（女性、一九二五～二〇一四年）は公学校で日本語を習得し、一九三〇年代後半にコロールの私立病院竹内医院に勤務したこともある。竹内院長は南洋庁パラオ医院で医員として勤務経験があり、後にコロールで開業した人物であった。メリルさんは、この私立病院に住み込みで働き、医療器具の消毒などの補助的な業務に当たった。仕事で怪我をしたパラオ人男性の友人が運び込まれた際には、外科手術がなされたことをよく覚えている。また、皮膚疾患フランベシアに罹患した現地人もよく通院していたという。メリルさんは、当時パラオ医院に勤務していた医官や医員の名前も記憶していた。その証言は『旧植民地人事総覧　樺太・南洋群島編』（日本図書センター、一九九七年）の記録とも一致しており、日本人医師の記憶が強く残っていることがわかる。

しかし、それは帝国医療そのものよりもむしろ、新しい生活様式の記憶でもあった。住み込みで働いていた頃、メリルさんは竹内院長夫人から掃除の手順や日本食の調理法に至るまで、家事の仕方を広く習得した。メリルさんは竹内院長一家を「恩人」と回顧しているが、これは医院勤務を通じて日本人移住者が大量流入した時代を生き抜く術を身につけたことを指している。その後、メリルさんは国策会社の南洋拓殖株式会社にて好条件で職を得て、私立病院の仕事を辞したが、竹内院長一家とはその後も懇意で、戦時中も安否を確認し合い、戦後には東京都で開業した同院長を訪問している。

（2）ドイツ人牧師と薬

同時に、メリルさんは日本統治時代の医療を相対化する視点も持っている。日本統治に先だって、ミクロネシアの人々はドイツによる統治を経験していた。マリアナ諸島を除いてスペイン統治の影響は布教に限定されていたが、科学的植民地主義を掲げたドイツ統治下では、各地での椰子栽培とコプラ生産の奨励、パラオ諸島アンガウル島での燐鉱石採掘、現地人警官の任用などの施策がなされた。日本統治下で外国人の活動は制限されたが、メリルさんの出身村落のオギワル（Ngiwal）では、ドイツ福音教会リーベンゼル伝道団（Liebenzell Mission）のウィルヘルム・レンゲ（Wilhelm Lange）が沿岸を望む小高い丘に居を定め、一九二九年から布教活動を始めていた。[20] オギワルの伝統的首長自ら改宗するなど、地域社会への影響も大きかった。メリルさんを含めてパラオの高齢者は、レンゲのことをヘルネゲ（Herr Lange）と呼んで広く記憶していたが、布教の他にも、レンゲが持っていた薬の圧倒的な効力がしばしば言及された。パラオで国語教科書の編纂にあたっていた中島敦の『南島譚』所収「雞」――中島は民族誌家の土方久功から現地社会に関する情報を得て執筆の素材としていた——にもまた、レンゲがパラオ人に薬を処方しており、そして人々がパラオ医院よりもレンゲに診てもらうのを切望している様子が記されている。[21] パラオの人々の視点からは、病院建築物に象徴される帝国医療が圧倒的な威容で現前していたとはいえず、キリスト教由来の別の近代医療との比較を通じて相対化されていたことがわかる。

四、帝国医療の忘却

(1) アメリカ化と新たな医療

冒頭で「帝国的近代」は普遍性がないことを確認したが、帝国日本がミクロネシアに導入した「近代」もまた、太平洋戦争敗戦に伴う日本統治の終焉とともに存在意義を失った。その恩恵に浴していた日本人移住者は引き揚げ、[22] 現地社会への還元はないままに、統治体制が刷新され、戦後が始まった。日本統治下での主要産業であったマリアナ諸島の製糖業、パラオ諸島アンガウル島の鉱業のインフラは、ほとんど活用されなかった。[23] 日本に代わって、ミクロネシア地域を統治したアメリカ合衆国は、当初現地社会への介入に消極的で、その施策は国際社会から「動物園政策（zoo policy）」と批判されたが、同時に「解放者（liberator）」を自認し、戦争で荒廃した島々の復興にあたった。そして一九六〇年代後半には、冷戦構造下の戦略構想により、ピースコーの派遣、都市部のインフラ整備、民主政治の整備などが進み、島々の「アメリカ化」が進展していった。

アメリカは当初、自国兵士保護の観点から現地の医療衛生を整備しようとしたが、戦時中に栄養状態が悪化していたミクロネシアの人々への対応も軍政下で重視するようになった。また、日本統治時代に引き続き、国際社会で懸念されていた現地人人口の減少傾向について、高い関心を保持し、様々な調査研究を行った。[24] 国際連合の信託統治下では各地区の中心地に新たな病院建設が進み、一九五九年にはパラオにマクドナルド記念病院、一九六二年にはサイパンにトレス記念病院が建設されている。これら都市部の病院のほか、村落では診療所（dispensary）が建設されるなど、人々の生活に医療は確実に浸透していった。グアムやフィジー、アメリカ合衆国の教育機関では、ミクロネシア人の医師や看護師など医療従事者の育成も進んでいった。男性医師のみならず、一九六〇年代末にはパラオ人のウライ・オトベッド（Ulai Otobed）のような女性医師も誕生した。[25] ミクロネシアの人々にとって「アメリカ化」を通じてもたらされた近代は、新たな帝国的近代としての側面を持っていたが、同時に将来的な自治政府の樹立や独立国家の形成に向けた、普遍的側面も持っていた。

（2）ホセ・トレスの事績

一方で、日本統治下の医療衛生政策が戦後に評価されることはほとんどなかった。日本統治期の産業インフラが戦後放置されたように、戦火を生きのびた病院建築物が、戦後医療の場として利用されることはなかった。戦後の写真資料からは、朽ちた南洋庁サイパン医院の様子が見て取れるように[26]、それらは直ちに利用可能な状態ではなかった。同時に、反日感情が広くみられた戦後において、アメリカが日本統治の痕跡を消し、統治体制を刷新しようとした意図も色濃く影を落としている[27]。サイパンに新たに建設されたトレス記念病院が現地有力者ホセ・トレス（Jose D. Torres）にちなんで名付けられたことは、日本統治下の医療の評価を物語っている。トレスは、ドイツ統治期から現地で医療補助に従事し、日本統治時代には一年間医療の教育を受けたこともある[28]。アメリカ軍のサイパン上陸後にも軍医からその技能を一目置かれ、戦後のサイパンを拠点に診療を行ない、一九七二年に七十七歳で引退するまで様々な職務にあたった。アメリカ化を通じた医療の浸透や、現地有力者を通じた医療のローカル化が評価されるようになった戦後世界のなかで、日本統治時代の医療やその象徴としての病院建築物は、現地医療の発展のなかに位置づけられることはなかった。

五、記憶の場としての病院建築物

戦火を生きのびた日本統治期の病院建築物のなかには、戦後、文化施設に転用されたものもある。戦後の歴史過程のなかで、どのような経緯を辿って現在に至るのかを解明するにはさらなる史資料の検討が必要だが、少なくとも現在の時点で、旧南洋庁サイパン医院は北マリアナ諸島歴史文化博物館（NMI Museum of History and Culture）として、旧南洋庁パラオ医院はパラオ・コミュニティーカレッジ（Palau Community College）の本部棟として利活用されている。一方で、トノアス島の旧南洋庁トラック医院跡はコンクリートの構造物が放置されたままであるが、日本人観光客向けの訪問地として現地観光会社が宣伝するようになっている。いずれもその場に身を置いた日本人の旧移住者や観光客に対して、日本統治期を偲ばせるような働きかけをしており、「モノのエイジェンシー」を発揮している[29]。同時に、文化施設として再利用されたサイパン医院やパラオ医院は、日本統治時代の記憶と戦後の記憶がせめぎあう場となっている。

（1）サイパン医院の現在

旧南洋庁サイパン医院は一九七〇年代初頭まで放置され、

劣化が進んでいたが、一九七四年にアメリカ合衆国の歴史登録財（National Register of Historic Places）となり、修繕を施されたうえで一九九八年に北マリアナ諸島歴史文化博物館として再出発した。旧サイパン医院の正面玄関は、現在、同博物館の裏手になっている（**図5**）。マリアナ諸島の先住民チャモロの文化や歴史の展示のほか、スペイン統治期以降の植民地時代の展示や太平洋戦争の展示も充実している。二〇〇〇年代には、現地日本人会や沖縄出身の旧移住者の働きかけで、南洋興発株式会社や同社のもとで働いていた沖縄出身移住者の生活など、日本統治期を物語る史資料が寄贈され、展示されている。戦後史のなかで、旧南洋庁サイパン医院は、アメリカ合衆国の制度で歴史的遺産として価値付けられ、チャモロの歴史文化展示の場となったが、日本人の旧移住者や観光客にとっては、日本時代を偲ばせる建築物であり続けており、人々の記憶がせめぎあう場となっている。

図5　北マリアナ諸島歴史文化博物館の裏手（2010年、筆者撮影）

（2）パラオ医院の現在

旧南洋庁パラオ医院本館は現在、一九九三年四月に発足したパラオ・コミュニティーカレッジの本部棟となっている（**図6**）。同カレッジの前身は、一九六九年設立の職業訓練校、同校を継承して一九七八年に設立されたミクロネシア専門学校（Micronesian Occupational College）である。戦後、同建築物が遺産化されることはなかったが、日本統治時代の病院であったことは現地社会でも広く知られている。旧パラオ医院本館が戦後どのように利用されてきたのか、まだ解明できていないが、興味深いのは、同大学が日本統治期の病院建築物を継承していることよりも、大学の歴史が木工徒弟養成所——一九二六年にコロール島内に設置され、成績優秀な「島民」男子が通った大工の養成所——の設立にまで遡って認識されていることである。[30]　木工徒弟養成所は、現在のパラオ・コミュニティーカレッジとは別の場所にあったが、新しい独立国家であるパラオの人々は、当時現地人のための最高学府であった木工徒弟養成所を参照しつつ、現在の自分たちの社会における教育史を再構成している。日本統治時代の遺産が取捨選択されながら、歴史認識が構築されているのである。

　一方で、現地社会において、パラオ・コミュニティーカレッジ本部棟が旧パラオ医院であったことがより鮮明に想起されるのは、そこで働いていた日本人の医療従事者が訪ねてきたり、日本人研究者による建築物の調査が行われたりする時である。[31]　旧パラオ医院は、一方で日本統治期の遺産としての性格があまり意識されずに利用され、現地社会のなかに「溶解化」しているが、[32]他方でコロニアル・ノスタルジア、すなわち日本統治時代への郷愁を喚起させるモノとして往事を知る人々を惹きつけている。

図6　パラオ・コミュニティーカレッジ本部棟（2009年、筆者撮影）

注

（1）Mio, Yuko ed., *Memories of the Japanese Empire: Comparison of the Colonial and Decolonisation Experiences in Taiwan and Nan'yō Guntō*. Routledge, 2021.

（2）サンド、ジョルダン『帝国日本の生活空間』天内大樹訳（岩波書店、二〇一五年）一四―一六頁。

（3）戦後、帝国日本の旧統治地域では、ソ連や国民政府により日本統治時代の産業施設が接収され、高度な専門的知識を持つ一部の技術者もまた留用された。本稿で対象とする旧南洋群島では、戦後アメリカ統治下に置かれ、統治体制や産業構造が刷新されたため、そうした事例はなかった。

（4）植野弘子「モノと人の移動にみる帝国日本――記憶・近代・境域」（『白山人類学』二一、二〇一八年）八頁。

（5）植野弘子・上水流久彦編『帝国日本における越境・断絶・残像――モノの移動』（風響社、二〇二〇年）。

（6）現在、ポナペはポーンペイ（Pohnpei）、トラックはチューク（Chuuk）と呼び習わされている。また、パラオは現地語のベラウ（Belau）の名で呼ばれることもある。

（7）外務省条約局法規課編『外地法制誌　委任統治領南洋群島後編』（外務省、一九六三年）一一一―一一三頁。

（8）辻原万規彦・今村仁美・香川治美「旧パラオ医院本館と旧南洋庁観測所および気象台庁舎について――戦前期日本の南方進出に伴う建築活動と室内環境調整手法に関する研究　その9」（『日本建築学会研究報告 九州支部3計画系』四二、二〇〇三年）六一三頁。

（9）辻原万規彦・今村仁美・香川治美「パラオ・コロールにおける日本委任統治時代の建築物の残存状況と旧パラオ支庁庁舎――戦前期日本の南方進出に伴う建築活動と室内環境調整手法に関する研究　その8」『日本建築学会研究報告 九州支部3計画系』四二、二〇〇三年）六一二頁。

（10）南洋庁警務課編『南洋群島地方病調査医学論文集　第二輯フランベシー以外ノ熱帯病及熱帯衛生』（南洋庁、一九三四年）。

（11）前掲注8辻原他論文、六一三頁。

（12）外務省『千九百三十一年度日本帝国委任統治地域行政年報』（外務省、一九三二年）二一一頁、外務省『千九百三十二年度日本帝国委任統治地域行政年報』（外務省、一九三三年）一九七頁、外務省『千九百三十三年度日本帝国委任統治地域行政年報』（外務省、一九三四年）三三頁。

（13）南洋庁警務課編『南洋群島地方病調査医学論文集　第一輯フランベシー及熱帯皮膚病』（南洋庁、一九三三年）、前掲注10南洋庁警務課編一九三四、南洋庁警務課編『南洋群島地方病調査医学論文集　第三輯ヤップ島人口減少問題ノ医学的研究』（南洋庁、一九三四年）、南洋庁警務課編『南洋群島地方病調査医学論文集　第四輯民族生理学及病理学的研究他』（南洋庁、一九三七年）、南洋庁警務課編『南洋群島地方病調査医学論文集第五輯人類学人種学的研究他』（南洋庁、一九三九年）。

（14）前掲注12外務省一九三三、一九三頁。今泉裕美子「南洋群島委任統治における『島民ノ福祉』」（『日本植民地研究』一三、二〇〇一年）。

（15）南洋庁長官官房編『南洋庁施政十年史』（南洋庁、一九三二年）二六一頁。

（16）南洋庁編『第二回南洋庁統計年鑑』（南洋庁、一九三四年）一六三―一六七頁。

（17）南洋庁編『第五回南洋庁統計年鑑』（南洋庁、一九三七年）四四―四五頁、南洋庁編『第八回南洋庁統計年鑑』（南洋庁、一九四〇年）三六―三七頁。

（18）藤井の遺族によれば、人口減少が問題視されていたヤップ島では、多数の解剖が行われていたという。また、藤井家アルバムには、サイパン島のガラパン公園の音楽堂と思われる場所で「解剖祭」として供養が行われている写真が収められている。死因調査のための解剖が広く行われていたことがうかがえる。

（19）遺族からの聞き取りによる。また、吉田昇平『竹晏先生人生カルテ』（永田書房、一九六六年）でも、藤井医長の人物像が紹介されている。

（20）Micronesian Reporter, "Interview: Pastor Wilhelm Fey," *Micronesian Reporter: The Journal of Micronesia* 20 no. 1, 1972. p. 2.

（21）杉岡歩美『中島敦と〈南洋〉――同時代〈南洋〉表象とテクスト生成過程から』（翰林書房、二〇一六年）一四一―一四三頁。

（22）一九四五年十月から翌年五月まで、約六万人が内地、沖縄、旧外地へと引き揚げたと推定されている。今泉裕美子「南洋群島引揚げ者の団体形成とその活動――日本の敗戦直後を中心として」（『史料編集室紀要』三〇、二〇〇五年）一三頁。

(23) アンガウル島では、戦後直後の一九四七年に、アメリカ資本で燐鉱開発会社が設立され、日本人労働者が送り込まれて採掘が再稼働したが、現地社会の反発もあり事業は一九五五年で頓挫している（Hanlon, David, *Remaking Micronesia: Discourses over Development in a Pacific Territory, 1944–1982*. University of Hawai'i Press, 1998, p. 70）。

(24) Rubinstein, Donald, "Staking Ground: Medical Anthropology, Health, and Medical Service in Micronesia," In *American Anthropology in Micronesia: An Assessment*, R. C. Kiste and M. Marshall (eds.), University of Hawai'i Press, Honolulu, 1999, pp. 330-331.

(25) Green, Karen Reed ed., *Glimpses into Pacific Lives: Some Outstanding Women*, Northwest Regional Educational Lab, 1987, pp. 40-41.

(26) 例えば、ハワイ大学マノア校図書館デジタルコレクション「信託統治領写真アーカイブズ」所収の写真 "Interior, Japanese hospital. (N-19)" (Reference Number 2559.06). https://digital.library.manoa.hawaii.edu/items/show/18637（二〇二一年九月一日アクセス）。

(27) Endo, Hisashi, "The Beginning of the 'Postwar Period': Japan and the United States of America as Un-decolonized Alien Powers to Micronesia (former Nan'yo gunto),"（『総合社会学部研究報告』一五、二〇一二年）五頁。

(28) Micronesian Reporter, "Torres Hospital Turned over to Trust Territory," *Micronesian Reporter: The Journal of Micronesia* 10 no. 4, 1962, p. 15.

(29) 平井健文「廃墟――空間はどのように体感されるのか」（木村至聖・森久聡編『社会学で読み解く文化遺産――新しい研究の視点とフィールド』新曜社、二〇二〇年）一五三頁、清水亮「モノと意味――人はモノを制御できるのか」（木村至聖・森久聡編『社会学で読み解く文化遺産――新しい研究の視点とフィールド』新曜社、二〇二〇年）七一頁など。

(30) Palau Community College, *2016 Annual Report - Palau Community College*, 2016, p. 5. この認識は過去の大学年報にみられ、ウィキペディアでも再生産され、広く流布している。

(31) 例えば、南洋庁パラオ医院で看護婦として働いていた日本人女性が二〇一三年にパラオを再訪し、同カレッジ内を散策して当時を偲んだり、パラオ人の友人の子孫と親交を深めたりする様子が報告されている。Palau Community College, "Japanese Era Nurse Visits Palau Community College," https://pcc.palau.edu/2013/08/07/japanese-nurse-visits-pcc/（二〇二一年九月一日アクセス）。

(32) 上水流久彦「台湾の植民地経験の多相化に関する脱植民地主義的研究――台湾の植民地期建築物を事例に」（三尾裕子・遠藤央・植野弘子編『帝国日本の記憶――台湾・旧南洋群島における外来政権の重層化と脱植民地化』慶應義塾大学出版会、二〇一六年）二六八頁、本書第Ⅰ部上水流論文。

付記　本研究はＪＳＰＳ科研費（課題番号19H01393）の助成を受けて実施されました。元南洋庁ヤップ医長などを歴任した藤井保に関しては、藤井保次女の浅野敬子氏及び孫の浅野久枝氏から二〇〇九年にご教示頂き、当時の写真など貴重な史資料をもとに情報提供を受けました。パラオでの現地調査にあたっては、二〇〇二年以来メリルさん一家にお世話になりました。記してお礼申し上げます。

台湾東部における神のいない「神社」

西村一之

にしむら・かずゆき――日本女子大学人間社会学部教授。専門は文化人類学。主な論文に「閩南系漢民族の漁民社会における「鬼」に関する予備的考察――「好兄弟」になる動物」（『日本女子大学人間社会学部紀要』二八号、二〇一八年）、『境域の人類学――八重山・対馬にみる「越境」』（上水流久彦・村上和弘との共編著、風響社、二〇一七年）、「重層する外来権力と台湾東海岸における「跨る世代」」（『文化人類学』八一巻二号、二〇一六年）などがある。

本稿では、台湾東部のアミ集落で起きた「神社」の再建と、その利用を見る。日本統治と深く関連する「神社」を再建するにあたり示された人々の思いと、その後の利用と放置が繰り返される様子を取り上げる。集落にできた神のいない「神社」は植民地経験を発信し、一方それに向き合う人々の様々な考えを受け止めて存在している。

はじめに

台湾では、近年古い建築物の利用が盛んだ。その多くは建設当時の姿を思い起こさせるような形で修築・再建され、あらたな利用形態が与えられている。本書のタイトルにある大日本帝国期とは、台湾の場合、日本による植民統治期に該当する。一八九五年から一九四五年にわたる約五十年間、台湾は帝国日本によって植民統治された。この間、多くの建築物が各地に建てられた。行政、司法、交通、教育、商業、農業、水産業、工業などに関連して日本の植民統治がもたらした社会システムは、建築物を伴って台湾に導入された。昨今の建築物の再利用の対象は、こうした日本植民統治期に建てられた、役所、裁判所、駅庁舎、官吏宿舎、商店、工場など広範囲に及ぶ。そして、そこには帝国日本が進めた宗教政策が表れている旧神社も含まれる。本稿では、植民統治期に台湾に作られた神社を取り上げる。だが、社格が高くまた規模も大きな神宮や神社ではなく、社や祠と呼ばれた小規模神社に焦点を当てる。こうした小規模神社の多くは、当時の台湾住民の生活空間の中で人々により近いところにあった。また、こうした神社の跡は、この時代を生きてきた人々にとっては記憶に残る大日本帝国期の出来事を想起させる建築物である。と同時に、これを見る者は、そこに統治終了後の対日関係を受けた台湾における歴史認識や日本観を重ねる。

特に二〇〇〇年代に入ってから、台湾各地に残されていた旧神社の遺構を利用する動きが目立っている。例えば、二〇一五年、台東県鹿野郷龍田村で小規模神社が再建された。日本統治期、ここには農業移民村があり、鹿野村社が置かれていた。筆者は、同年一月、まだ建設途中だったこの神社跡地を訪れた。建設事業を示す看板には観光局（日本の観光庁に相当）の名前が記されており、この工事が観光整備の一環として行われていることが理解できた。(1) 一帯は観光局が管轄する観光特区に含まれている。龍田村には日本統治期に建てられた小学校長宿舎などが再建され、由来を示す案内板が置かれている。これらを含めたスポットを自転車で周るのが定番の観光スタイルである。再建された神社も、この地の観光という土台の上に乗っている。一緒に訪れた台湾の友人（漢人、女性）は、現在の台湾社会につながる過去を知ることができる観光資源と、この「神社」を評した。一方、別の友人（漢人、男性）は、日本から職人と材料を集めて再建されようとする「神社」と、作られてしばらくたっている小学校長宿舎を見比べ、後者の方がより意味のある建築物だと感想を述べた。このように、建築物である以上、それを前にした人々は、そこから発せられる意味を受け止めそれぞれに解釈をする。

本稿では、台湾東部に位置する調査地における小規模神社の現在の姿を通して、現地社会にある大日本帝国期の建築物をめぐる人々の動きや思いの一端を理解することを目指したい。そして、そこから旧植民地における日本認識について考察する。

一、台湾における神社

(1) 植民統治と神社

筆者は、台湾における日本植民地史あるいは当時の宗教政策の研究を専門としてはいないので、その詳細について述べることはできないが、先行研究を概観すると植民地台湾における神社は、一九〇一年に作られた台湾神社（一九四四年に台湾神宮と改称）がその模範となって各地に建てられた。また、神社建設については、一八九九年（明治三十二）に「社寺、教務所、説教所設立廃除合併規則」が出され、統治初期にはすでに神社に関する管理が定められている。その景観についても、一九二三年（大正十二）に出された「県社以下神社ノ創立、移転、廃止、合併等ニ関する規則」で、神社は本殿、拝殿、社務所、手水舎、鳥居を持ち、祭典に必要な設備を持たなければならないとある。さらに、神社域内の森林や竹林の保護規定などが含まれており、統治側が考える「神域」として定型化された空間が台湾の中に構築されていく様子がうかがわれる。一方、一九三四年（昭和九）には管轄部局である台湾総督府文教局より、各地方で神社を「一街庄一社」作ることを基本として定めた規則、「神社建設要項ニ関スル件」が出されている。台湾史研究者の蔡錦堂によれば、これは神社の増加創建を狙ったものである。(2) 神社がもっとも多く建てられた時期は、その後の一九三六年（昭和十一）から一九四〇年（昭和十五）の間であり、いわゆる皇民化政策の下で急増している。

では結果、どれだけの神社が作られたのか、台湾の地理学者陳鸞鳳の研究では、植民統治末期の行政区画と神社の分布を照らし合わせると、二七三の市街庄と二十郡にわたってい る「蕃地」（山岳地帯の先住民居住区）のうち、八十九の市街庄それに十五郡の「蕃地」に神社と社は分布しており、「一街庄一社」政策の目標はおおよそ三分の一しか達成されていないことが指摘されている。(3)

一方、台湾東部の山岳地区に広がる「蕃地」には集中的に神道施設が存在していたことが分かっている。ここからは、先住民族政策と小規模神社の密接な関係がうかがわれる。また、小規模神社である「社」あるいは「祠」について、一九二三年（大正十二）に「社、遥拝所ニ関スル件」が出ており、その第一条に「本令ニ於テ社ト称スルハ神社ニ非スシテ公衆ニ参拝セシムル為メ神祇ヲ奉祀スルモノヲ謂フ」とあり、「社」は広く人々が参拝することができる宗教施設でなければならなかった。そして、その設立には「崇敬者トナルヘキ二十人以上」が連署して申請をし、台湾総督の許可を受けることが必要と定められている。(4)

(2) 植民統治終了後の神社——破壊・放置そして保存・利用

植民統治終了後、神社の建物及び土地は、国民党政府によって進められた日本（人）の財産に対する接収事業の対象となり、中華民国のために殉じた人びとを祭る忠烈祠の用地や建物として転用されたり、建築物を撤去や改変して学校そして公園などとなった。(5) また、一九七二年の日本と中華民国（台湾）との断交を境に、多くの神社建築物が破壊された。台湾東部に多く作られた社や遙拝所の場合、統治終了後、その多くは壊れて荒れるにまかされた。なお、台湾東部は先住民族居住地として知られるが、戦後ここで広がったキリスト教の施設に転用されているものもある。

さて、一九八〇年代後半の政治的民主化運動の激化、一九八七年の戒厳令解除と一九九六年の台湾出身大統領の誕生、二〇〇〇年の国民党の下野と民主進歩党政権の成立などを背景に、一九九〇年代以降、急速に進んだ台湾本位の社会形成である「本土化」の中で、台湾大の社会認識が構築され広く浸透している。例えば、従来の中華民国（＝中華）としての社会科教育に対し、台湾社会を前提とした郷土教育が確立、一九九七年にはその発展形として中学校課程で科目「認識台湾」が設置された。(6) こうした社会変化を背景に、台湾の旧神社の中には歴史建築として指定されるなど、文化財として保存の対象となっているものがある。(7) 公的に行政によって指定された歴史建築は、政治レベルで示される歴史認識を表わしている。また、観光資源として再建利用され、地域振興をその目的としている場合もある。近年は、こうした神社再建と利用を取り上げ分析する研究の蓄積が進んできている。(8)

神社跡は、特別な存在である。前述の通り日本統治期に建てられた神社は、植民地行政と結びつき台湾の人々の前に存在していた。このため神社跡は、台湾社会において日本植民統治を象徴する建築物としてあり、また皇民化という高圧的な政策を示す非常に強いメッセージを発信する力を備えている。

二、台湾東部の概観と「社」「祠」

台湾本島はその中央部に険峻な山脈が走り、これを境に西部と東部に分けられる。東部地区とは通常、花蓮県と台東県の二県からなる。東側に太平洋を望み、西には険峻な山々が連なる景観を成し、現在はその豊かな自然環境から観光地として知られ観光特区が複数置かれている。また先住民族が多く暮らす土地でもあり、彼らの文化を観光資源としたエスニック観光も盛んである。一方、経済開発からは取り残され、人口流出、そして相対的貧困が社会問題となっている。

日本統治期、多くの先住民族が生活する山岳地域は、通常の行政とは異なる制度が敷かれる特別行政区であり、当時は「蕃地」とも呼ばれた。その山脚には南北に狭く広がる平地があり、そこは普通行政区であった。この平地には、台湾漢人そして先住民族アミやプユマが生活していた。そして、数少ない日本人も主に普通行政区である平地で生活していた。前出の地理学者陳鸞鳳が「社祠の建設は、盛んに開発が進められた台湾東部に偏っていることが、非常に顕著で、なかでも先住民族が主に暮らす「蕃地」である台東庁にもっとも多い」と述べるように、植民統治期の台東庁（現、台東県）には、「社」が数多く建てられた。(9) この「社」は、「祠」とも記される小規模神社である。一九二四年(大正十三)に総務長官より各地方長官へ出された通達である、「神社及社ノ取扱ニ関スル件」によれば、「社」(しゃ)は当時の先住民族居住地にある行政単位「蕃社」(ばんしゃ)と紛らわしい時は「祠」という字を用いて、「ヤシロ」と読むようにと記されている。[10]

さて本稿は、筆者が一九九〇年代初めから文化人類学的な現地調査を行っている台東県の沿海部にある町、成功鎮における旧小規模神社をめぐる人々の動きを取り上げる。そこは、一九八七年にその美しい景観を理由に観光風景特区に指定されている。一九九〇年代から一帯では観光開発が進み、道路網の整備や観光センターの設置、宿泊施設や飲食施設が多く作られている。特に台湾内ツーリズムが盛んになるにしたがって訪れる人が増え、週末や長期休暇には多くの観光客が認められる。

三、台東県成功鎮の「神社」

台東県成功鎮(鎮は町レベルの行政単位)は、大正期から都市整備がすすめられ、日本統治期の新港庄に該当する。また、町には先住民族アミと台湾漢人が混住している。先住民族が多く暮らすが、日本統治期には普通行政が敷かれた平地に位置している。だが、普通行政区に暮らした先住民族は、山地の先住民族と同様社会的に低い位置にあった。[11]その中心部には、行政機関や警察機関そして教育機関が置かれた。また、一九二九年(昭和四)に漁港が作られ、一九三二年(昭和七)から五ヶ年にわたる日本人漁業移民募集事業が実施された。

日本統治期、中心部には漢人と日本人の居住地があり、それを取り囲むようにアミの集落があった。『新港庄管内概況一覧簿(昭和十四年)』(以下、『庄概況簿』)には昭和十三年十二月現在、五つの祠(小規模神社)の存在が記録されている。[12]この内三つは、昭和二年十月に鎮座したとある。そして、「一般住民ノ寄附ニヨリ建設」と記されている。だが、行政機関の直轄や派出署管内を範囲とした「一般住民」であり、そこからは統治権力の姿が読み取れる。それらが「崇敬者」である住民の寄附によって建てられたとは考えられにくい。そして、そこに記載されている五つの祠の内の一つは、昭和八年十一月に置かれた恵比寿祠で官営漁業移民村の中にあった。

日本人漁業移民による恵比寿社を除いた祠に祀られている祭神は、『神社及社総覧』に記載がある三社を見ると、能久親王、[13]大国魂命、大己貴命、少彦名命で、例祭日は十月二十八日、神職は県社台東神社の社司に委託されている。[14]なお、『庄概況簿』の記載にはないアミ集落に置かれた祠もあり、調査地には現在のところ六つの小規模神社跡が確認できる。

一方、当時を知る人々の記憶にあるそれぞれの「祠」は、子供の頃に学校の先生に連れていかれて参拝した場所、相撲を取った場所、初詣に訪れた場所、出征する若者を集落の人びとが集まって送り出した場所、神道式の結婚式を挙げた場所といった、日本による植民統治に向き合う各集落の光景を構成する建築物である。彼らが語るのは植民地台湾における国家神道と台湾住民の生活との結びつきを示す記憶である。また、その中で神社は、子供あるいは若者だった当時を懐かしむノスタルジックな記憶を構成する建築物でもあった。

図1　町中心部に近いアミ集落内にある放置された神社跡（2018年2月、筆者撮影）

さて、調査地に点在する小規模神社は、いずれも集落と太平洋を望む小高い場所に建てられている。中華民国の施政下に入ってから、その方針により小規模神社は放置され、今に至るまで荒れるにまかされてきた（例えば**図1**）。訪れる人もまれで、筆者がその場に臨んだ際も、木立や草に覆われた斜面に壊れたコンクリート製の台座と階段が確認できるに過ぎなかった。これらの神社跡は、日本植民統治期を経験した高齢者を中心とする人々が、子供や若かったころの記憶と重ね、その土地の経緯を知るに過ぎなかった。だが、その中の二つの小規模神社が二〇〇六年以降、相次いで再建利用された(15)。以下では、その内の一つ「都歴祠」跡を取り上げる。

四、「神社」の誕生——放置から再建利用へ(16)

(1) 放置

成功鎮南部にある都歴集落は住民のほとんどがアミであり、一九九〇年代半ばの現地調査当時、すでに人口流出と住民の高齢化が進んでいた。また、アミ住民のほとんどが日本植民統治終了後に布教が進んだことを受けたキリスト教徒で、カ

図2　整備され公園化されようとしている神社跡（2006年2月、筆者撮影、一部加工済）

トリック信者が最も多い。

この集落は、一九一一年に起きたアミによる日本統治に対する武力抵抗事件「麻荖漏（マララウ *madawdaw*）事件」[17]の発端となった日本人警官殺害が起きた地で、かつ統治末期には志願兵や高砂義勇隊に参加して出征した人々がいる場所でもある。広く知られていることとして、ここは、太平洋戦争後三十年近くを経てインドネシアから戻った元高砂義勇隊員スニョン（日本名中村輝夫、中国語名李光輝）の生まれ故郷である。しかし、二〇〇〇年代初期まで、集落における日本植民統治期の事象を示す碑や案内板などは全く存在しなかった。日本統治期の出来事は、当時を知る高齢者の記憶の中、そして彼らから語り聞かされていた人びとが知るに留まっていた。

一方、一九二七年に建立された都歴祠は、植民統治終了以降放置され、コンクリート製の台座がそのままにされていた。祠跡は、その土地は私有で、周囲には田んぼが広がっていた。小学校をバスが走る幹線道路から離れた小高い場所にある。脇に見ながら集落の後背地にある田畑に通じる道からは、コンクリート台座を望むことができ、他の神社跡に比べると、都歴祠跡は住民にとって身近な存在で集落の景観を成すものでもあった。[18]

（2）再建と利用――集落の歴史とノスタルジー

二〇〇六年三月にそれまで打ち捨てられてきた都歴祠の跡地にある台座の上に小さな神社の様な建物が置かれ、周辺が整地され亭やベンチが作られて小さな公園ができた（**図2**）。それに先立つ同年二月、先住民族行政をつかさどる政府機関である原住民族委員会[19]から資金の補助を受けこの公園整備を主導する地域振興組織の住民メンバーと、統治期を知る二人のアミ高齢者（当時七十歳代後半）に対して建築現場でインタビューを行った。

跡地に建つ劣化したコンクリート製台座を修復する作業が進められ、その上には木造の真新しい神社風の建築物がすでに乗っていた（図3）。当時五十歳代の代表者（アミ、女性）は、その父が集落の伝統的リーダー（アミ語　カキタアン *kakitaan*）であり、植民統治期を知る世代であった。彼女は聞き知った父親を始めとする当時七、八十歳代の高齢者の記憶にある「都歴祠」を巡る出来事に触れながら、彼らが当時のことを思い起こすことができる場として「神社」を作ることにしたと説明した。またこの集落にはその歴史を知る場が無いことをあげて、「神社」が若い世代にとってそれにふれる場となる意義を語った。そして、自分たちの歴史を示し伝えるものを求める声は、高齢者からも異口同音に語られた。

図3　神社風の建築が台座に乗せられた。（2006年2月、筆者撮影）

この小規模神社の跡地に設けられた公園は、集落名を冠して「都歴神社」と名づけられた。一方、その名前が刻まれた碑には、都歴集落の派出所に勤めていた警官が殺害されたことをきっかけに起きた麻荖漏事件に関する説明が、「抗日」という言葉が付され刻まれている。これは、「神社」が発する日本植民統治というメッセージを、集落として肯定的にとらえているように見えてしまうことに対する、ある種のバランスを取るための方策と理解できる。(20)

後日、地域振興組織のリーダーに行ったインタビューによると、落成の際には、小学生たちを見学に呼び、オープニングセレモニーが催された。この時、日本統治期にこの小規模神社で結婚式を行った男女の高齢者（お互いの配偶者はすでに亡くなっていた）が呼ばれ、伝統的リーダーが神主に扮して式の様子が再現された。セレモニーの様子は、地域振興組織によって撮影され映像記録が作成された。なお、もちろん神

図4　人が訪れる様子なく放置された「神社」。亭の屋根は破損したままになっている。（2013年2月、筆者撮影）

社風の建築物の中は空っぽ、つまりそこは神のいない「神社」であった。

(3) 繰り返される放置と利用——地域振興の中で

こうして集落住民が主導する形で作られた「神社」だが、のちに建設を担った地域振興組織メンバーの入れ替わりなどが影響し、しばらくの間管理されず放置された。台湾東海岸一帯は、台風が頻繁に襲う地域である。そうした自然環境の下で、設置された神社風の木造建築物の扉は蝶番が外れ、そばに立つ亭の屋根の一部は風雨により破損していった。また、建設時より一部の住民から再建に否定的な声が聞こえていたが、それはキリスト教信者として過去の出来事にことさらにこだわることに対する非難であった。このため修復がためらわれているという声も聴かれた。二〇一三年に訪れた折には、台座の周囲は雑草が生い茂り、事故を恐れたのか周囲にはロープが張られ、立ち入ることができないようになっていた（**図4**）。その様子を知る人たちからは「もったいない」という声もあがっていた。だが、この当時いつ訪れても周囲に人影は全くなかった。

しかし、二〇一六年に足を向けた折には二〇〇六年当時の地域振興組織のメンバーが中心になって新たな組織が立ち上がり、近隣に活動拠点を設けて地域振興や郷土教育の資源としてこの公園が利用されていた。「神社」のそばには池が作られ、併設してピザとコーヒーを出す喫茶棟が建てられていた（**図5**）。そして、その壁には「若者が故郷に戻り、部落を創ることを歓迎します　祖先の豊かな知恵を取り戻そう」という手書きのプレートが掲げられていた。だが、二〇一八年に訪れてみると、再び放置され、池と喫茶棟は消えていた。この様に、植民統治経験の記憶の場として、また観光や地域経済の場で消費される資源として、新たな意味を備えられながら神のいない「神社」は、利用と放置が繰り返され続けている。

(4)神様は日本に帰ったが

ある高齢者は、インタビューの際に「日本が戦争に負けて日本人が帰ったから、日本の神様も(北上する)暴風雨と一緒に戻ったよ」と筆者に笑顔で話した。この冗談めいた発言は、非常に豊かな意味を備えている。日本統治期、都歴祠には「日本の神様」がいたが、それは植民統治終了と同時に消え去ってしまったのだ。この神が飛んで行ってしまった神社の跡には、台風によっても破壊されないコンクリート製の台座のみが残され、打ち捨てられてきた。

しかし、それは「無い」ものとして扱われていた訳ではない。固くそして丈夫な台座は集落に残り続けていた。台湾の人類学者林美容が「日本の統治を受けたという悲しみを取り除くよう努めなければならない」としつつ「植民地とされたことは変えることのできない歴史的事実である」[21]とも述べ、植民地経験を台湾社会の中で消し去ることが困難なものと指摘したように、神社跡は、残されたコンクリート台座という容易には壊れない性質を以て、日本による植民統治という経験を集落の人々に発信し続けていた。だからこそ、集落の人びとが共有する/しようとする記憶の場[22]の中心としてこの台座が注目され、かつ神のいない「神社」の再建がされた。それは、日本統治期に建てられた小規模神社に由来する以上、強圧な植民統治という意味から脱することはできない。その「神社」の再建と利用には先住民族主体の歴史観、政府の先住民族行政、地域の観光化と振興、高齢者住民が抱くノスタルジーなどが絡み合っている。また、再建がされてからもこ

図5　地域振興を前に活用される「神社」(2016年8月、筆者撮影)

れらが及ぼす力のバランスで利用と放置がされている。再建された「神社」は、建築物そして物質として存在するからこそ、様々な意味を向かい合う人々に放ち続ける。

おわりにかえて

人類学者の上水流は、台湾社会における日本植民地期の建築物と、韓国および旧南洋群島といった旧植民地におけるそれとを比較し研究を行っている。そして、その中で「外部化」、「内外化」、「内部化」、「溶解化」という四つの概念を提示した。外部化は、破壊や放置さらには消去を指している。また自らの歴史の一部として認識する動き（例えば歴史建築への公的指定）を内外化と内部化に分ける。ネガティヴな意味を前面に出しつつ取り込む内外化と、ポジティブに理解して自己認識の要素として取り込むのが内部化である。最後の溶解化は特に消費文化現象に対応し、「おしゃれ」「美しい」という感覚と呼応している。そこではその由来である植民統治の権力性は強い意味を持たない。そして、台湾社会における建築物の在り方からは、内部化・溶解化された「日本」が見いだされるとする。だが、この台湾における日本認識は、政治、経済、国際関係などの諸要因が絡まって作られ、さらにそれらの変化によっても規定される点に注意を促す。(23)

また、台湾各地で起きている一連の神社跡地の再利用について、それを「神社の「復興」」とよぶ台湾史研究者の武知は、それが多元社会台湾の中で起きる様々な要素が複雑に絡み合う中で起こっている現象であると評している。彼は、神社の再建には政治性、歴史認識、地域経済の発展といった台湾の人々の思いが交錯していると述べる。(24)

これらの研究に通底しているのは、台湾が大日本帝国に含まれていたという過去に対し、旧宗主国である日本社会が過剰な読み込みをしていること、つまり、日本の植民地であったという過去が、台湾における「親日」的な日本認識を規定しているとする考えへの批判である。この植民地であったという過去を現在の台湾における日本認識の理由とする見方は、見る側つまり旧宗主国である日本社会が持つ帝国主義的意識に基づいている。上水流や武知の批判的研究、つまり台湾社会がどのように日本と向き合っているのかを詳らかにする研究は、脱植民地主義的研究として非常に重要である。そして、一方で多様な台湾社会における日本認識の姿をより深く理解するためには、大きな視点からの脱植民地主義的研究と、より微細な視点に立った社会の当事者の動きや考えを入れた研究を交錯させる必要がある。(25)

本稿では、ある神社跡に着目し、それが放つ植民統治という意味を前にした地域住民の姿に視点を置いた。そこからは神社という建築物に人々が目を向けたからこそ、容易には脱することができない植民地であった過去が持つ意味を見出すことができた。加えて、今に続く植民地の影を必要に応じて利活用し時には打ち捨てる人々の主体性と、向き合わざるを得ないその暗い影の濃さとを重ねることで、「神社」を前にした当事者たちの中にある「日本」をより深く考えることができた。

注

（1）野口は、鹿野神社が再建される経緯を、「キーパーソン」に対するインタビューと行政資料を合わせて丁寧に明らかとしている。これによると日本人観光客の誘客が、神社再建の狙いにあった（野口英佑「台湾における日本統治時代の神社の再建に関する一研究――キーパーソンの働きから見る鹿野村社の再建前夜」（『次世代人文社会研究』一七号、二〇二一年）二五二頁）。

（2）蔡錦堂『日本帝国主義下の宗教政策』（同成社、一九九四年）一三二頁。

（3）陳鸞鳳『日治時期臺灣地區神社的空間特性』（學富文化事業有限公司、二〇〇七年）三五一頁。

（4）台湾総督府文教局『現行台湾社寺法令類纂』（帝国地方行政学会台湾出張所、一九三六年）三五九―三六〇頁。

（5）例えば、一九〇一年に鎮座した台湾神社の跡は、現在高級ホテルである円山大飯店となっている。

（6）地理編、歴史編、公民編の教科書が作られた。その後の教育改革により教科としては無くなったが、台湾社会を対象とする社会科教育はより整備されている。例えば、高級中学（日本の高校に相当）の歴史教科書は、世界史、中国史、台湾史に分かれている。

（7）その原型を最も保っているケースが、一九三八年に置かれた「桃園神社」（桃園県）である。この神社跡は、一九四六年に中華民国に貢献した人物を祀る桃園市忠烈祠となった。その外観は、かつての神社としての景観が比較的よく保たれている。桃園市忠烈祠は、一九九四年に三級古跡に指定され歴史建築となっている。

（8）管見の限りだが、比較的新しいものとしては、林承緯「保護、展示そして再建――台湾に残る日本統治期の宗教遺産」（『人文学報』一〇八号、二〇一五年）二一一―二三四頁、武智正晃「台湾における日本時代の建築物を見る眼差し――近年なぜ神社の「復興」が目立つのか」（『非文字資料研究』一三号、二〇一六年）三九―六二頁、黄心宜「台湾における神社の位置づけ」（『文化交渉　東アジア文化研究科院生論集』九号、二〇一九年）二〇三―二二四頁、野口英佑「台湾における日本統治時代の神社の再建に関する一研究――キーパーソンの働きから見る鹿野村社の再建前夜」（『次世代人文社会研究』一七号、二〇二一年）二四一―二六三頁などがある。また、神奈川大学非文字研究センターホームページにある「海外神社（跡地）に関するデータベース」からは、台湾の神社跡地の状況について網羅的に知ることができる。

（9）陳鸞鳳『日治時期臺灣地區神社的空間特性』（學富文化事業有限公司、二〇〇七年）三五一頁。

（10）台湾総督府文教局『現行台湾社寺法令類纂』（帝国地方行

政学会台湾出張所、一九三六年）三六九頁。

(11) 例えば、山地に暮らす先住民集団には税が課されない一方で開発の労働力として徴用の対象とされた。平地の先住民集団は納税が課された上に、労働力として徴用の対象となった。こうした労働は「義務労働」、アミ語では「ミサクリ（*misakuri* 苦力から来ているとされる）」と呼ばれ、調査地では港湾工事や橋梁工事に従事したときの様子が語り継がれている。

(12) 新港庄役場『新港庄管内概況一覧簿』（新港庄役場、一九八五（一九三九）年、成文出版社『臺東廳街庄概況輯存』所収）二九頁。

(13) 能久親王は、一八九五年台湾で陣没した北白川宮能久親王を指す。これらの祭神および例祭日は台湾神社と同じである。

(14)『神社及社総覧』（台湾総督府文教局、一九三七年）二七頁。

(15) 詳細については、西村一之「台湾東部における「歴史」の構築――「祠」から「神社」へ」（『日本女子大学紀要　人間社会学部』二一号、二〇一〇年）一―一六頁を参照。

(16) 以下は、西村（二〇一〇）の一部を要約加筆し、その後の動向を加えている。

(17)『理蕃志稿』など植民統治期に記された日本植民統治側の記録では「成廣澳事件」と記されているが、先住民族の主体性が重視される歴史観が構築浸透する中、当地のアミ住民の中で使われている名称を採用し、現在は「麻漏茬事件」と呼ばれている。

(18) コンクリート製の台座を傷つけるなどすると悪いことが起きると住民の間で語られていた。こうしたいわゆる俗信をアミ語ではパイシン（*paisin*）と呼ぶ。

(19)「原住民族」は、憲法に基づいた、台湾の先住民族に対する正式名称である。原住民族委員会は、一九九六年に設立（当時は原住民委員会、二〇〇二年改称）、そのトップは日本の大臣クラスに相当する。

(20) これについては、事前に相談を受けた町中心部に住む日本統治を知る高齢の地方史家（漢人）からの助言があった。

(21) 林美容「宗主国の人間による植民地の風俗記録――佐倉孫三著『臺風雜記』の検討」（『台湾における〈日本〉認識――宗主国位相の発言・展開・再検証』風響社、二〇二〇年、「殖民者對殖民地的風俗記録――佐倉孫三著《臺風雜記》之探討」（『台湾文献』五五巻第三期、二〇〇四年の翻訳）二五六頁。

(22) フランスの社会学者モーリス・アルヴァックスは『集合的記憶』（行路社、一九八九）の中で「空間的枠の中で展開しないような集合的記憶は存在しない」（一八二頁）と述べ、記憶の想起と空間の関係を重視するよう指摘する。

(23) 上水流久彦「台湾の植民地経験の多相化に関する脱植民地主義的研究」（『帝国日本の記憶――台湾・旧南洋群島における脱植民地化』（慶應義塾大学出版会、二〇一六年）二六一―二八八頁。上水流は、本書第Ⅰ部掲載の論考で、この四つに加えて「遊具化」を指摘する。遊具化は現地において日本に行かなくとも日本を享受できる点において、日本を不問とする溶解化とは異なると述べる。

(24) 武知正晃「台湾における日本時代の建築物を見る眼差し――近年なぜ神社の「復興」が目立つのか」（『非文字資料研究』一三、二〇一六年）五六頁。

(25) 例えば前掲注1野口論文など。

付記　現地調査にあたりご協力いただいた成功鎮の方々にお礼申し上げる。特に王河盛氏には、多大なご助力を賜ったことを感謝いたします。

東アジアにおける建築系産業遺産の保存と活用

市原猛志

いちはら・たけし――熊本学園大学商学部講師、NPO法人北九州COSMOSクラブ副会長、九州大学大学文書館協力研究員。専門は産業技術史、観光学、材料史学。主な著書に、『北九州技術革新史（全体編）』（北九州産業技術保存継承センター、二〇一三年）、『熊本の近代化遺産（上・下）』（共著・弦書房、二〇一三／二〇一四年）、『産業遺産巡礼』（弦書房、二〇一九年）などがある。

産業遺産に対する評価は、その建造当初期から産業転換期、現在に至るまで大きく変動している。とりわけ二一世紀に入り産業遺産の評価が進んだ背景には、ユネスコによる産業遺産の世界遺産への重点登録方針が大きく影響している。本稿では、韓国及び台湾での産業遺産活用事例を紹介し、活用にかかる各国の姿勢と日本国内の課題について述べた。

一、産業遺産を取り巻く周囲の見方、その特異性

（一）産業遺産の特徴と「機能美」

産業遺産、という言葉で想起されるものにはどのようなものがあるだろうか。おそらくは、富岡製糸場や官営八幡製鐵所に見られるような、工場施設や橋梁・港湾施設などの実用的な施設と考える方が多いだろう。これら施設は、現役施設として稼働している時期においては、一般市民にはあまりなじみ深いものではなく、また建築分野に限ったとしてもその多くが、ヨーロッパ圏の各種建築に見られるような、表面に装飾が施された、美的価値を喚起させる建物とは言い難い。どちらかと言えば、生産性を優先するために無駄を極端まで省いた、機能性を重視する施設の方が多い。

これら施設固有の「機能美」を褒め称え、評価する動きが二十世紀のヨーロッパで起こっていた。ひとつは、アールデコ様式に代表される工業化できる芸術であり、これはドイツ

のツォルフェライン炭鉱業遺産群が二〇〇一年に世界遺産登録された理由のひとつとして挙げられる。もうひとつがイタリアとロシアで流行した「未来派」の思想である。未来派の動きによって工場建築を代表とする産業景観が新たな美のひとつとして捉え直された。これらの事例は、産業遺産が同時代的に他のサービス産業や一般住宅建築と同様の建築として、時には贅をこらし、富の象徴として、あるいは産業発展のシンボルとして評価されていたことを示しており、これは東アジア圏においても同様のことが起こっていた。環境問題が深刻化するまで、後に産業遺産となる工場建築はその存在が私たちの生活を豊かにし、都市に繁栄をもたらす象徴であった。

この考え方が大きく変化したのは、高度成長期に発生した公害問題である。先端技術と近未来の象徴的存在であった工場が一気に「悪い景観」の代表となり、都市から工場が排除される結果を招いた。一九六〇～七〇年代頃は、公害による被害が私たちの命を脅かすものであり、それを生み出す工場は忌避すべき対象であった。その考え方自体は時代の変化の中で否定し難いが、この考え方が環境の改善がなされた比較的近年までステレオタイプとして残り、貴重な産業遺産が議論されることなく取り壊されてしまったことは、現代においては大きな不幸と言える。

（2）東アジアにおける産業遺産への文化財的評価

喪われゆく産業遺産に対して、各国の研究者団体や行政における調査と評価体制が構築されたのは、それほど古い話ではない。その始まりは日本が比較的早く、一九七七年の産業考古学会（現・産業遺産学会）の設立と一九八五年の学会推薦産業遺産の創設・発表、文化庁における産業遺産を含めた近代化遺産総合調査（一九九〇年～）が二十世紀に開始されるなど先行している。韓国においても二〇〇一年の文化財保護法改正に伴う登録文化財制度の導入と近代の建造物の再評価を皮切りに、竣工後一〇〇年経った建築物を「二世紀建築」として評価し、紹介する書籍が一時期流行した。

台湾では、二〇〇二年から国内の世界遺産候補の選定作業を行うとともに、後述する「文化創意産業」の確立を目指した活動の一環として、近代に作られた建物の芸術空間としての活用をもくろんでいる。それら成果は二〇一〇年前後より台湾各地の「文化創意園区」事業として結実し、多くの歴史的価値を持った産業遺産が活用されている。中国でも二〇一八年一月に産業遺産を「文化遺産・記憶遺産・アーカイブ遺産」と分類した上で、一〇〇箇所の産業遺産を保存すべきものとして政府発表し、保護や活用を目指す動きがある。

このように産業遺産に対する評価が高まった背景には、産業遺産に対する国際的な評価の変化と次節で詳述するユネスコ世界文化遺産における登録対象拡大が大きく影響している。

二、産業遺産の評価と保護の歴史

(1) 産業遺産研究の起点

産業革命期以降の各種技術遺産を産業遺産として評価する動きは、一九五〇年代のイギリスから始まった。第二次世界大戦後の住宅供給不足を背景に、郊外再開発に伴って解体撤去される産業遺産を産業革命期の記念物として記録し、保存する動きが、マイケル・リックスら先駆者によって提唱され、一九七四年には英国産業考古学協会が設立された。このように産業遺産研究の始まりは保存活動と表裏一体であったため、発展途上国における開発の流れの中で、産業遺産に対する調査が世界的に進められていった。これと時期を同じくして、ユネスコ（国際連合教育科学文化機関）は一九七二年に発展途上国の開発活動によって喪われつつあった各種の文化遺産や自然遺産の保護を図るべく、世界遺産条約（正式名称は世界の文化遺産及び自然遺産の保護に関する条約）を採択し、この条約の中で保護すべき文化遺産に産業遺産も含まれることとなった。

このユネスコの世界遺産に早い時期に登録された産業遺産は、イギリスのアイアンブリッジ渓谷（一九八六年登録）をはじめ数えるほどしかなかったのだが、アジアでの産業遺産保護の意識を高めた変化が一九九〇年代に起こった。タイのプーケットで一九九四年に開催された第十八回世界遺産委員会では、それまでに登録された世界遺産がヨーロッパ圏かつキリスト教関連遺産群など特定の時代と地域、分野に偏りすぎているとして、これら不均衡の是正を図るべく、「世界遺産一覧表における不均衡の是正及び代表性・信頼性の確保のためのグローバルストラテジー：通称グローバルストラテジー」が採択された。このグローバルストラテジーでは、比較研究が進んでいる分野として、二十世紀建築や文化的景観とともに産業遺産を挙げ、これらの登録を行うように提案がなされた。

(2)「木の文化」と建築技術の継承

アジアの建造物に特徴的な木の文化には、未来永劫その構造物がそのままの形を維持することは出来ないという考え方のもと、定期的な建て替えを推奨することがある。これは、日本においては良質な木材が一般家屋に流通することが少なかった歴史的経緯から、有力な社寺が建て替えを行うことにより、建て替えられることで発生する古い部材を引き取り、建材として再利用する発想があったからだ。この代表的事例が伊勢神宮における式年遷宮であるが、かつては他地域の大きな神社で行われていたことでもあった。伊勢神宮において建て替えられる社殿は、以前に建てられたものと寸分違わぬように作られている。ここでは建て替えられる過程を経て、社殿を作る宮大工としての技術を後世に継承する意味合いをも含んでいる。

このようなアジアの木造建築における定期的な建て替えの考え方は、ヨーロッパ宗教建築のような災害の少ない地域での石の文化にはなかなか理解されにくい。建て替えられたものが元のものと同じだけの価値を持つものなのか、これは日本における有形文化財制度の中でも葛藤がなされていた部分である。

建て替えても同様の価値を持つだけの技術を継承する行為に対する価値付けなど、従来の世界遺産に価値の多様化を反映させるため、一九九四年に世界文化遺産奈良会議において「オーセンティシティに関する奈良ドキュメント」が採択された。ここでは、世界遺産たる真正性の典拠について、文化の多様性を指摘したうえで、「形態と意匠、材料と材質、用途と機能、伝統と技術、立地と環境、精神と感性、その他内的外的要因を含む」として、現存する有形物のみならず、技術や精神的な文化の継承も含むと定義づけた。このことによって、機能的な問題から定期的に部品交換が必要な現在使用されている施設なども世界遺産に登録ができるようになり、産業遺産の世界遺産登録にとっても追い風となった。

(3) 産業遺産保護に向けた指針の策定

産業遺産に対する理解それ自体は前項までの流れを踏まえ深まったと言える。しかしながら、産業遺産の保護に関する具体的な方針については、ヴェネツィア憲章(一九六四)のなかで歴史的資源の継承として、都市を含めた建築を取り巻く環境、痕跡などにも保全を図るべきであると唱えられているほかは、それぞれの国の文化財制度の中で一部産業遺産の保存が図られている状態であり、その扱いは他の文化財に比較すると手厚いものとは到底言えなかった。

これの改善を図るべく、産業遺産の国際的な研究者連合組織であるティッキ(国際産業遺産保存委員会)が、二〇〇三年のロシア・ニジニータギルでの総会で制定したニジニータギル憲章では、産業遺産を、

「歴史的、技術的、社会的、建築学的、あるいは科学的価値のある産業文化の遺物から成る。これらの遺物は建物、機械、工房、工場及び製造所、炭坑及び処理精製場、倉庫や貯蔵庫、エネルギーを製造し、伝達し、消費する場所、輸送とその全てのインフラ、そして住宅、宗教礼

拝、教育など産業に関わる社会活動のために使用される場所から成る。」

と定義づけた上で、特にその産業が稼働していたときの状態をいかに維持し、活用しうるか、地域の資源として貢献できるか明文化し、その機能的な完全性を保存し、整備することを提唱している。

さらにこの憲章を実効的なものにしていくため、ティッキに加え世界文化遺産の登録諮問機関であるイコモス（国際記念物遺跡会議）が二〇一一年に産業遺産に関する共同原則（ダブリン原則）を示した。ここでは産業遺産の保存対象・範囲を明確にするとともに、景観としての保全を提唱し、現役施設が産業遺産の範囲に含まれることを明文化している。このダブリン原則では、産業遺産に対して、特にその機能的な部分を確認できる状態で保存活用を図る必要があり、一般的な近代建築よりも保存活用のハードルが高いものであると位置づけ、以下のように述べている。

「産業遺産の保存では、機能的な完全性を保存することが重要であり、したがって産業遺跡への介入はこれをできるだけ整備することを目的としなければならない。機械又は構成要素が撤去されたり、遺跡全体の一部となる従属的要素が破壊されたりする場合、産業遺跡の価値と真正さは大幅に損なわれることになりかねない。」

産業遺産の価値としては当初の姿に復元することそれ自体が価値を損ねることになっているとされる。確かに外観の変更に関しては、文化財の保護にあたって古今東西問わず慎重に行う必要があるが、殊に日本国内においては、当初の姿に戻すことが正しいと見なされることが多く、これはレプリカ建築においても同様のことが行われている。ただし、産業遺産の景観としての配慮で言えば、長年親しまれていた姿に留めることもまた、いわばもうひとつの正解と言えるのではないだろうか。

二〇〇七年の「石見銀山遺跡とその文化的景観」が日本における最初の産業遺産として世界文化遺産に登録されたが、この遺産は産業遺産の世界遺産登録であるという時に鉱山遺跡が持つ景観的価値についても言及している。その後、二〇一四年には「富岡製糸場と絹産業遺産群」、翌二〇一五年には「明治日本の産業革命遺産——製鉄・製鋼、造船、石炭産業」が世界文化遺産に登録されたことは周知の通りである。

三、台湾における産業遺産の積極的な活用

(1) 文化創意産業政策とその成果

東アジアにおける産業遺産の活用先進地として台湾を外す

図1　華山一九一四文化創意産業園区（2009年、筆者撮影）

ことは出来ない。多種多様な産業遺産の多くは清朝末期から日本統治時代に作られ、国民党政権の台湾進出後も、国営工場施設として、または現地民間資本によって稼働が続けられた。国営の工場施設の多くは閉鎖後日本や韓国に挙げられる土地開発計画もなく、廃墟のまま放置されることが多かったが、これらに大きな変化をもたらしたのが、二〇〇二年から始まった政府主導の「文化創意産業」施策である。台湾政府は台湾の発展計画のひとつに文化と創造性との融合を打ち出し、歴史的資源の活用に国家を挙げて支援を表明した。その最初期に数えられる代表例として、台北市街地中心部に遺る旧酒工場で一九九七年からNPO法人によって芸術文化空間として活用され、現在は民間会社が主体となり産業遺産の活用を続けている「華山一九一四文化創意産業園区」（**図1**）、そして鉱山分野で台湾初のエコ・ミュージアム（生活環境博物館）という位置づけで、金鉱山跡地を二〇〇四年から鉱山記念館とした金瓜石黄金博物館が挙げられる。両事例とも、その地に元々あった産業遺産を活用し、芸術空間としての利用を皮切りに商業施設としての活用が順次為され、また国内観光客を招く人気のスポットとなっている。

(2) 平渓線沿線における炭鉱施設の活用事例

炭鉱分野においては、台湾北部に位置する平渓線沿線の炭鉱施設の観光利用が特筆される。この平渓線は、元々石炭運搬目的で整備された産業鉄道であることも大きな特徴である。

台湾北部はアジアの中でも有力な炭鉱地帯のひとつであった。その中でも有力な炭鉱と目されていた菁桐《チンドン》坑開発のため、民間企業である台陽鉱業が一九二二年貨物専用鉄道として開業したのが平渓線である。この路線は一九二九年には台湾総督府に買収され、戦後は台湾鉄路管理局が運営を行い現在も運行を続けている。その歴史的経緯もあり、沿線には炭鉱施設が多く現存しているが、それらの多くで産業遺産を活用する形でのまちおこし事業が順次行われている。

この平渓線沿線にある新平渓《シンピンシー》煤礦博物園区は、民間主導による炭鉱跡地利用のひとつである。この施設は元々新平渓炭鉱という名称で一九六五年に設立。一九六七年から一九九七年までの三十年間石炭の採掘が行われていた。比較的近年まで現役の施設であったことから、炭鉱業で使用されていた各種機械や歴史的資料が多く現存しており、これらを展示品として、二〇〇二年から現在の博物館となった。

この博物館では、かつて炭鉱操業時に使用していた敷地一帯をそのまま野外博物館として利用しているため、敷地が三四ヘクタールと非常に広大である。そのためここでは、炭鉱で使用していたトロッコ台車と機関車を動態保存し、館内の移動用に利用している。

もうひとつの特徴として、一九九七年の閉山時点から施設撤去がそれほど行われなかったため、炭鉱操業時の雰囲気を良好に遺していることが挙げられる。日本における博物館整備の場合、来場者の安全性を確保する観点から、一般入場者を入れる前に整備が行われ、例えば三池炭鉱万田坑のように、結果として現役当時の雰囲気を損なってしまった施設も見受けられる。ここ新平渓煤礦博物園区では、閉山時に時間を止めたかのような施設が現存しており、将来の施設維持の点では種々問題も想定されうるが、廃墟好きにも産業遺産好きにも喜ばれる管理方針がなされている。日本との連携意識も強く、二〇一二年のティッキ（国際産業遺産保存委員会）第十五回本会議が台湾で開催された際に見学会のコースに組み込まれ、各国から多くの専門家の目に触れたことを機会に交流が進み、二〇一六年十月には日本の田川市石炭・歴史博物館と友好館の協定を締結。東アジアの博物館連携にも大きな一歩を進めようとしている。

(3) 猴硐坑休閒園区と未利用石炭産業遺産

新平渓煤礦博物園区の活用以外にもこの平渓線沿線には炭鉱遺産を活用したエリアが点在している。猴硐《コンドン》坑休閒園区は瑞三鉱業による石炭採掘が行われていたところであり、石炭運搬路線であった平渓線の猴硐駅前にはかつての炭鉱設備が林立しており、これらが観光施設として整備、二〇一三年より一般公開されている。観光施設としての整備は複数年度に渡り、徐々に進められており、筆者が訪れた二〇〇九年段階ではオープンはされていなかったものの、一九二〇年につくられた運炭橋と整炭工場の整備が終了していた（図2）。ここでの整備の際に興味深いところとして、日本では整備方針

図2　猴硐坑休閒園区整炭工場（2009年、筆者撮影）

が決まった段階で利用できないレベルまで朽ちてしまったものに関しては、いったん撤去を行い、その上で整備工事が行われるが、ここ猴硐坑の場合では規制線を設けているものの朽ちたものはそのままに整備が進められている。このような事例はここ以外にも台湾の鉱山関係の産業遺産でしばしば見られるもので、当座の安全性よりも現状の景観に対する配慮や歴史の継承を重視している台湾の産業遺産に対する日本との方針の違いを見て取れる。

一方、ここ台湾における産業遺産の保存に関しては、基本的には最盛期の設備に復原するという方針については日本と共通する部分も存在する。猴硐坑休閒園区では現状に不足している部分を含め、新たにトロッコ軌道を整備し、坑道体験として観光利用されている。産業遺産として見学する価値を持っている猴硐坑休閒園区であるが、現状は猫村としての知名度が高い。アメリカＣＮＮによる「世界六大猫スポット」として採りあげられたことから、国内外から多くの観光客を招くスポットへと成長を遂げている。

以上の台湾の事例で見られる特徴として、台湾では産業遺産を文化施設や商業施設として積極的に活用する流れと廃墟としてそのままの形を愛でる流れとが存在し、その両方が支持されている現状を確認できた。今回は石炭産業遺産を中心に述べてみたが、平渓線には日本統治時代に建てられた姿をそのまま保つ終点・菁桐駅をはじめとして、未だ多目的な利用がされていない産業遺産が多く現存する。台湾南部においても高雄市におけるPier-2 Art Centerのような貨物駅近隣の港湾物流倉庫群を活用した事例など、活用の数や種類は多く、ここから他の国々が学ぶべき要素は多い。

四、韓国における産業遺産の活用例

(1)韓国の石炭産業とその足跡

東アジアにおけるもうひとつの産業遺産の活用地域例として、大韓民国北部江原道における炭鉱施設を紹介したい。朝鮮半島の中央部に位置する江原道の太白地域は、かつて炭鉱業で大きく栄えた地域で、最盛期(一九六〇~七〇年代)には、韓国の三〇パーセントに及ぶ石炭生産量を誇っていた。坑口も五〇〇近くあり、日本における筑豊炭田の規模と似通っている。筑豊地域との類似点は炭鉱の閉山についても同様で、筑豊においては一九六〇年代に大量閉山を迎えたが、韓国江原道では一九九〇年代から政府による閉山政策がとられるようになる。

江原道にとっての不幸は、一九九〇年代の炭鉱閉山期と国家財政が破綻寸前に陥り国際通貨基金(IMF)による資金支援を受けていた時期(一九九七~二〇〇一)とが重なったことである。日本の旧産炭地の多くは炭鉱跡地の比較的整った交通インフラを利用する形で工業団地を誘致することが出来たが、韓国の場合は、「廃坑地域振興特別法」が制定され、これに基づいて江原道にカジノの誘致が図られた。これを皮切りに、二〇〇六年にはスキー場が誘致され、カジノやゴルフ場、ホテルなどを合わせた複合レジャー施設であるハイワン(High1)リゾートとして現在も地域の一大産業となっている。このリゾート施設・江原ランドは、莫大な税収増加をもたらすとともに、閉山地域出身者の雇用の受け皿としても機能した。江原ランドは五三〇〇人の従業員を雇用するとともに、カジノで得た収益の一部を地域社会に還元し、教育環境の改善やまちづくり活動への支援を行っている。その中で、文化事業のひとつとして石炭産業遺産の活用が行われている。

三陟炭座(炭鉱)は、江原道にある古い炭鉱のひとつで、戦前期から創業していたが、二〇〇一年に閉山した。この炭鉱跡地に政府補助金を活用する形で、二〇一二年からアートギャラリーが設けられた。炭鉱施設の建物や設備を運営者にそのまま貸し出すことで、産業遺産のリノベーション(建物改修)を行い、施設を活用したギャラリーになった事は韓国の中でも特筆すべき事例と言える。この施設・三炭アートマインは、エリアの象徴的設備としての竪坑櫓と、その下にレストランとギャラリーが置かれ、また一部の炭鉱設備はそのままの形で見学できるようになっている(図3)。運営費は事業収入で成り立っており、短期間のアーティストレジデンス(芸術家の居住空間)と一体化していろいろな作品を作り、それを販売することで芸術家とのコラボレーションと知名度向上に尽力している。炭鉱跡地という空間を活用し、イギリス・ロンドンのテート・モダンを目指すという意気込みで芸術家の意欲を高め作品を作る、それ自体に対しての評価は十分出来るが、展示空間としては美術展示が総花主義であることはいなめない。学芸員はひとりしか置かれておらず、展示品に統一したテーマが絞られていないことが今後の課題と言える。

閉山が日本に比べ比較的遅かったこともあり、産業遺産の活用といった点では、建物上屋としての積極的な芸術空間への利用が展開されているが、それはあくまでも非日常空間としての評価であり、当時の姿を活かす、あるいは産業遺産としての記憶を活かすという点においては、まだまだ試行錯誤の状態が続いている。同じ江原道には、日本の場合は池島炭鉱に見られるような、水平坑道をトロッコに乗り移動するような坑道の疑似体験が出来る旧東原炭座の活用事例もあり、産業遺産全体としての保存と活用の方向性は、日本と歩みを同期していると言って良い（**図4**）。今後どのように進化を

図3　三炭アートマイン（2018年、筆者撮影）

図4　旧東原炭座（2018年、筆者撮影）

たどっていくかについては、注意深く見ていく必要性があるだろう。

結論と課題

これからの東アジア地域を考える際に、持続可能型社会を想定した地域の維持発展を担うものとして、産業遺産というストックの活用は欠かせないと言えよう。産業遺産は、その対象施設の現役如何に関わらず、作られてから既に一定の年月が経過し、その地域における景観を代表する存在となっており、また地域発展に貢献し続けてきた歴史を内包する。とりわけ近代に作られた産業遺産は**図5**に掲げるように都市の持っている個性を演出しているとともに教育や観光などに活かすことの出来る多様性を内包している。

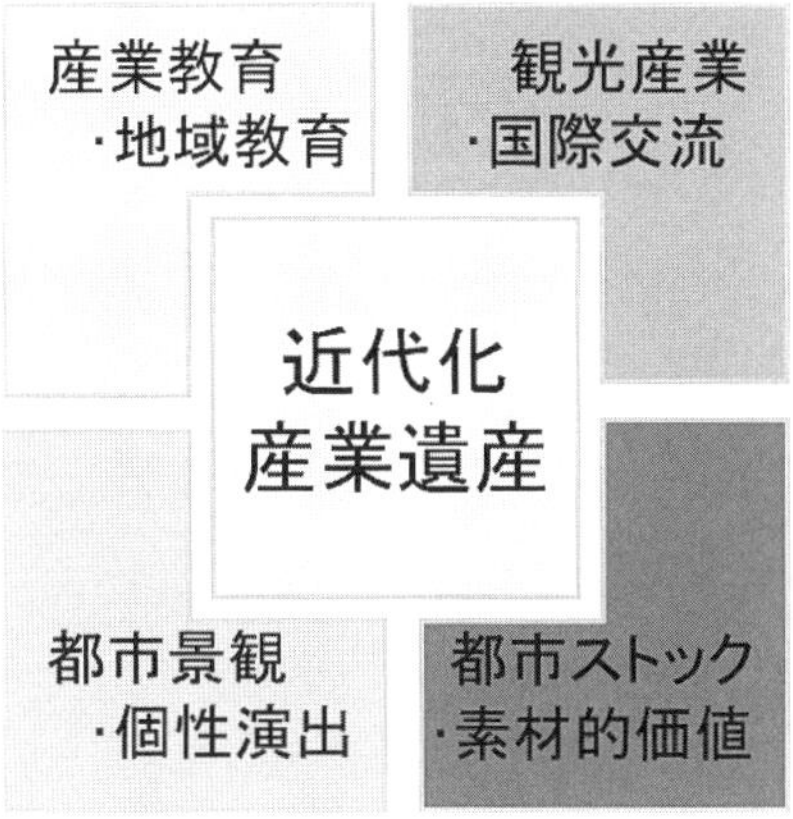

図5　産業遺産の活用にかかる各要素

地域の産業遺産の価値をより高めていくためには、住民の生活向上のために稼働してきた施設群の歴史的価値を理解した上で、どうすればそれらが稼働時の状態のままで、将来に伝えることが出来るかにかかっている。

産業遺産の国際的な規範として前述したニジニータギル憲章では、美的価値・イベント的価値以外の「動き活動し続けることの魅力」と産業が持つ価値を明瞭に表現することの重要性を訴えている。その意味では、韓国や台湾で見られる石炭産業の活用、トロッコ列車としての軌道の利用は好ましい事例と言える。

日本でのこれら鉄道施設の利用が進まない背景には、安全性を重視する中での法律による規制が大きい。産業遺産の活用では常にその採算性を求める声があり、新たに建物を作り、地域住民の生活をより向上させる、または地方自治体の税収を増やすためのショッピングセンターや住宅団地などを求める声に流されることも多い。特に日本の場合は、炭鉱を含めた工場施設という存在自体が事故を招き、公害や工場閉鎖時の哀しい体験を内包し、国際的なトラブルを誘発する「厄介者」として語られることもあることから、その設備遺構自体を撤去し、記憶からも消し去ってしまいたいと望む住民も少なくない。

本稿で事例として掲げた台湾における文化政策・「文化創意産業」は、産業遺産の観光利用に際し大きな原動力となったが、それ以上に地域のアイデンティティを呼び起こし、新たな魅力として住民に再認識させるきっかけにも繋がった。また、韓国の太白市における炭鉱跡地の利用は、これからの可能性を模索するモデルとして非常に興味深い。アジアにおける産業の痕跡をどのように自分たちの資源として活かしていくか、それまでの産業に関わってきた世代が引退するに伴って、産業遺産が産業や労働に対する是非だけでなく、その構造物としての客観的な価値を判断できるようになってきた今、改めて産業遺産を活かし、これからの文化的生活を豊かにしていくための知恵が、今を生きる私たちに求められている。

参考文献

種田明「産業考古学の構図と構成」(『日本の産業遺産Ⅱ　産業考古学研究』玉川大学出版部、二〇〇〇年)

金賢貞「韓国の文化財行政と「近代」――「登録文化財制度」の新設を中心に」(『国際関係紀要』第28巻第1号、二〇一八年)

国際シンポジウム「台湾における近代化遺産活用の最前線」(独立行政法人国立文化財機構東京文化財研究所、二〇一九年)

『産業文化資産保存與再利用管理参考手冊』(文化部文化資産局、二〇一二年)

신영훈・이상해・김도경지음『우리건축 100년』(현암사、二〇〇一年)

宋奉虎「日本と韓国の近代遺産の捉え直し」(韓国日本近代学会、二〇一七年)

「台湾世界遺産の候補地ガイド Introduction to Taiwan PotentialWorld Heritage Sites」(行政院文化建設委員会文化資産管理処準備室、二〇一一年)

中澤秀雄、木村至聖『韓国江原道および台湾北部の炭鉱関連施設(JAFCOFリサーチペーパーVol.1)』(産炭地研究会、二〇一七年)

西村幸夫、本中眞『世界文化遺産の思想』(東京大学出版会、二〇一七年)

宮畑加奈子「台湾文化資産保存法改正(二〇一六)の概要について」(『広島経済大学研究論集』第四〇巻第三号、二〇一七年)

『明治日本の産業革命遺産製鉄・製鋼、造船、石炭産業」世界遺産登録記念誌』「明治日本の産業革命遺産」(世界遺産協議会、二〇一八年)

楊志剛「遺産的新類型及保護新思維」(復旦大学、二〇〇八年)

市庁舎は誰のもの？
――国登録有形文化財・大牟田市庁舎をめぐる事例より

永吉　守

ながよし・まもる――西南学院大学・福岡県立大学・久留米高専ほか非常勤講師、久留米大学比較文化研究所研究員。専門は文化人類学（文化遺産論・ライフヒストリー）。主な著述に、九州産業考古学会筑後調査班編『筑後の近代化遺産』（筆頭編者・共著、弦書房、二〇一一年）、「身近な地域に学び・伝える――「社会調査実習」担当教員の経験より」（神本秀爾・河野世莉奈・宮本聡編『ヒューマンスタディーズ　世界で語る／世界に語る』集広舎、二〇二二年）などがある。

大牟田市庁舎本館（一九三六年竣工）は、国登録有形文化財でもある現有の行政施設である。二〇一九年に大牟田市は新庁舎建設・現庁舎解体案を提示、これをめぐり二〇二二年も賛否両論の議論が繰り広げられている。ここでは、現庁舎の保存・活用をめざす市民運動と行政当局の動きを概観し、多様な主体からの声が建造物の価値づけに大きな役割を果たしていることを提示する。

はじめに

本稿は近現代を通じて「日本」の内部にあり、大日本帝国期に竣工した一地方都市の市庁舎の現在をめぐる事例考察である。筆者は文化遺産(1)を題材とした文化人類学の研究者であるが、かつて三池炭鉱が存在した福岡県大牟田市の出身・在住であり、そこで炭鉱関連の産業遺産の保存運動を展開してきたＮＰＯ法人の理事でもある。ただし、本稿でとりあげる事例に関しては、上記ＮＰＯ法人から派生した新たな保存・活用運動団体（後述）の趣旨に賛同し、加入しているといった程度の関与であり、本稿はその保存・活用運動側を中心とした参与観察的なフィールドワークに基づいた記述である。

一、大日本帝国期に建設された現庁舎

大牟田市庁舎本館(2)（以下「現庁舎」と略）は前庁舎を一九三三年に火災で焼失したことに伴い、一九三六年に竣工した。折しも大牟田が三池炭鉱とその関連産業で発展を遂げつつあ

る時期であり、また日本全体が帝国主義的な様相を強くした満州事変と日中戦争開始間の時期でもある。そして、一九九七年の三池炭鉱閉山を過ぎてもなお存在することから、三池炭鉱の栄枯盛衰を見守ってきた象徴的な建造物である（**図1**）。

現庁舎は旧戸畑市庁舎（現・戸畑図書館、一九三三年竣工）とともに福岡県営繕課の設計[3]であり、鉄筋コンクリート造で中央に塔屋のある当時としてはモダンで瀟洒な西洋風建造物である（**図2〜4**）。また、現庁舎はJR・西鉄の大牟田駅至近にあり、塔屋が駅内外や列車車窓からも見えるので、在住者のみならず大牟田市に何らかの形で関わる者には「大牟田」を象徴し、集合的記憶と一体となりうるランドマークでもある。

あくまでも素人の印象論に過ぎないが、西洋風で塔屋のある現庁舎は、本書の他の論考で紹介されている日本の植民地における官庁建築や同時代に建築された日本国内の県庁舎建築、および（大都市の）市庁舎建築[4]とのデザインの類似性があると感じられる。現庁舎は、一九九〇年に始まる「近代化遺産総合調査」の対象となり[5]、その後、三池炭鉱関連の諸施設が文化財指定・登録されていくなかで、二〇〇五年十二月に国の登録有形文化財となった（登録名称は「大牟田市役所本庁舎旧館」）。また、現庁舎

図1　大牟田市庁舎（本館）全景（屋上右手に防空監視哨、針金洋介氏撮影・提供）

図2　エントランス「大牟田市廳」と右から横書き（針金洋介氏撮影・提供）

図4　柱と壁面の装飾（針金洋介氏撮影・提供）

図3　市庁舎本館内市議会議場（針金洋介氏撮影・提供）

図5　防空監視哨（針金洋介氏撮影・提供）

は太平洋戦争時の空襲に備えた高射機関銃台座や防空監視哨を備え（図5）、実際に二度の空襲を乗り越えた戦争遺産でもある。

二、市庁舎の所有をめぐる問題

ここで、タイトルに掲げている「市庁舎は誰のもの？」について、筆者なりの考えの枠組みと用語の整理を試みたい。

筆者は、三池炭鉱関連施設という民間の所有物を行政や市民団体がその価値を見出し、文化財としたり地域の財産だとして保存していく過程を観察したり、筆者自身が主体的に保存を訴えたりしてきた。こうした民間施設に対しての保存や文化遺産化をめぐる状況においては、所有者は行政や市民団体の意図を無視して解体することも多い一方で、所有者の善意により、資産を行政当局や民間団体に譲渡・売却したりして保存や文化遺産化がかなう場合もある。その際に大きな声になるのは、地域住民だけでなく、より広い様々な主体、例えば、地域外の文化遺産愛好家であったり、文化財や建築の有識者や学会であったり、ウェブによる署名であったり、場合によっては海外の団体やグローバルな組織であったりする。三池炭鉱関連施設のいくつかがユネスコ世界文化遺産「明治日本の産業革命遺産」の構成資産となったのも、そうした地域的にも属性的にも多様な人々の集合的な声がそれを実現させたといっていいだろう。

(1)所有主体の複数性とその困難性

しかし、市県庁舎の場合、直接的には地方自治体が所有権を有していると考えられ、また一方で形式的にはそこに住民票をもつ地域住民が所有しているとも考えられる。

このように、市県庁舎を解体したり新築したりする、もしくは保存する、といった場合には、民間所有の建造物とは異なった、やや複雑な所有の主体が想定される。(6) つまり、市県庁舎の場合、最も中心的な主体として行政当局および議会、その周縁の主体としてその地に住民票を持つ地域住民、さらに地域住民の周縁の主体として当該地域に出身地や職場といった形で何らかの関係をもつ者および当該の建造物に関心を寄せる建築や文化財系の有識者や愛好者、といった具合に想定できる。このような構造が存在しているため、当該地域に住民票を持たない者が、その建造物が大事であるとか価値があるとか保存しろといくら指摘したところで、当該地域に住民票を持つ地域住民や行政当局から「部外者が何を言っている」と一蹴されてしまう可能性があり、「当該地域に住民票を持つ地域住民が自治をしている」という建前がそれ以外の主体が口を挟むことを容易にしない、という困難性を生み出していることを指摘しておきたい。

本稿の大牟田市の事例では、後述するように大牟田市に住民票を持たないが何らかの形で大牟田市や大牟田市庁舎に縁故ある人々——例えば大牟田市在住ではないが、出身地であったり、家族親族の在住地であったりする人、大牟田市在住ではないが、職場が大牟田市内にある人、大牟田市外または福岡県外在住であるが、大牟田市庁舎の歴史性や建造物に関心を寄せる人、建築系や文化財系の専門家など——が構造的に困難な状況下においてもある種の声をあげ、地域住民主体の保存活動体を支援している。よって、本稿では、これまでの経緯を概観しつつ、その過程における多様な人々の関与を中心にとりあげる。

以下、本稿では、当該地域に住民票を持つ人々を「地域住民」と定義し、当該地域やそこに建つ市県庁舎に「何らかの形で縁故や関心(否定的な関心含む)がある人々」を「縁故者」と定義し、話を進めていこう。

三、庁舎整備をめぐる攻防

二〇一六年四月、熊本地震（十四日：M六・五、十六日：M七・三、いずれも最大震度七）により熊本県内の五市町村（八代市、人吉市、宇土市、大津町、益城町）の庁舎が倒壊・損壊した。[7]

このことで、熊本県に隣接する大牟田市の庁舎群に関しても緊急に耐震調査が実施され、二〇一七年三月に「大牟田市庁舎現況調査報告書」としてまとめられた。そこでは、築八十年余の現庁舎本館の耐震性能に問題ありとされ、来庁する地域住民より度々「建物の古さ」が問題視されていたこともあって、①庁舎の耐久性、②市民サービスに関する課題、③業務遂行に関する課題という三つの課題が提言された。[8]

（1）整備検討委員会と市当局アンケート

そこで市当局は庁舎整備検討委員会（計五回）を二〇一八年五月〜九月に開催、その間の六月〜七月に地域住民・団体・インターネットのアンケートを実施した。

このアンケートの結果[9]から、次の三点が焦点となった。①現庁舎の問題点として、バリアフリー非対応や入り組んだ配置による建物の使いづらさ、地震などに対する安全性の不安が挙げられた。②現庁舎を「建て替えてもよい」の割合（地域住民・インターネット・団体いずれも過半数）が「改修して、維持したい」よりも高かった。③「改修して、維持したい」を選んだ理由のなかで最も割合が高かったのは、地域住民アンケートとインターネットアンケートでは「歴史的価値が高いと思うから」で、団体アンケートでは「まちのシンボルだと思うから」であった。

このように、アンケートでは現庁舎の歴史性・象徴性を認めつつも、利便性・バリアフリー・防災機能に問題を抱えているために、「建て替え」意見が多いという結果につながっているとみえる。

しかしながら、このアンケートには回答の前提として「アンケート回答にあたっての参考資料」[10]が添付されており、そこにはいくつかの庁舎整備案が提示され、現庁舎保存が将来的な財政負担の増大を招くことを強く示唆した内容が記載されていた。このように、行政当局は「現庁舎解体ありき」でこの問題を進めてきたという印象が強い。

一方、二〇一八年十月に出された庁舎整備検討委員会の答申では、庁舎の整備のなかでの現庁舎本館の取り扱いとして「改修して、庁舎として使用する」という意見と「庁舎として使用しない」という意見に分かれ、「庁舎として使用しない」という意見のなかには、「建て替える」「庁舎以外の用途での活用を検討する」意見があり、結果として、委員会としての結論を出すまでには至らず」[11]となった。

（2）基本方針案策定

しかし、市当局は二〇一九年二月「大牟田市庁舎整備に関する基本方針（案）」（以下「基本方針案」と略）を策定、「本庁舎敷地内の庁舎（本館及び新館）は、耐震性能を有しておらず、老朽化も進行しており、維持や改修に多くの費用が見込まれる。また、「庁舎が備えるべき機能」への対応性も低い。これらを総合的に勘案し、建て替えることとする」[12]と現庁舎解体を推進する内容となった。[13]

（3）めざす会の結成と基本方針案に対しての反応

これに対し、大牟田市庁舎を歴史的なシンボルだと強く考える地域住民や縁故者も一定の割合存在していた。これまで三池炭鉱関連の産業遺産を保存・活用する活動を展開してきたNPO法人大牟田・荒尾炭鉱のまちファンクラブ（以下「炭鉱のまちファンクラブ」と略、筆者も理事）では、二〇一七年の「大牟田市庁舎現況調査報告書」が出た段階で、現庁舎解体を懸念し、この前後から現庁舎の価値の探究と保存・活用の方向性を議論し、二〇一八年内に現庁舎見学会や小規模な写真展を開催した。

しかし、炭鉱のまちファンクラブの現有組織では現庁舎保存運動を展開することに限界があり、より多様な地域住民や縁故者が広く参加した活動体が望まれた。そこで、市当局の基本方針案が出される直前に炭鉱のまちファンクラブ有志を母体として、現庁舎の保存・活用を求める団体を二〇一九年一月二十七日に結成した。これが「登録有形文化財大牟田市庁舎本館の保存と活用をめざす会」（以下「めざす会」と略）である。[14]

めざす会では、市当局の基本方針案に即座に対応して、現庁舎の保存・活用を求める要望書を市当局と議会に提出、加えて市議会議員に対するロビー活動を展開した。また、保存への署名活動や旧戸畑市庁舎を改修し図書館として活用した事例の現地見学会と講演会を開催した。

（4）大牟田市当局の反応と議会の反応

大牟田市当局は二〇一九年二月に計五回、基本方針案の説明会を開催した[15]が、そこでは地域住民から整備計画への批判意見、多額の財政負担を伴う新庁舎整備計画の経済非合理性を指摘する意見、文化財的価値から現庁舎解体反対の意見、新庁舎建設を推進する意見などが入り乱れた。[16]

また、同年二月末、庁舎整備検討委員会の元委員長（当時すでに委員会は解散）が、「市の本館解体方針は、委員会の答申が全く反映されていない」「本館の維持活用は別の検討委員会を要望」「本館は免震ではなく耐震改修で充分」「本館が次世代に引き継がれることを希望」として市長に抗議文を提出した。[17]

大牟田市議会では二〇一九年度予算審議において、拙速な新庁舎整備・現庁舎解体への疑問が生じた結果、予算から庁舎整備基本構想策定審議会設置の部分がカットされた形で修正予算が成立、[19]市当局は基本方針案を具体的に進めることが事実上困難となった。[18]

このようななか、二〇一九年八月、二〇一五年より市政の陣頭指揮と新庁舎整備を推進してきた中尾昌弘市長が、健康上の理由により任期満了（十二月）に伴う市長選に不出馬を表明。市長選では、国有形文化財登録時の元市長古賀道雄氏を含む三名が出馬表明し、十一月の投開票では、市庁舎問題に対して特に大きく触れなかった元福岡県職員の関好孝氏が当選した。

（5）強力な地域外サポーターとの協働体制

一方、二〇一九年にめざす会は、市庁舎の価値を訴える見学会を随時開催し、また、現庁舎を保存・活用しつつ耐震改修等の整備費用を最小限に抑える独自庁舎整備案を提出した。そのようななかで、めざす会の中心メンバー以外の大牟田市内のまちづくりを指向する個人・集団の協力だけでなく、市[20]外在住を中心とした人々からも強力なサポートを受けることになる。

その起点は、福岡市を拠点に活躍する建築家、松岡恭子氏で、松岡氏は二〇一九年七月にめざす会の開催する見学会に参加し、その建造物としての価値評価と保存価値を訴える記事を二〇一九年八月五日、産経新聞に掲載した。

松岡氏は、大牟田市庁舎の建築の外観・内装の特徴を評価し、大牟田市が明治日本の産業革命遺産の構成資産をもつことにもふれ、「当時の繁栄を象徴する建造物のひとつがこの大牟田市庁舎本館であることに異論がある人はいないでしょう」と述べ、老朽化と機能面との兼ね合いから建て替えを進める大牟田市当局の手法について「初めからボタンを掛け違えている」と批判した。[21]

さらに、松岡氏の呼びかけにより、公益社団法人日本建築家協会（ＪＩＡ）九州支部福岡地域会の有志およびＮＰＯ法人福岡建築ファウンデーションの有志が中心となり「大牟田市庁舎本館ファンクラブ」が組織され、めざす会との協働で現庁舎の保存・活用に向けて動き出した。

まず、建築写真家である針金洋介氏が撮影した現庁舎本館の作品を展示するという形で現庁舎の歴史性や魅力を発信する活動を展開、展示会は福岡市内のギャラリーおよび大牟田

図6　大牟田市庁舎本館写真展ポスター
（撮影・提供：針金洋介氏、ポスターデザイン：今泉琢磨氏）

市内の展示場二か所で二〇一九年の九月～十月に開催された（**図6**が写真展ポスター、**図1～5**も参照）。また、ウェブサイト「大牟田市庁舎本館ファンクラブ」(22)が構築された。同サイトでは、現庁舎の魅力を松岡氏の文章と針金氏の写真をもって紹介、めざす会の活動を含めた活動内容を逐次紹介し、さらに、サイト経由で広く大牟田市内外からのＦＡＮメンバーを(23)募った。結果として大牟田市外在住で縁故者のメンバーも多い。加えて、大牟田市当局へ庁舎整備のヒアリングを実施し、めざす会と事実上の共催で二〇一九年十月、二〇二〇年一月にシンポジウムを開催した。

（6）地域の内と外をつなぐサポート

また、こうした動きと前後して、現庁舎に対して縁故者や地域住民として記憶を持ち、文化財系の職に従事する二人が雑誌『西日本文化』に寄稿した。(24)一人は縁故者の井形進氏（九州歴史資料館・大牟田市文化財保護審議会委員）で、親族の家が大牟田にあった記憶とともに（現庁舎解体は）「（前略）…街の衰亡へのひと吹きにならないか、と憂えている」と訴えた。もう一人は地域住民の田畑春香氏（西日本文化協会）で、「せっかくある財産を、市みずから捨てることがあってはならない」と市当局の姿勢を批判した。そして、両氏とも地域住民の意思の重要性を指摘した。

（7）大牟田市（二度目）とめざす会のアンケート

二〇二〇年二月、大牟田市当局は二度目の地域住民へのアンケート調査を実施し、現庁舎本館の取り扱いについて次のように回答を得た。(25)

①残して次の世代に継承してほしい―二七・八パーセント、②解体して、新しい庁舎に建て替えてほしい―三〇・一パーセント、③地域住民の負担（財政的な負担）が小さい場合は残してもよいが、大きい場合は残さなくてもよい―三五・七パーセント、④わからない―四・三パーセントであった。

一方、二〇二一年四月～五月、「めざす会」により、市当

局による過去二回の調査と同規模の地域住民を主対象としたアンケートが実施された。この結果も要約してみる。(26)

（一）現庁舎本館は大牟田市のシンボルと思う―八四パーセント、（二）現庁舎整備手法として、①何らかの形で現庁舎本館を保存・活用したいという意見（設問ではその内容が五肢）―八四パーセント、②本館解体（設問ではその内容が二肢）―九パーセントであった。

めざす会は二〇二〇年度〜二〇二一年度も精力的に活動し、定期的に現庁舎の見学会を実施、大牟田市庁舎本館ファンクラブと協働して計三回の講演会を開催し、着実に現庁舎保存に賛同する人々を増やしつつある。

また、めざす会の活動に触発され、九州産業考古学会より保存要望書、日本建築学会九州支部より保存要望書が提出された(27)ほか、福岡市内の「福岡・住環境を守る会」が保存を願って「まちの宝賞」に現庁舎を選定した。

大牟田市当局は現庁舎解体・新庁舎建設という基本方針案を撤回したわけではないが、徐々に修正を余儀なくされているとみられる。大牟田市は庁舎整備の方向性を定める業務を株式会社日本総合研究所に委託、二〇二一年に同研究所が「公民連携による庁舎整備の実現可能性調査（サウンディング）」を実施、最終的に基本方針案の事実上の修正案を二〇二一年度内に複数提示予定である。ただし、現庁舎解体・新庁舎建設を導く案が提示・採用されることも可能性として想定されうるため、予断を許さない状況である。

むすび――結局、市庁舎は誰のものか？

これまでの通例では、近代の建造物を文化遺産として保存・活用する場合、その価値は文化財系の行政職員が中心となり、建築や文化財の専門家が助言を与えながら価値づけてきたとみられる。特に、国の登録文化財は市町村・県行政が文化庁に推薦し、文化審議会が評価して文部科学大臣の名で登録に至るものである。つまり、今般の大牟田市の基本方針案は、自らが文化財として認めた価値を自ら放棄することに他ならない。

ここで、筆者がこの庁舎問題に関して身近に経験したことを披露する。地域住民で大牟田市職員として現庁舎を日常的な職場として勤務する知人から「あなた、現庁舎の保存運動をやっているみたいだが、職員としては不意の大地震で建物が壊れて来庁者とか自分とかが死んでしまうことのほうが怖い。あなたはそれを考えたことがあるのか？　すぐに建て替えるべきと思う」という苦言を呈されたことがある。一方で、縁故者（大牟田市出身）で東京に在住する知人とＳＮＳ

のチャットで会話していた際に、大牟田市庁舎ファンクラブのウェブサイトの感想として「大牟田市庁舎は建設当時の技術や美的エッセンスがたくさん盛り込まれていて、生きた遺産なのだなと感じた」ときかされた。筆者は庁舎保存派の立場から、「心配はもっともだが耐震補強と内装の改装等により新築と同等または安い費用で庁舎保存と安全性は両立する」と考えてはいるが、筆者自身もこれらの言説の狭間にいる。

　現庁舎の場合、その価値づけの要素は多様である。例えば、地域のシンボルやアイデンティティ、ある種の集合的記憶やノスタルジア(28)、モノに刻み込まれた歴史性、特定の時代に特徴づけられるデザインや意匠、観光のまなざし、（人々が自ら発見し、宝物として価値付ける遺産という意味での）「世間遺産」(29)、あるいは経済的合理性、といったバラエティに富んだ要素が容易に想定される。

　結果として、市庁舎は多様な意見を持つ地域住民を中心としながら、多様な縁故者も交えつつ、価値づけられるのである。そのような意味で、市庁舎は行政当局だけのものではなく、また、地域住民だけのものでもないのである。

注

（1）筆者の文化遺産に関する考え方は、荻野昌弘編『文化遺産の社会学――ルーヴル美術館から原爆ドームまで』（新曜社、二〇〇二年）、および木村至聖・森久聡編『社会学で読み解く文化遺産――新しい研究の視点とフィールド』（新曜社、二〇二〇年）がベースとなっている。

（2）大牟田市ウェブサイト「大牟田市庁舎」https://www.city.omuta.lg.jp/hpKiji/pub/detail.aspx?c_id=5&id=4220&class_set_id=1&class_id=5　なお、本館のほか、敷地内に本館と接続する新館、企業局庁舎が存在し、隣接別敷地に南別館、北別館、保健所庁舎が存在する。「現庁舎」と略す場合は大牟田市庁舎本館のことを指すものとする。

（3）片野博「地方自治体（福岡県）の建築関係組織の実態　明治・大正・昭和初期　建築活動の地方性に関する研究」（『日本建築学会計画系論文集』四八七、一九九六年）一七七―一八六頁。ただし、石本建築事務所（石本喜久治）の基本設計・福岡県営繕課の実施設計だとする説（注27の資料参照）もあり、定かではない。また、現庁舎と旧大牟田商工会議所会館（一九三六年竣工）は両者とも福岡県営繕課の設計、柿原組の施工。

（4）前述の旧戸畑市庁舎をはじめ、神奈川県庁本庁舎（一九二八年、重文）、名古屋市役所本庁舎（一九三三年、重文）、京都市庁舎（一九二七～三一年）、鹿児島県庁舎（一九三六年、登録文化財）、門司区庁舎（北九州市、一九三〇年、登録文化財）など。

（5）平島勇夫「大牟田市庁舎本館」福岡県教育委員会『福岡県の近代化遺産　日本近代化遺産総合調査報告』福岡県文化財調査報告書　第一一三集（福岡県教育委員会、一九九三年）一三三頁。

（6）それは国家が所有権をもつ文化財・文化遺産の場合とも異

なっているといえよう。

（7）二度の大きな揺れにおいて大牟田市はいずれも震度四であった。

（8）大牟田市「大牟田市庁舎現況調査報告書　概要版」（二〇一七年）。なお大牟田市は、市庁舎整備に関して市のウェブサイトで報告書・アンケート・審議会の過程等の文書を公開しており、注で示した大牟田市庁舎整備に関する文書は以下のサイトからダウンロード可能。https://www.city.omuta.lg.jp/hpkiji/pub/List.aspx?c_id=5&class_set_id=1&class_id=1010

（9）大牟田市「市庁舎の整備に関するアンケート調査結果 報告書」（二〇一八年）。

（10）大牟田市「アンケートにあたっての参考資料（案）」大牟田市庁舎整備検討委員会第一回資料六―四（二〇一八年）。

（11）大牟田市庁舎整備検討委員会「大牟田市庁舎の整備手法等について（答申）」（二〇一八年）および、大牟田市庁舎整備検討委員会「（別紙）大牟田市庁舎の整備手法等に関する委員会での意見等」（二〇一八年）。

（12）大牟田市「大牟田市庁舎整備に関する基本方針（案）」（二〇一九年）。

（13）行政がなぜ現庁舎解体・新庁舎建設案を強力に推進したのか詳らかではないが、震災対策、市長の政治的意向、市内業者等からの要望、さらに震災対策目的庁舎整備に国からの補助「市町村役場機能緊急保全事業」が存在したことが挙げられよう。この事業は、新耐震基準導入（一九八一年）前に建設され、耐震化未実施の市町村本庁舎の建替えで、二〇二〇年度までに実施設計に着手すれば一定割合交付される交付金とみられ、大牟田市によると、総事業費八十二・三億円と仮定して、市町村役場機能緊急保全事業を活用した場合、六十八・二億円の将来負担、活用しなかった場合八〇億円の負担と説明している。本制度については、大牟田市「大牟田市庁舎整備に関する基本方針（案）説明会資料」（二〇一九年）二三頁を参考とした。

（14）なお、これまで市県庁舎以外の行政建造物に対して解体を阻止したい人々や学者による保存運動は、近年の例では都城市民会館（二〇一九年解体）の事例などが存在するが、市庁舎をめぐる市民団体結成による大規模な保存運動は稀だと思われる。

（15）前掲　大牟田市「大牟田市庁舎整備に関する基本方針（案）説明会資料」。

（16）なお、二〇一九年六月にも計七回追加の説明会を開催している。

（17）朝日新聞二〇一九年三月一日付「庁舎解体問題、検討委員長が抗議文　市を強く批判」https://www.asahi.com/articles/ASM2X34V7M2XTGPB0CD.html および、めざす会所有で元審議会委員長より市長に手渡されたとみられる抗議文より。

（18）「平成三〇年度大牟田市議会第四回定例会会議録議案第六五号　予算特別委員長報告」によれば、「庁舎整備基本構想策定審議会については、基本方針案に対し、議会や多くの市民からもさまざまな意見や疑問があることから、拙速に進めず、十分な説明の機会を持ち、市民や議会が納得の上で進められたい。」とされた。

（19）大牟田市議会「令和元年度大牟田市議会議会報告会資料」（二〇一九年）二〇―二一頁、および西日本新聞記事「大牟田市「誤算」どこに？　市庁舎整備予算案削除へ　市民論議促す工夫なく」（二〇一九年三月二十一日付）。

（20）例えば、講演会に合わせて現庁舎イラスト入りエコバッグを作成・配布・販売するなど地域づくりを実践する地域住民が協力している。

(21) 松岡恭子「大牟田市庁」「コラム：デザインで人と人をつなぐ　松岡恭子の一筆両断」『産経新聞』（二〇一九年八月五日付）。https://www.sankei.com/article/20190805-52IKR7B2INMYPJIS77NE6FGLYY/

(22) 大牟田市庁舎本館ファンクラブ　https://www.omutafanclub.com/

(23) 二〇二一年八月現在、二五〇名弱のＦＡＮメンバーを数えている。

(24) 井形進「懐かしき大牟田市庁舎を想う」（『西日本文化』四九一、西日本文化協会、二〇一九年）二六―三〇頁、田畑春香「大牟田市のこれからのために」『西日本文化』四九一（西日本文化協会、二〇一九年）三一頁。

(25) 大牟田市「令和元年度市庁舎の整備に関するアンケート報告書」（二〇二〇年）、大牟田市「市庁舎の整備に関するアンケート（調査票）」（二〇二〇年）、大牟田市「アンケート回答にあたっての参考資料」（二〇二〇年）。

(26) 登録有形文化財大牟田市庁舎本館の保存と活用をめざす会「「大牟田市庁舎本館の利活用と市庁舎整備に関する市民アンケート」調査結果の解説」（二〇二一年）。

(27) 一般社団法人日本建築学会九州支部「大牟田市庁舎本館の保存活用に関する要望書」および「登録有形文化財大牟田市庁舎本館についての見解」（日本建築学会、二〇二〇年）。

(28) Ｆ・デーヴィス（間場寿一・荻野美穂・細辻恵子訳）『ノスタルジアの社会学』（世界思想社、一九九〇年）。

(29) 筆者が「ＮＰＯ法人まちづくり地域フォーラム・かごしま探検の会」東川隆太郎の用語を学術的にとらえた用語。永吉守「近代化産業遺産の保存・活用実践とその考察——大牟田・荒尾炭鉱のまちファンクラブの事例より」（西南学院大学博士学位論文、二〇〇九年）一五〇頁。

付記　本稿は、国登録有形文化財大牟田市庁舎本館の保存と活用をめざす会、および松岡恭子氏をはじめとする大牟田市庁舎本館ファンクラブに全面協力をいただき、また針金洋介氏には針金氏撮影の写真を提供いただいた。本稿に協力してくださったすべての皆様のご厚意に感謝いたします。

沖縄の近代の語られ方——沖縄戦で消えた建築物

上水流久彦

琉球国であった沖縄は琉球処分後、日本の統治のもと負の影響も抱えた「近代化」の道を歩まされた。その「近代化」を語る歴史遺産は沖縄島の北部や離島にあるものの、那覇にはない。当時の建築物の大半が沖縄戦で焼失したためである。建築物の焼失は、「近代化」を語る場の消失を意味し、かつ「近代化」を語る困難さを浮き彫りにする。

はじめに——「近代化」された沖縄

琉球処分（一八七二年）のあと、近代化という名のもと、琉球に住む人々は、日本本土と台湾や朝鮮などの外地の間に位置する日本国民として言葉などの文化を強制され、また本土とは異なる政治制度が導入された。その過程には皇民化・独自文化の消失・いびつな経済構造などの否定的側面が多くあった。ここではそのような否定的側面も含めた在り様を「近代化」とする。

その「近代化」に関わる建築物は現在、沖縄で如何に保存され、どのような歴史認識を示すものとして提示されているのだろうか。筆者はこのような思いから沖縄の帝国期の建築物の調査を開始した。だが、このような認識は、結果的に筆者自身の沖縄の歴史に対する無知をさらす以外のものではなかった。沖縄戦で多くのものが焼失した沖縄において、帝国期の建築物はわずかしか残されておらず、複雑な歴史認識を表象する場さえ沖縄戦で奪われていた。

さて、本論に入る前に用語の整理をしておきたい。本稿で

著者略歴は本書掲載の上水流論文「旧植民地の建築物の現在」を参照。

は琉球国が日本政府に組み込まれた時期以降を沖縄（または沖縄県）と称し、それ以前を琉球と称する。日本という用語だが、琉球処分以後、琉球も沖縄県として近代国家日本に組み込まれ、沖縄は日本の一部となった。したがって、沖縄を日本と別の存在として扱うことは現状と矛盾する。だが、本稿では外来の統治者として琉球に来た日本政府、その統治によってもたらされた制度のなかで帝国期の建造物を取り上げるため、ここでは沖縄とは対比的に日本という単語を用いる。また、ここでの帝国期とは、琉球処分から第二次世界大戦までを意味している。なお、沖縄は台湾や韓国と違って植民地ではないという考えがある。だが、ここでは、事実に基づき外来政権によって統治された琉球・沖縄という観点から考察する。(1)

一、沖縄の調査での違和感

(1) 調査開始のタイミングと動機

帝国期の建築物（以下、帝国期建築物）は、台湾のように近代化の象徴とされ、中国とは異なる歴史の断面とされることもあれば、韓国のように収奪の歴史の象徴とされる場合もある。(2)したがって、歴史遺産への認定にみる遺産化は、建築物の価値の構築に関わる文化的・社会的プロセスであり、(3)その価値観を共有できる「我々」と、共有できない「我々以外」を生み出す装置である。(4)帝国期建築物は、当該社会が日本の統治をどう考えるか、どうみなすかを示す重要な指標となる。

それゆえに、筆者は二〇一三年に沖縄の帝国期建築物に焦点をあてた調査を本格的に始めた時、沖縄と日本の関係を知るうえで帝国期建築物は大きな焦点になると考えていた。この頃、普天間飛行場の辺野古移設が沖縄と日本の関係で大きな問題となっており、米軍基地の多くを沖縄に「押し付ける」姿勢が沖縄で問われていたからである。

実際の調査では、韓国や台湾の調査と同様に帝国期に多くのモダンな建築が建造された中心都市から調査を開始しようとした。そこで、日本や東アジア諸国の帝国期建築物の資料を収集する人物のホームページで那覇の建築物を探った。だが、那覇市には帝国期建築物はわずか三件しか掲載されていなかった。(5)それらは、沖縄師範学校門柱、泊小学校旧校舎（一九三〇年）、第三十二軍司令部壕トーチカ（昭和戦中期）である。それも建物の一部が残っているだけで、文化財ではなかった。次に文化庁の国指定文化財などデータベースで探してみると、帝国期の「近代化」に関わる建造物で、沖縄県の国宝・重要文化財、登録文化財となっているものは、(6)那覇にはなく、沖縄島の北や離島などに多く存在した。(7)

(2) 沖縄戦が生み出したもの

実際、那覇には帝国の建築物の痕跡が一部残されたり、記録として示されたりする程度である。例えば、**図1**は、那覇市のバスターミナル近くにあるもので、沖縄県営鉄道那覇駅(8)にあった転車台である。最近の付近の再開発のなかで発見された。**図2**は那覇市中心部で撮影したものだが、左側に看板があり（二〇一四年三月那覇市歴史博物館が設置）、そのなかで那覇役所跡がこの付近にあったことが示されている。ここ八年ほど調査してきたが、那覇では、このような形でしか帝国期の建築物を知ることができなかった。

図1　那覇駅転車場跡（筆者撮影）

図2　那覇役所跡地付近（筆者撮影）

要因は沖縄戦である。那覇役所跡の説明文にも、この建物は一九四四年の一〇・一〇空襲で焼失したとあるが、帝国期建築物の保存という点で沖縄戦の影響は重大であった。那覇市歴史博物館による『市制施行九〇周年　パレットくもじ開業二〇周年記念展　那覇の誕生祭――浮島から那覇へ』（以下、『那覇の誕生祭』）には、一九四四年の一〇・一〇空襲で全市域の九〇パーセント近くが焼失したと記されており、(9) 那覇市の帝国期の建築物は沖縄戦でほぼ焼失した。

(3) 点在する帝国期建築物

では、沖縄県全体ではどの程度、「近代化」に関わる帝国期の建築が残されているのか、調査当初の沖縄県の二〇一四年度の統計データを参考にしてみていきたい。[10] 当時、沖縄県の国・県・市町村の指定文化財は、一三七二件である。そのうち建築物が七五件で、国指定が二一件、県指定が二〇件、市町村指定が三四件である。だが、そのなかで近代化や産業化に関連するものはかなり少なく、一九件を数えるのみである。国指定の重要文化財は、名護市にある津嘉山酒造所施設で、一九二八年に建設された。泡盛の酒造施設が残されていることがその理由となっている。県指定の旧大宜味村村役場庁舎は二〇一七年に国の重要文化財となった（詳しくは後述する）。

国の登録文化財としては、一二件が存在していた。南大東島西港旧ボイラー小屋（一九二四。建設年、以下同じ）、旧東洋製糖北大東出張所（一九一九～一九二八）、竹富町の西桟橋（一九三八）、伊古桟橋（一九三五）、名護市の旧国頭農学校玄関（一九〇二）、北大東村の旧東洋製糖燐鉱石貯蔵庫（一九一九）、旧東洋製糖燐鉱石積荷桟橋（一九一九）、宮古島市の開墾に関わる大野越排水溝（一九三四）、旧東洋製糖下阪浴場風呂場、水取場（一九一二～一五）、旧東洋製糖社員浴場風呂場・貯水タンク（一九一九～二六）、燐鉱石に関わる北大東村の弐六荘（一九四〇）、宮古島市の旧西中共同製糖場煙突（一九四二）である。[11]

市町村指定の場合、史跡として第二次世界大戦に関わるものが戦争遺跡（六件）として指定されているが、それらを除くと大正天皇の即位を記念して小学校の通路のために作られたうるま市のガーラ矼《ばし》（一九二八）、石川部落事務所（一九三二）、座間味村の鰹漁業創始功労記念碑（不明）、宮古島市の平良第一小学校の正門と石垣（一九三二）、史跡として石垣市の元海底電線陸揚室（電信屋）（一八九七）の五つである。

このように最も帝国期建築物が多かったと思われる那覇市には、それらは現存せず、多くが石垣や宮古島、竹富、座間味、東大東、北大東などの離島にあり、沖縄島では名護市とうるま市、大宜味村のみなのである。他国にみられるような役所や病院、銀行など近代化に大きく関係するものは少なく、当時沖縄の開発を担っていた会社に関わるものが多いのが特徴と言えよう。

二、近代化／「近代化」を語る証として

(1) 旧大宜味村村役場庁舎

これらの帝国期の建築物は現地でどのように保存され、表象されているのか、筆者が現地調査できた重要文化財、登録文化財、復元した建物それぞれを事例に見てみよう。

まず、二〇一七年二月に重要文化財に指定された旧大宜味

村村役場庁舎である（図3）。一九二五年に建築された鉄筋コンクリートの建物で、筆者が訪ねた二〇一七年三月には役場に重要文化財指定を祝う垂れ幕がかかっていた。沖縄で重要文化財とされる帝国期建築物はこの建物のみで、観光スポットにもなっており、日本トランスオーシャン航空の機内誌を含め、多くの地元雑誌などにも紹介されている。筆者が調査した折にも団体観光客や個人観光客が訪れていた。[12]

図3　旧大宜見村庁舎（筆者撮影）

そして大宜味村村史編さん室の説明には、副題として「沖縄で一番古い鉄筋コンクリート建造物」と書かれ、「大宜味大工の技術の高さが随所にうかがわれる」、「県内でもっとも早い時期に作られた鉄筋コンクリートの庁舎は、大宜味村のシンボル、近代化の象徴として人々から親しまれ利用され大切にされてきた」などの文言が並ぶ。最後は、「大宜味村の進取の気性、大宜味大工の気概、そして村の歴史の象徴として、地域の人々の誇りである」と締めくくられている。さらに、「沖縄全土が灰燼と化した沖縄戦も潜り抜け」という記述もある。

これらの説明からは、沖縄戦の戦火を免れたことと、この建造物が大宜味村役場では大宜味村の誇りを語る、近代化の証として認識されていることがわかる。

(2) 北大東島の帝国期の建築物群

次に登録文化財である北大東島の帝国期の建築物群である。北大東島は、沖縄島の東方約三六〇キロメートルのところに位置する。無人島であったが、一九〇三年に八丈島から来た人々が開拓した島である。その後、沖縄島や宮古、八重山からも労働者として島々に住むようになる。燐鉱事業や甘

図4　北大東島燐鉱採掘跡（筆者撮影）

蔗農業で栄えた。一九四五年までこれらの事業を行う東洋精糖（後に、大日本精糖と合併）が島を治めていた。現在、人口は約四五〇人である。

　登録文化財として旧東洋製糖北大東出張所があり、文化庁のデータベースには、「北大東島の近代産業繁栄の歴史を今に伝える」とあり、「近代産業繁栄」の象徴とされる。[13]北大東村のホームページでは燐鉱石貯蔵庫跡が紹介されている。二〇二〇年三月に村役場を訪れた際には、役場内で「北大東島燐鉱山由来の文化的景観」と大きく書かれたポスターが掲げられていた。

　採掘跡（**図4**）には北大東村教育委員会による「ポイ捨て禁止」の看板があり、「かつて燐鉱採掘で栄えた北大東島の歴史を物語る燐鉱採掘跡です。大切な文化財を次世代に残しましょう」と書かれていた。これらの建造物も沖縄戦でアメリカ軍の攻撃を受け、壊されたが、現在は、北大東島の栄えた歴史を語る建造物として保存の対象となっている。

　この遺産化には、実は、北大東島村の政策参与である服部氏が深く関わっている。氏が記す著書では、「明治期に南洋に向かった日本人の冒険の歴史の中に南洋の島々のつながりを捉え直し、国境を越えて、現代の新たなつながりを見出していく試みが必要である。それは、例えば、燐鉱山を持っていた島々の産業遺産の国境を超えた保存、活用なのかもしれない…」と記されている。[14]北大東島では帝国期の建築物の遺構が島の繁栄を語る場となり、地域振興の装置となっていた。村の幹部も氏の提言を受け入れていた。

(3) 軽便与那原駅舎

帝国期の繁栄を語る場として、地域振興の資源として、復元された軽便与那原駅舎（図5）は与那原町立の展示資料館として活用されていた（この駅舎は二〇一七年に国の登録記念物になっている）。戦前、那覇と与那原を結ぶ鉄道が走っていたが、駅舎敷地内にある説明版にも、「この場所にはかつて、大正から昭和にかけ三一年間の営業を行った沖縄県営鉄道の停車場『与那原駅舎』がありました。（改行）鉄道開通一〇〇周年を迎えた二〇一四年、この歴史を後世に伝えるために、戦争で破壊されたその駅舎を、当時と同じ場所、同じ姿のまま、展示資料館として復元しました」と記されていた。この説明からは、鉄道という近代化と密接に関わった過去が示されると同時にそれが戦争で破壊された旨が読み取れる。

図5　旧与那原駅舎（筆者撮影）

展示においては、アメリカ軍の砲弾で廃墟になった姿も展示されるものの、戦争の悲惨な記憶よりも、一九二一年に当時の皇太子が駅を利用した様子や国の登録記念物になったことなど、近代化と関わる説明を見ることができる。また、女学生が与那原から那覇に軽便鉄道で通ったモダンで楽しい記憶（沖縄県鉄道唱歌の替え歌を通学時に楽しく歌っていた様子）などの展示がなされ、新たな観光資源として売り出されていた。ここには沖縄戦の傷跡と同時に近代化された沖縄の様子を確認することができる。

さて、これらの三つの事例からは、建築物が地域の歴史を語る、または地域を振興する道具となっていることがわかる。(15)そして、沖縄戦の記述もあるものの、その悲惨さよりも繁栄の証として展示されている傾向にあると言えよう。

三、建築物が存在しない那覇における戦前の記憶の語り

(1)那覇の戦前を語る試み

では、帝国期の建築物を確認できない那覇はどうであろうか。実は、そのような問題に取り組んだ展示が那覇市歴史博物館で過去になされたことがある。二〇一四年度から二〇一六年度にかけて行われた那覇市歴史博物館の「昭和のなは」復元模型の展示である。この展示では、昭和七〜一二年頃の昭和初期の那覇のメインストリート大門前通りの一部が縮尺一〇〇分の一で再現された。そして、パンフレットには、那覇市公会堂、那覇郵便局、デパートの山形屋沖縄支店、電話交換局、鹿児島出身の山下昇男経営の沖縄物産陳列館、沖縄書籍株式会社などの帝国期建築物の写真が掲載されている。

この展示で中心的役割を果たした学芸員は、二〇一三年十月十日の琉球新報の記事のなかで、多くの市民にとって戦前の那覇の印象が薄いと感じており、「一〇・一〇空襲はどのような街を破壊したのか、当時を再現したい。モダンな建築が多く赤瓦屋根も同居する情緒あふれる街並みだった。当時を再現すれば、若い人はきっと驚くと思う」と語っている。ここからは、那覇の人々が近代の姿を「知らない」、「認識がない」ことがわかる。さらに彼は「那覇は王国時代から歴史を積み重ね、近代はレトロモダンな街並みがあった。だが空襲であっという間に消えてしまった。こんなにひどいことはない。絶対繰り返してはいけない」とも述べる。(16)

(2)多く存在した「近代化」を語る建築物

この学芸員の言葉のとおり、多くの帝国期建築物が那覇にはあった。例えば『那覇の誕生祭』の「近代教育の始まり」では、那覇尋常小学校(一八八一)、那覇尋常高等小学校(一八八一)、泊尋常小学校(一八八一)、天妃尋常高等小学校(一八九九)、松山尋常小学校(一九〇二)、甲辰尋常小学校(一九〇四)、垣花尋常小学校(一九一一)、久茂地尋常小学校(一九一一)が紹介されている。また、「商業の展開」では、帝国期建築物として鹿児島第百四十七銀行沖縄支店、日本勧業銀行那覇支店、沖縄銀行の写真がある。

また那覇市が出した『琉球処分百年記念出版写真集　激動の記録　那覇百年のあゆみ＝琉球処分から交通方法変更まで＝』には、沖縄県農工銀行、男子師範学校、県立水産学校、沖縄県議会議事堂、沖縄県庁、那覇市久米にあったバプテスト教会、沖縄最初の映画館帝国館(一九一四)、大正劇場(一九三五)、娯楽施設の平和館(一九一九)、那覇劇場(一九二二)、軽便鉄道の那覇駅(木造)、百貨店の圓山号、沖縄県師範学

校、沖縄県立第一高等女学校、沖縄県女子師範学校、沖縄県立第一中学校、沖縄県立第二中学校、沖縄県立工業学校、那覇市立那覇商業学校、沖縄県立第二高等女学校、私立昭和女学校、私立家政高等女学校などの写真がある。

このように沖縄県の県庁所在地には、当時、日本の他の県と同様に多くの教育機関、金融機関、行政機関、娯楽や百貨店の商業施設がもうけられ、多くの帝国期建築物が建てられた。その姿は規模の大小はあれ、日本や台湾、朝鮮半島などの主要都市と変わるものではなかったと言えよう。だが、これらの帝国期建築物は現存せず、他都市のように歴史遺産に指定されることもない。

(3)建築物の非存在の意味

学芸員の思いが集約されるかのように展示における説明パンフレットには、「かつての那覇市には、赤瓦屋根とモダン建築が同居する情緒あふれる街並みがありました。しかし、一〇・一〇空襲や沖縄戦により、その街並みや賑わいは、そのほとんどが失われてしまいました。(中略)王国時代から都市として発展し、他の地域には見られない街並みや、戦争で失われる前の街の賑わいを感じていただければ幸いです」と記されていた。復元された戦前の那覇の様子は、モダンな建築物などがあった街の賑わいと、戦争の暴力を考える象徴であった。

周知のように、モノは単なる記号ではなく、人々に働きかける存在である。[17] 人間によって操作される対象だけのものではなく、モノが持つ力によって人間が何かを行い、何らかの感情が喚起され、さらには人間が行えることもモノに左右される。したがって、モノと人は一方的に働きかけ/働きかけられる関係ではない。

沖縄の帝国期の建築物の非存在はそのことをより痛感させてくれる。モノの存在は、そのモノの解釈や意義(時にはその保存か破壊を)をめぐる議論を生み出す。モノが人間に働きかける証左がここにある。だが、官公庁や銀行、百貨店など那覇に多くあった帝国期建築物が焼失した現在、それらの建築物をめぐって他地域にみられるような議論は存在しない。「あることを知らせたかった」という学芸員の思いは、「ない」ことが当然という状況のなかで生まれた率直な発言であろう。

おわりに——帝国期の沖縄を如何に語るか

(1)「忘却された近代化」

当然ながら、沖縄の「近代化」は、過去の繁栄や進歩した歴史だけで語られるものではない。那覇市歴史博物館をその後辞職した学芸員や県内の別の博物館で当時学芸員であった人物と、「昭和のなは」復元模型の展示について二〇一六年春に話をする機会も得た。当日の話し合いで二人からは「沖縄の建築物といえば、伝統的建築物を想起することが多く、近代的な建築物には目がいかない」、「一〇・一〇空襲や沖縄戦で多くが焼失してしまった。実際に見ることができない」、「あまりにも沖縄戦の記憶が強い」、「そしてその後はアメリカ世の話になる」などの意見がでた。(18) そして県内の別の博物館で学芸員が述べた言葉が、「忘れられた近代化」というものであった。

日本の統治による「近代化」は、沖縄の立場から見れば文化的には同化であり、皇民化を求める植民地化であった。さらに琉球が沖縄になったことで、近代の最後には沖縄戦という悲惨な大きな出来事が沖縄を襲った。そのような琉球・沖縄の近代の在り方は、日本の統治を植民地統治だとして独立する動きへとつながっている。

他方、独立の議論をナンセンスだとする沖縄の地元の人間もいる。現在の日本との結びつきを考えるとあり得ないという。基地問題に反対するものの、経済的結びつきの大きさ、日本からの移住者の多さを肯定的に語る人もいる。

琉球・沖縄の歴史や日本との距離をめぐって、「近代化」をどう考えるかについての対立が沖縄県内部で生まれていることは周知のとおりである。だが、沖縄の集合的記憶を見出す空間、そして、他地域で唯一と言っていいほど日本の統治を語るための目に見える道具であった建築物は、現在の那覇には存在せず、沖縄全県でも多くは存在しない。学芸員が述べる「忘却された近代化」がある。ここに帝国期建築物をめぐる沖縄の「近代化」認識の現状の特徴のひとつがある。

(2)「忘却させられた近代化」

さらに琉球の独立運動に関わるある人物は、「忘却された近代化」という言葉を受けて、筆者に「忘却させられた近代」と語った。「させられた」という言葉には、琉球の人々の意志とは関係なく、日本の一部となり、日本の軍事化のなかで軍事体制に組み込まれ、結果、沖縄戦を経験し、多くの建築物を焼失せざるを得なかったという歴史認識があり、沖縄の人々の主体性が失われたことへ目を向けろという思いが込められていよう。

「忘却させられた近代」と帝国期建築物の非存在は、琉球・沖縄の日本の統治に関わる認識の形成において重要な意味がある。その非存在こそが、沖縄戦の激しさを示すものと言えるからだ。だが、非存在であるがゆえに目に見える証拠としてそれを語るものとなっていないのも事実である。

また、与那原の軽便鉄道に見る当時の生活の楽しさを象徴する「賑やかさ」や旧大宜見村役場の近代化の証は、例えば那覇には非存在ゆえに見えにくい。沖縄の近代を「賑やかさ」のなかった暗黒な空間にすることはできないものの、その「賑やかさ」が皇民化などの苦難の歴史のなかにあったのも事実であり、「賑やかさ」の強調は、苦難の歴史を隠蔽する可能性もある。発展という近代化ではなく、植民地統治が貼りついた「近代化」を語る困難さがここにある。

(3) 忘却させた側の問題として

さらにその語りを困難とするものが、韓国や台湾などと違って沖縄はもともと日本の一部とする「常識」であり、同化を近代化として当然視する認識である。このような理解において、「琉球は植民地化された」という理解は過激な思想とされる。[19] それゆえに植民地化の声は多くの人に届きにくい。

筆者は、函館の帝国期建築物を調査したが、その説明文の語りは、開港に基づく産業化、近代化が前面に出ていた。これは和人の視点であるが、アイヌ人という視点を入れたときに、そのような語りにはならない。この点は、近年、日本社会でも理解が進んでいる。[20] このような北海道の状況と比べると、沖縄の歴史を語る困難さは特有の状況、すなわち日本が他者を同化したという認識の欠如が深く関係する。そして、「忘却させられた」という独立運動家の言葉は、「忘却させた」側の存在を浮き彫りする。沖縄の「近代化」をいかに語るべきかは、「忘却させた」者へも問われている。

注

(1) 本稿は、上水流久彦「近代建築物にみる沖縄の近代化認識に関する一試論――琉球・沖縄史の副読本にみる歴史認識を踏まえて」(植野弘子・上水流久彦編『帝国日本における越境・断絶・残像　モノの移動』風響社、二〇二〇年)を加筆修正した。

(2) 本書第Ⅰ部拙稿を参照のこと。

(3) Smith、L, *Uses of Heritage*, London: Routledge,2006

(4) Poria　Yaniv and Gregory Ashworth, "Heritage Tourism: Current Resource for Conflict," *Annals of Tourism Research* 36, no. 3,2009, pp.522-525

(5) 「近代化産業遺産　総合リスト」http://kourokan.main.jp/heritage-naha.html(二〇一七年二月八日最終確認)。

(6) 帝国期に建てられた住宅は除く。住宅は帝国期のものとはいえ、近代的制度(教育や行政など)と関係がないためである。

(7) https://kunishitei.bunka.go.jp/bsys/index(二〇二一年八月一日、最終確認)による。

(8) 一九一四年十二月に開業し、那覇から与那原、嘉手納、糸満を結んだ。一九四五年三月に運行が停止された。軽便鉄道であったため、地元では「ケービン」などと呼ばれていた。

(9) 『市制施行九〇周年　パレットくもじ開業二〇周年記念展　那覇の誕生祭――浮島から那覇へ』(那覇市歴史博物館、二〇一一年)一五頁。

(10) 沖縄県教育委員会「XI 国・県・市町村指定文化財」http://www.pref.okinawa.jp/edu/bunkazai/edu/jimukyoku/bunkazai/documents/h26011.pdf（二〇一七年二月八日最終確認）。

(11) 北大東島の文化財は、沖縄戦で爆撃を受けるものの壊滅的被害はなく、現在まで複数残った。

(12) 現在は内部の見学はできない。

(13) 文化庁（オンライン）、二〇一七年。

(14) 服部敦『沖縄・北大東島を知る　うふあがりじま入門』（監修　北大東村教育委員会、ボーダーインク、二〇一八年）二〇六頁。

(15) 地域の歴史を保存しているという認識は調査時に展示館にいた職員からも確認できた。

(16) 琉球新報「戦前の那覇、模型で復元へ　一〇・一〇空襲きょう六九年」（二〇一三年）二〇一七年二月八日最終確認 https://ryukyushimpo.jp/news/prentry-213612.html

(17) 田中雅一「越境するモノたちを追って」（田中雅一編『フェティシズム研究　越境するモノ』、京都大学学術出版会、二〇一四年）三―四〇、床呂郁哉・河合香吏「なぜ『もの』の人類学なのか？」（床呂郁哉・河合香吏編『ものの人類学』京都大学学術出版会、二〇一一年）一―二一頁。

(18) 沖縄戦の記憶はなお現在、沖縄の人々の心の大きな位置を占める。例えば、学校で沖縄の歴史について体系的に学習したことがない人間でも、沖縄戦については様々な場を通じて幼い頃から聞かされてきたという。沖縄県は六編からなる『沖縄県史』を作成し販売している。二〇一七年三月に販売されたのが『沖縄戦』と『女性史』であったが、『沖縄戦』はすぐに販売予定数が売り切れ、重版となった。学芸員の「あまりにも沖縄戦の記憶が強い」という話を裏付けるものである。

(19) 琉球独立について、「極端だ」、「特殊な考え」という評価をこれまで日本、沖縄問わず多く聞いた。沖縄は従来から日本の一部であるとする認識が「常識」化しているがゆえに、琉球独立というものに驚くとも言える。

(20) 二〇一五の年秋に日本ハムファイターズによって千歳空港に「北海道は、開拓者の大地だ」という垂れ幕が掲げられたが、抗議を受けすぐに撤去された。この一連の出来事は、アイヌの視点の欠如を示すと同時に、その欠如が許されないという認識が広がっていることの証であろう。また、アイヌが先住民として政府から認められたことも日本社会に与えた影響は大きい。

台湾の日式建築を残す人びと——何を想い、いかにたたかったのか

渡邉義孝

わたなべ・よしたか——一級建築士。風組・渡邉設計室代表。尾道市立大学非常勤講師。文化財調査、民家再生に携わる。台湾の日式建築を訪ねるフィールドワークを続け、二〇一九年に『臺灣日式建築紀行』（時報出版社）を出版。同年から台南市観光顧問。尾道空き家再生プロジェクト理事（空き家バンク担当）。二〇二二年に『（仮）台南日式建築紀行』を出版予定。主な著書に『風をたべた日々——アジア横断旅日記』（日経BP社、一九九六年）、『セルフビルド——家をつくる自由』（共著、旅行人、二〇〇七年）、日本弁護士連合会編『深刻化する空き家問題』（共著、明石書店、二〇一八年）などがある。

台湾で注目されている日式建築（日本統治時代の建造物）の保存・再生の動きは、単なる「文化財制度の充実」という尺度では計れない、社会全体に深く関わる重要な現象といえる。保存活動に関わっている人物にインタビューし、なぜいま台湾で日式建築が注目されているのか、その背景にある思いは何か、を紹介する。

一、台湾に残る日式建築

台湾では、一八九五年から終戦までの日本統治時代に建てられた和風・洋風の建物（日式建築）が、いま次々と修復され、利活用されている。

総統府として現役で使われている「旧台湾総督府」や、昭和初期に台南に建てられた「林百貨」などは観光客に人気のスポットだ。

日式建築には、多様な建造物が含まれる。大型のものとしては、台中や台南に残るかつての州庁、専売局や警察署、消防署、公会堂、駅舎などが各地のランドマークとして残る。

日式建築には木造住宅も多い。台北市の青田街は、かつて「昭和町」と呼ばれ、台北帝国大学（現・国立台湾大学）の教員宿舎が建ち並んでいた界隈。廃虚化していた和風や和洋折衷の木造住宅と老樹を残そうと、住民らが運動を開始し、一部の宿舎は市定古蹟や歴史建築（日本の登録有形文化財に相当）に登録されている。現在はカフェ・レストランに再生された「青田七六」や、ギャラリーとなった「青田茶館」などが見

どころだ。畳や障子の和の空間は、若い人びとにも好評という。

廃業した工場施設群をリノベーションした「文化創意園区」が各地に出来ているのも特徴である。台北の松山文創園区はかつての煙草工場で一九三七年、日本人建築家・梅澤捨次郎の設計により建てられた。アールデコ様式の事務所棟は物販・飲食店に、半円アーチが並ぶ巨大な倉庫群はアートギャラリーに生まれ変わった。こうした「園区」は、台中、嘉義、雲林、台南、宜蘭、花蓮など全土に次々と誕生している。

このように、台湾では、おもに日式建築をめぐって建築保存・再生の動きが加速し、東アジアではトップランナーというべき状況にある。本稿では、筆者が台湾でのフィールドワークで出会ったさまざまな立場の建築保存関係者から聞き取りをした内容を紹介し、彼らの思想や手法と、日本との制度や意識の違いについて考えてみたい。

二、日式建築に仮託する思い

では、台湾の人びと、特に若い世代は、日式建築をどのような思いで見ているのか。また、どんな感情を、これらの建物に仮託しているのか？

建築保存に高い関心を持つ二十代のジャーナリスト・林承駿氏に意見を聞いた。自身も台中で元銀行だった廃屋をリノベーションして住んでいる。

「なぜ台湾の若い人は、日本統治時代の建物を好むようになったのか」との質問に、彼は「そこにあっても、昔は目に入らなかったのです」と答えた。

「人と人とのつながりが希薄になった現代。何か喪失感を持ちながら都会を見渡してみる。まちなかに溢れる戦後建築は美しくない、と僕は思ったんです」

成長著しい台湾だから、現代建築は次々と造られている。日本人の有名建築家の設計した施設も話題になっている。「たしかにカッコいい。でもこれ、台湾文化のルーツはどこにあるの？と思っちゃうんですよ」。そんな時に、日式建築が目に入ってきた。そして、建物たちが纏う美しさを、ひとつひとつ噛みしめたのだ、と力説した。

五十年続いた日本統治時代。戦後の政府によって「そんな時代はなかった」かのように否定され、敵性資産として没収された遺構の数々。しかし三十八年間におよぶ戒厳令が解除され、民主化のうねりとともに、純粋に建物の価値や魅力を評価する動きが強まっていった。続けて林氏は、「戦後と同じように、あの五十年も、台湾人に欠かすことのできない歴史の一部なのだ」という意識も広がった、と語った。

「もうひとつの理由、廃虚になった古建築は、家賃が安いから若者が再生をしやすいんですよ」。

次は雷明正氏、三十代の男性新聞記者。彼は日本での勤務経験があり、私の質問に流ちょうな大阪弁で語ってくれた。

「若い人が日式建築を見る目、それは『台湾意識』と深い関係がある。若者はいま、懸命に自己のアイデンティティを求め、自らの文化を大切にしようとしている。こういうと、日本の皆さんは意外かもしれない。日本は、昔からの文化を継承してきて、わざわざそれを模索する必要なんてなかったでしょうから。台湾の若者は自己の歴史を探す時に『身の回りにある古いもの』としての日式建築に注目したといえるでしょう」

中国人でも、中華民国のアイデンティティでもない、「台湾人」という自己認識は、台湾の複雑な戦後史を読み解く上で決定的なキーワードであるが、日式建築への「発見」と「評価」が、その自己規定に深く関わっているという話は新鮮であった。

民主化の進展とともに、日本時代の遺構・遺産に対して、純粋に価値や魅力を評価する動きが強まっていった。「八十代以上の高齢者は当時を覚えている。五～六十代は懐かしさを、四十代は優雅さを、そして若者たちは床が高くて天井が低いことに安心感を感じる」と嘉義で出会った家族は言った。世代を超えて日式建築は愛されるというのだ。

三、先駆的な文化財保存のしくみ

経済成長が著しい台湾ゆえ、建築ストックの更新、つまり建て替えや再開発の圧力は小さくない。にも関わらず、時には「都会のど真ん中」の立地であっても古い建物を大胆に保存することができるのはなぜか。「もし日本だったら、あっという間に高層マンションに建て替えられているだろうに」と私は不思議に思っていた。

二〇一六年、中西部の彰化市で二つの建物を見た。どちらも、痛々しく破壊された現場である。いや、「途中まで壊されてストップした」姿であった。

ひとつは楊柳鳳（焼酒全故宅）である。日本統治時代に酒類の販売で財を成した台湾人実業家の住宅だった、煉瓦造二階建ての住宅だ。二〇一五年のネット記事では、ボロボロになって久しい内部の様子が確認できる。それが、片側の壁が乱暴に引き倒されて、庭には煉瓦片が散らばったままだ（**図1**）。柵には「文化資産保存法に基づき建物を毀損した者は懲役五年」の警告が貼られている。

もうひとつは「彰化農会倉庫」。大きなコンクリート造の倉庫で、これもナイフで切られたバームクーヘンのように、半分解体されたままとなっていた。ここにも「毀損した者は懲役五年」の貼り紙。

倉庫は大正十四年（一九二五年）の建築である。所有者が再開発のために取り壊した始めたところで市民が抗議の声を上げた。「RCシェルと煉瓦積みの混構造の希少性」「農業発展の歴史の証人」として、行政に文化財の指定を要求。県文化局はただちに審議を開始し「暫定古蹟と認める、よって直ちに解体を禁止する」と布告し、前述の張り紙を貼ったという。工事はその日のうちにストップ。私が見たのはその直後の姿だったのだ。

文化資産保存法は、このような強制力をもって歴史的建造物の滅失を防ぐことができる。民間の所有物であっても「所有者が勝手に壊せない」という感覚は、日本人としては驚きだ。だが、イギリスなどでは「歴史的建造物は公共財」があたりまえとされる。古い建物を壊すことへのハードルは高く、新築であっても、規模によっては地域コミュニティの理解と

図1　彰化市・楊柳鳳（燒酒全故宅）（筆者撮影）

図2　彰化農会倉庫（筆者撮影）

承諾が必要なケースも多い。台湾のこのシステムは、東アジアではもっとも先駆的な法制度のひとつと言っていいだろう。その後、農業倉庫は最終的に県定古蹟に指定された。景観と歴史に対する市民の主体的な関与と意識の高さを示す事例といえよう。

四、古民家再生を支える「銀行」

古都である台南は、「古い建物の保存再生に関して台湾全土の中で最も先を走っている」といわれる。

「おしゃれな古（ふる）カフェ」、町家再生ホテル、若者に人気の正興街や神農街といった町並みは、「もっとも台湾らしい町」とされるこの都市の魅力である。

移住者が多いのも特徴で、「外から来た若者」と「地元の住人」が協働で空き家を再生したり、古い建物を残しながら小さなショップやカフェを開くことを行政が応援しているという。具体的にはどんな仕組みがあるのだろうか？

台南市北部の佳里《ジャーリ》にある「台南市文資建材銀行（建材バンク）」を訪ねた（**図3**）。案内してくださったのは南華大学の陳正哲教授。バンクの立役者である。

建材バンクとは、解体された建物の部材を保管し、別の場所で使いたい人に無償で提供するシステムのことである。日本統治時代の製糖工場の建物を再生した空間と中庭に、所狭しと並ぶ建材に圧倒される。ガラス戸や障子などの建具、柱や梁の木材、瓦、煉瓦、さらには石や金具もある。その一つ一つにバーコードがついている。陳先生は言う。

「壊された家から運んできた建材を分類して保管しています。そのサイズを測ってデータベースに登録するのが『入』の時の大事な作業です」。

そうすれば、欲しい人がすぐに見つけられるわけだ。

庭でブルーシートがかけられていたのは、大人がひとかかえするほどの大きさの円柱型の屋根窓、ブルアイ（牛の眼の形の丸窓）である。雨漏りの沁みや傷みが激しい。「これは、文化財として保存されている台南地方法院の屋根に載っていたオリジナルです。現在、建物に付いているのは忠実に復元したものなんです」。木材で湾曲した胴を作る技術や防水の工夫などが確認できる貴重な史料として保管されている。

ここに並ぶ膨大な数の建材は、ただ「部品」としてストックしているのではない、と陳先生は強調する。「建物には歴史があって物語があったはず。だから、これを使って修理したりリノベーションする時には、その物語も継承してほしいと思うのです」。

だから「出」の時は審査が厳しい。古材を使う場所は文化財の修理が原則だという。脈絡なく「古くてオシャレだから」と使うことは出来ないという。台南の歴史をきちんと読み解き、未来へ繋ぐためにこそバンクはあるのだ、という。「古い所有者と新しい利用者が、ここに来て言葉を交わすこともあるのです」。

次なるテーマは「ひと」だ、と先生は言った。「たとえば漆喰。建物の修復では、湿気をゆっくりと逃がす昔ながらの漆喰がピッタリ。でも、扱える職人が激減している。古い建物を残すためには、伝統技法を扱える人材の育成が欠かせないのです」。

図3　台南市文資建材銀行に保管されている台南地方法院（古蹟）のドーマー窓部材（筆者撮影）

建物に刻まれた物語を掘り起こし、継承する。建材銀行の地道な取り組みは、台南の歴史と文化の厚い層を大切に守るための大きさな力になっているといえよう。

五、建築を保存する人びと

(1) 高雄・ハマセン——地域の歴史をかかげたたたかい

南部の大工業都市・高雄。旅人にとっては高雄といえば、ハマセン。哈瑪星《はません》地区こそ、味わい深い町並みを求めて訪れる観光客の目的地である。

埋め立てられた港町で、鉄道支線「浜線」が敷かれたことから通称「ハマセン」と呼ばれるようになった。ここには、日本統治時代の商店や事務所、旅館や倉庫などが立ち並ぶ。その多くが保存・リノベーションされていて、レトロな風情を楽しめる。

しかし、ここは昔からこんな「おしゃれ先進地」だったのか？　実は、この一帯の古い家屋は「再開発で一掃される」運命だった。どうして大逆転ができたのか？　私は、現地のまちづくり団体、打狗文史再興會社（打狗《ダークォ》は昔の高雄の呼称）

図4　ハマセンの保存運動の当事者から話を聴く（高雄のフィールドノートより）

を訪ねた。

「それはたいへんな闘いでしたよ」そう語るのは理事長の駱國賓氏（七十二歳）[1]（図４）。「二〇一二年、再開発を進める市役所が『住民は退去せよ』と命じた。『老朽化した建物は撤去して駐車場と広場にする』と」。すぐに反対の声が上がった。専門家が駆けつけ、地域の歴史や建築の調査に着手。高雄の近代化を支えた重要なエリアだ、と地元住民もその価値に目覚め、学生や若者も集まってきた。市との交渉を繰り返し、時には「老屋・伝承・正義・文化」のプラカードを手にしたデモも敢行した。

やがて市は折れて強行姿勢を転換、しかし「保存するが無人化する」と発表。それに対しても「不在住人、不在歴史（人が住まなければ歴史も残らない）」をスローガンに抵抗を続けた。「人の暮らしがあってこその町並みでしょう？」と駱氏。

こうして再開発計画は頓挫した。

再興會社のメンバーは、日式建築のひとつを改装して団体のオフィスとした。マップを印刷して町歩きツアーを主催し、木工班を立ち上げてセルフビルドで建物改修もする。界隈には、元料亭旅館だったブックカフェや住宅、リノベーションのための資材倉庫が並ぶ。大正時代建築の武徳殿や愛国婦人会館などの歴史的建造物など見どころも多い。

戦前戦後の人びとを写したセピア色の写真を出して駱氏は言った。

「ここに写っているのは、かつてのハマセンで生きていた人びとです。彼らを知ることができたのも、保存運動があったからです。建物と町並みを調べることは、そこに生きた人間のドラマに触れることです」と。

日式建築が多く残る台湾でも、百年を経た景観がまとまって残るエリアは貴重だ。大逆転の哈瑪星は、ぜひ見てほしい場所である。

(2) 彰化県北斗の木造宿舎——移民村の記憶を伝える

「私の伯父に会ってほしい。伯父の家を見に来てほしい」ある台湾人からメールが届いた。二〇一七年の夏のことだった。

メールの主は王聰霖氏(四十四歳)、台北に住むエンジニアだという。九十歳になる伯父が育ったその家は、「日式住宅」のひとつだという。終戦まで日本で暮らした伯父が、帰国後、日本人が去ったこの家に住んだ。そんな歴史を刻んだ家がいま危機にあるというのだ。

エンジニア氏とその一族に出会ったのは二〇一九年春、台湾西海岸のほぼ真ん中、彰化県の小さな街だった。

紹介された伯父・林瀛洲氏(九十歳)は、「ようこそ、よくいらっしゃいました。ぼくはリン・エイシュウです」と、はっきりした日本語で語った。

その家は、大きく深く葉を茂らせたマンゴーの樹の奥にあった。痛みが激しく、屋根は半分なくなり、土に還ろうとしているようだった。

「ぼくは、東京から山梨に疎開して終戦を迎えました。日本領ではなくなった台湾に戻ってきたのは十七歳の時。この家を紹介された時は嬉しかった。内地では日本式の生活だったでしょう? 畳のある日式住宅は快適だったのです」と林さん。

林さんの妹(エンジニア氏の母親)も、傷みが進む家を懐かしむ。「私はこの家で生まれました。崩れかけているけど名残惜しいわが家です。日当たりがよく、マンゴーがたくさん実った。黄色いものはすぐに食べ、青いものはカゴに入れて軒下に置く。するとおいしくなるんです。ほら、あの木も、こっちも、マンゴーなのよ」。

この家、北斗郡豊里村移民指導員房舎は、日本統治時代の総督府が国内の人口問題の解決と植民地での経営を進めるために台湾各地に建設した「移民村」施設のひとつであった(**図5**)。豊里村は一九三六年に開拓された農場で、一一九世帯・六四〇人の集落を成した。出身地は鹿児島・熊本が多かった。多くの農民の家は二間と土間だけのシンプルな住まいだったが、集落を束ねる指導員の家は倍する大きさがあった。それがこの家だったのである。これがいまや指導員房舎としては現存唯一となってしまった。(2)

林さん一家が引っ越した後、歴史建築(日本の登録有形文化財に近いカテゴリー)に登録されるも、修復のメドが立たずに宙ぶらりんだった。国の予算が付かなければ、修理に着手することができない。その審査の結論が、二〇二一年にやっと認められたというニュースが届いた。ただし工事にあたって、所有者は一割の費用負担が求められる。「もちろん払います。それを負担するのは名誉なことですから」。林さんはきっぱりと言った。

図5　彰化県北斗・移民指導員房舎(筆者撮影)

(3) 屏東・鼎昌號李宅——子孫が再び守る家

古い建物を再生するのは誰か。

空き家を企業が取得して商業施設にするケース。市や県が所有したまま民間の資金で修理するケース。市民がおカネを出し合って運営するケース。いろいろなかたちがある。そんな中で「子孫が再生する」というレアな事例を紹介したい。

台湾南部の都市、屏東《ピントン》。三階建てのこの巨大な洋館は鼎昌號《ディンチャンハオ》。台湾人の李さんの邸宅である(図6)。

「日式」というと「和風建築」と思う人も多いが、日本統治下の台湾では、明治・大正・昭和にかけての「最新・モダン」という意味合いが強かった。だから「日式」の中には、洋風・和風・アールデコなど多様なデザインがある。屏東の李家のような成功した商人も、競って「日式の洋館」を建てたのである。

鼎昌號を見てみよう。カーブしながら細くなるアプローチの階段。ギリシア風の列柱に支えられたバルコニーには、アールデコ風の彫刻も。この「混在デザイン」は大正末期から昭和初期の特徴だ。内部の見どころは更に多い。天井の波打つようなモールディング（装飾飾り）は他にないほどの複雑さを見せ、大津壁や床の間の筆返しなど純和風の意匠も随所にちりばめられている。

「この家は私の曽祖父が建てたのです」。

そう語るのはアメリカ在住の若いアーティスト・李權高（リーチェンガオ）氏。李家の六代目だ（図7）。

初代は一八六二年、清朝末期に福建省から渡ってきたという。二代目となる男子三人が力を合わせて食用油製造などの事業を成功させたことから「鼎」の文字を入れて鼎昌號と名乗るようになる。日本統治時代の一九二七（昭和二）年、三代目当主の李明道が建てたのがこの洋館だ。左官・大工の技

図6　屏東・鼎昌號李宅（筆者撮影）

図7　屏東の李家の物語を聴く（フィールドノートより）

術の粋を集めた作品である。

「私自身、渡米するまでここで育ちました。思い出の場所です。ここを修理し、李家だけの物語にとどまらず、屏東の歴史と祖先の奮闘を後世に伝えたい。アートにもチャリティにも使える場にしたいのです」と、子孫としての意気込みを語った。

別れ際、彼は自身でデザインした「鼎昌號グッズ」を手渡してくれた。コップ、ティーポット、エコバッグ……。洗練されたこれらの商品はネットでも買えるという。夢を語る青年の眼は明るかった。日式建築は、こうしてまたひとつ、生まれ変わろうとしている。

図8　彰化県鹿港鎮・勝豐吧（筆者撮影）

（4）彰化・鹿港の若者たち

台湾中部の海辺の街、鹿港（ルーカン）。情緒あふれる洋館が多く残る民族路に建つ勝豊（シェンフェン）バー。古い煉瓦造の長屋を再生した「ふるカフェ」だ（図8）。二〇一九年、ここに拠点を置く若者のグループを訪ねた。

歩いて廻れるこじんまりしたエリアに溢れるような日式建築、木造住宅やアールデコなど多様なまちなみを楽しめるのが鹿港だ。清代末には「一府二鹿三艋舺」と言われ、鹿港が「台湾第二の都市」であった（府は台南、艋舺は台北の万華地区）。

そんな豊かさを残す建物を保存・再生しているリーダーが、張敬業さん（三十六歳）だ（図9）。

高雄からUターンで故郷に戻った彼は、解体されようとする洋館の保存に動く。最初にやったことは「押しかけお掃除会」だったという。「きれいにしたいんです」と町の若者がやってきたら、所有者も無下には拒否しにくい。ゴミを片づけ、磨き上げることで、建物の魅力を共有し、「みんなの宝物」という意識が育っていく。

その中で「建物を守ることは自分の街の歴史を知ること」であることに気づき、文化・教育・生活を豊かにする運動につなげてゆく。建物を残すために建築を、食文化を知るため

図9　保存運動の一環で作った洋館の模型を示す張敬業氏（左）夫妻と筆者（右）

に農業を、市民に呼びかけるためにアートを学ぶ仲間が集まった。彼らの活動が実り、洋館は文化財に登録された。メンバーは「保鹿運動」を結成した。

そのロゴマークが良い。軍手・箒・ゴミ取りトングで出来ている（次頁図10ノート内イラスト参照）。「建物保存もまちづくりも、掃除から始まるんです」と彼は笑う。こんな素敵なデザインをする仲間がいることも頼もしい。

彼は語る。「こうやって少しずつ自分の街を変えていく。ここに集っている仲間たちは革命の同志だと思っています」。台湾では二〇一四年に「ひまわり学生運動」があった。台北の立法院（国会議事堂）を学生が占拠し、政権が進めていたサービス貿易協定を断念させた。市民の広範な支持を集めたこの闘いは、政治参加のハードルを下げたといわれる。「立法院を去った一人ひとりは、小さな種子となってそれぞれの町で、自治と民主主義の花を咲かせているんです」。その「花」のひとつが、建築保存のムーブメントである、と。

勝豊バーに話を戻そう。張さんたちが空き家を借りて再生したのがこの建物で、二階をシェアオフィスとし、デスク毎にアーティストや建築士、クラフト作家らに安く貸し出す。時々部屋でもイベントをする。そして一階に作ったのがこのバーである。

張さんは、別れ際に自作のトートバッグをプレゼントしてくれた。そこには「別人的房子、我們的歴史」と大書されている。「他人の家は、私たちの歴史だ」という意味だ。

「このバッグは当初、強い反発を呼びました。特に、古い建物の所有者にしてみたら『自由に建て替える権利を否定するのか』と怒りたくなるでしょう。でも、私たちはこのスローガンを下ろさなかった。だって、長い歴史をくぐり抜けて町に存在している建築は、どう考えても私たちみんなの財産であることは間違いないのですから」。

コロナ禍で移動がままならないこの時期でも、台湾からは続々と「日式建築が再生された」というニュースが届く。そのうちのいくつかは、私がボロボロの状態を見てきた建物であり、知人から届く写真には、美しく生まれ変わった姿と、そこに集う楽しげな人びとが写っている。

台湾は「一色」ではない。先住民族、十七世紀以降に福建省から渡ってきた漢人、客家人、そして戦後に大陸から移住した外省人たちが混住する。戦後の歩みの中でも、世代によって価値観やセンスは大きく異なる。当然、日本への見方もさまざまだ。そんな台湾の人びとのアイデンティティの模索をも水路として、台湾の建物の保存と再生は、いまもなお続いている。

図10　彰化県鹿港鎮でのインタビュー（活動の中心は若者たち）（フィールドノートより）

注

（1）文中の年齢は取材時の年齢。

（2）張素玢『未竟的殖民——日本在臺移民村』（衛城出版、二〇一七年）三一〇—三一七、四〇〇—四〇一頁。

近代化と戦災の記憶を残す
——旧広島陸軍被服支廠をめぐって

高田　真

広島に残る最大級の被爆建物である旧広島陸軍被服支廠の倉庫群について、都市の近代化との関係、建築としての特徴、戦災の痕跡等を解説し、その実相を明らかにする。また、建物の現状を分析するとともに保存をめぐる動向を整理する。さらに、被爆建物の保存に係る経緯を踏まえ、その意義やあり方について考察する。

はじめに

第二次大戦では日本国内でも膨大な数の建物が破壊され、主要な都市は焼け野原と化した。一方で、戦災で傷つきながらも戦後の長きに渡り使用された建物もまた多い。広島では人類史上初の核攻撃により壊滅的な被害を被った特殊性から、被爆しつつも残った建物に特別な意味を与える「被爆建物」という種別が認知されている。その筆頭である原爆ドームは国指定史跡でもあり手厚い保護策が講じられているが、他の建物は老朽化や陳腐化といった理由を付けられて解体され続けている。本稿では現存する最大級の被爆建物である旧広島陸軍被服支廠《ひふくししょう》の倉庫群について、主に都市論の視点から解説と考察を試みる。なお、この倉庫群をめぐる動きは現在進行中であり、俯瞰的に状況を整理することは困難であるため、本稿には筆者の推論や私見が多く含まれる。

一、旧広島陸軍被服支廠の概要と来歴

旧広島陸軍被服支廠は巨大な軍需工場の遺構であり、倉庫

たかた・まこと——アーキウォーク広島代表。専門は都市計画。広島で活動する都市プランナー。ガイドブックの発行や建築公開イベントなどを通して、広島の建築の魅力を内外に発信している。主な編著書にアーキウォーク広島編『アーキマップ広島——広島市内＋宮島』（二〇一二年）などがある。

四棟が現存している。全国に三か所しかない被服廠[1]がなぜ広島に設置されたのかを知るために近代史を紐解きながら、施設の概要と来歴を解説する。

（1）都市広島の近代史を体現する存在

広島は織豊時代から江戸時代にかけて太田川河口の三角州に建設された近世城下町であり、江戸時代を通じて中国地方の代表的な都市として発展を遂げた。明治になると県庁が置かれ、広島城に陸軍が入るなどの変化はあったが、都市構造は江戸時代のままであった。近代化の鏑矢となったのは一八八九年に完成した宇品《うじな》地区の近代港湾整備と干拓事業であり、その直後となる一八九四年に勃発した日清戦争が広島の方向性を決定づけた。明治政府は、鉄道と港湾が整備済みで戦地に比較的近い広島を戦争遂行の拠点と定めて広島城内に総司令部たる大本営を設置し、明治天皇や政府首脳が広島に入った。帝国議会は広島に仮議事堂を建て臨時予算を審議したが、東京以外での国会開催はこれが憲政史上唯一である。

こうして臨時の帝都となった広島は戦争遂行に協力するだけでなく、陸軍の存在をテコに都市の近代化を推し進めた。近代水道整備は天皇の勅令をもって陸軍が浄水場を建設し市民向けに開放するという異例の経過をたどった。一大兵站基地となった宇品港には陸軍運輸部本部が置かれ陸軍全体の輸送を統括した。広島駅から宇品港へは軍用鉄道が敷設され、港のプラットホームは日本一の長さを誇った。港の周辺には陸軍兵器支廠・被服支廠・糧秣《りょうまつ》支廠をはじめとする工場や倉庫が建設され、大量の物資が船積みされて各地へ送り出された。軍需が原動力となり近代化が進んだ地場産業を支援するため、県は物産陳列館という販促拠点を整備したが、これが現在の原爆ドームである。このように広島は都市の近代化の過程で陸軍との関係を深めていき、軍都と呼ばれるに至ったのである。

被服支廠は宇品港に向かう鉄道に沿って建設され、広島のみならず九州や外地の部隊に物資を供給する拠点として機能した。この巨大な軍需工場は、軍都として発展した広島の近代史を体現する存在として唯一現存するものと捉えることができる。

（2）旧広島陸軍被服支廠の概要

陸軍被服廠は一八八六年に東京本廠、一九〇三年に大阪支廠が設置された。広島では日露戦争の戦地から戻された軍服の洗濯修理工場の建設が一九〇五年に決まり、一九〇七年には支廠に昇格した（**図1**）。[2]業務内容は軍服や軍靴の製造・修理・保管・供給であり、扱う物資は廠内で製造するもののほか民間からの買上げ品も多くあった。一七万平方メートルに及ぶ敷地の北半分は工場で南半分は倉庫とされ、中央に事務所があった。西側には正門（場所は現在と同じ）、東側には貨物駅があり、駅から敷地へはトロッコの軌条が伸びていた。工場の詳細は不明だが、縫製工場と製靴工場を中心に、革なめし場や石鹸製造所などが並び、女工が多いためか託児所もあった。敷地の周囲には堀が巡らされ、外部からの侵入がしにくい構造になっていた。四棟のレンガ倉庫[3]が建設されたのは一九一三年頃とされ、南から順に十番庫〜十三番庫と呼ばれた。その他の倉庫は木造とされる（図2）。

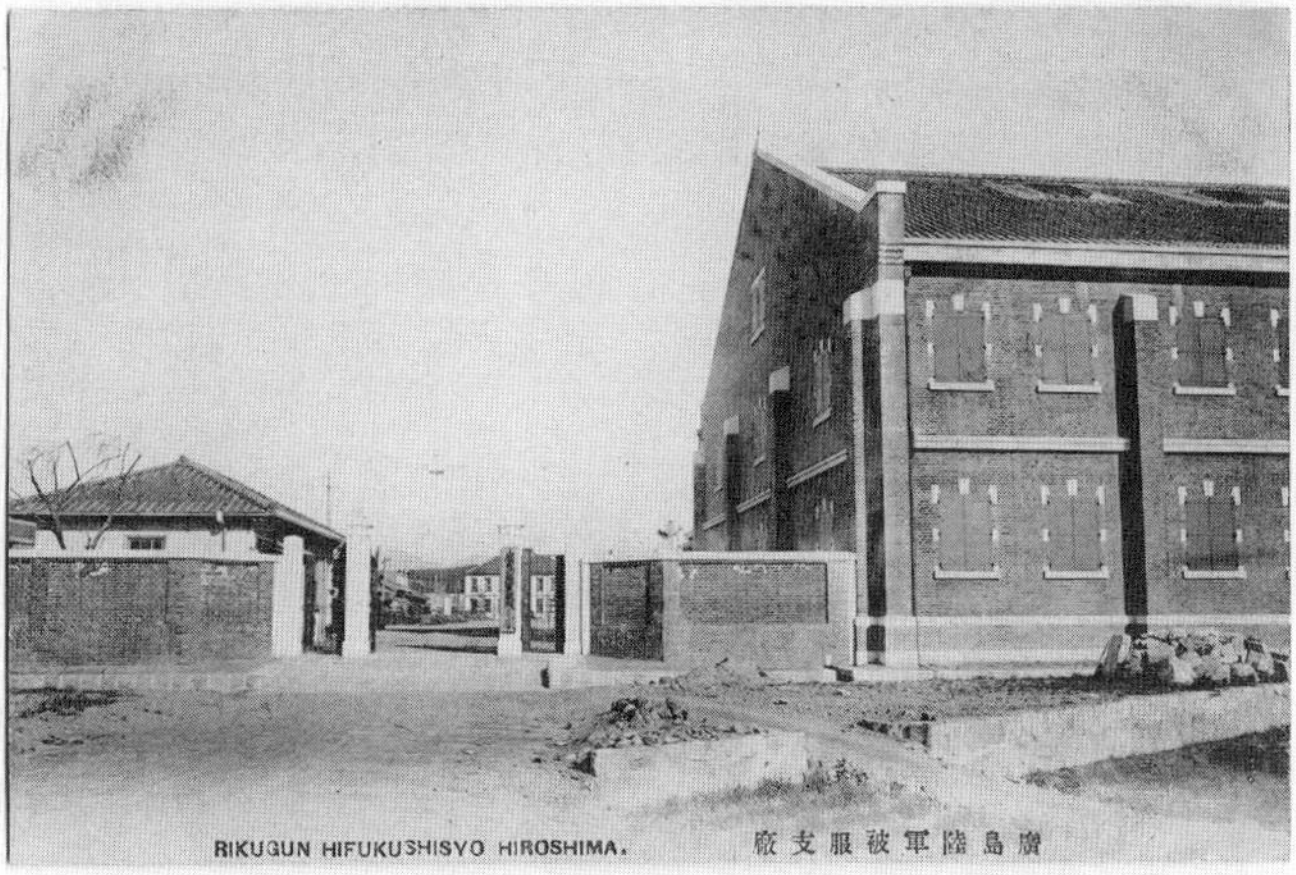

図1　被爆前の姿（広島県立文書館所蔵）

(3) 被爆時の状況と戦後の利活用

第二次大戦末期、他都市での空襲の状況をふまえて被服支廠でも機械や物資の疎開が進められ、空いたレンガ倉庫に事務所機能を移していた。一九四五年八月六日の被爆時には高温の爆風に見舞われ、木造の建物が傾き死傷者も発生したが、火災は食い止められた。直後からレンガ倉庫には大量の負傷者が運び込まれ、多くがそのまま息絶えて火葬されたといい、その凄惨な光景は詩人峠三吉の文章のほか多くの証言が残されている。[4] 建物内で死を迎えた者の数としては、数ある被爆建物の中でも最大級と考えられる。

戦争が終わると、レンガ倉庫は数少ない健全な建物ということもあり様々な用途に使用された。一九四六年には広島第一高等女学校や広島高等師範学校が使用し、一九五二年には四棟のうち三棟が国から県に移管されて県立工業高校が使用したが、使い勝手の悪さもあり一九五六年には県から日本通運に貸し出されている。国が所有する残りの一棟（旧十番庫）

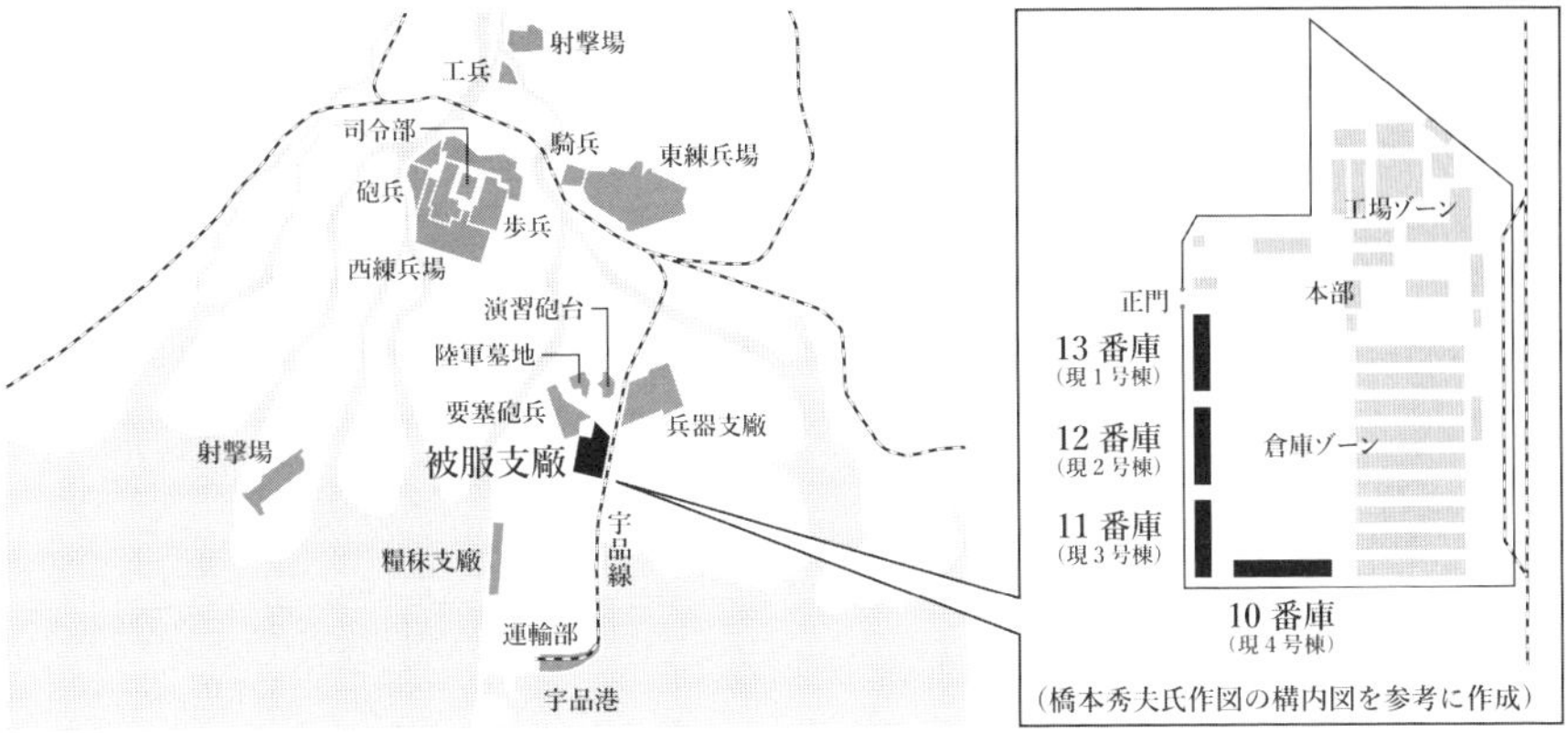

図2　配置図

は広島大学の学生寮などに使用された。県所有の三棟は一九九三年に、国所有の一棟は一九九五年に使用停止となり現在に至っている。なお、被服支廠以外においても、例えば旧兵器支廠は県庁舎や広島大学病院として使用され、旧糧秣支廠の建物で製菓メーカーのカルビーが創業するなど、旧陸軍の工場は復興を支える重要な役割を担った。

二、建築としての特徴

旧広島陸軍被服支廠倉庫（以下、被服支廠倉庫）は、国内最古級の鉄筋コンクリート造《ぞう》（以下、RC造）の建物であり、当時の試行錯誤の跡がうかがえるなど、建築史上も特筆すべき存在である。これら建築としての特徴を解説する。

(1) 建物の形状

四棟の倉庫はL字に配置されている。建物の幅は全て同じだが、長さは旧十一番庫～十三番庫と旧十番庫で若干異なる。内部は三層構成で計九室あり、さらに敷地内側の一階には陸《ろく》屋根《やね》の張り出し部がある。各室に階段が設けられているほか、荷揚げ用と推測される吹き抜けが各所にある（図3・図4）。

(2) 国内最古級の鉄筋コンクリート造

ＲＣ造は、圧縮に強いコンクリートと引張りに強い鉄を組み合わせて強度を高めた構造形式であり、先進地のフランス

図3　平面・立面・断面

図4　道路側外観（筆者撮影）

では一九〇三年にRC造のアパートが建てられている。国内に現存する初期のRC建築には旧三井物産横浜支店（一九一一年）等があるが、当時のセメントや鉄筋は高価で、設計できる技術者も少なく、普及は進まなかった。だが関東大震災（一九二三年）で多くのレンガ建築が倒壊したことが契機となり、校舎やデパートなど大規模な建物を中心にRC造が採用された。一九三〇年代後半からは戦時建築制限で建築活動が停滞したため、RC造が一般に普及するのは一九五〇年代以降となる。現代では耐火性が求められる都市部を中心に、ありふれた存在となっている。

　被服支廠倉庫が建てられた一九一三年はRC造の技術を欧米に学んでいた時期であり、知見の蓄積が進んだ関東大震災後のRCとは様相が異なる。本作には技術面での試行錯誤の跡が残されており、学術的にも貴重な存在である。

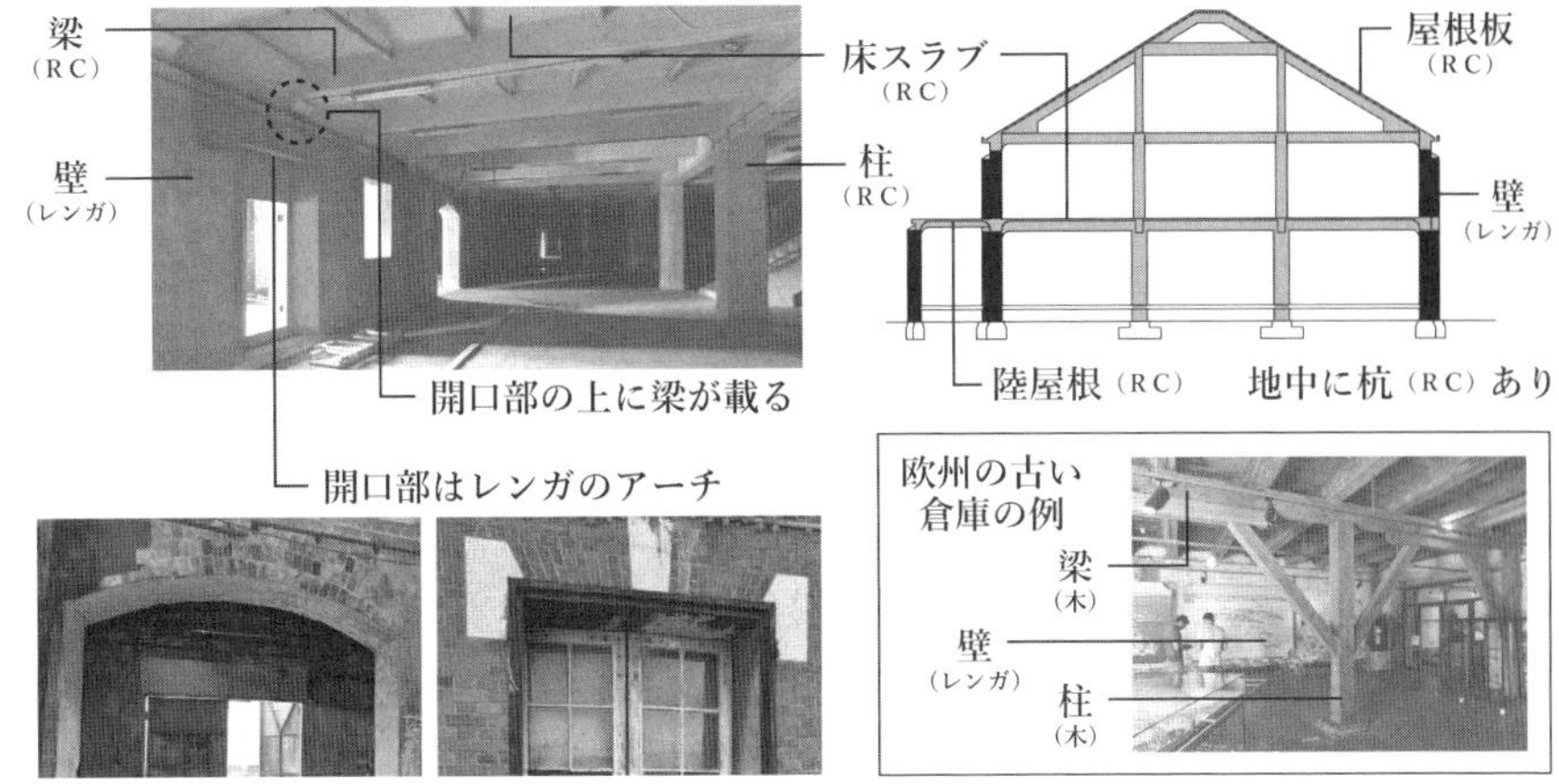

図5　構造

(3) レンガ造と鉄筋コンクリート造の併用

被服支廠倉庫はRC造であるが、外観はレンガで覆われている。このレンガは見栄えのために貼られたのではなく、レンガとRCは併用され、双方とも構造体として機能している。建築の視点から見た本作最大の特徴はこの「併用」にある。

欧州などで一般的なレンガ造の建物であっても、内部の柱・梁・床および屋根はレンガではなく木か鉄で作る。被服支廠倉庫はこの「内部の柱・梁・床および屋根」を木に代えてRCで作るという発想で設計されたものと推定され、レンガからRCへ移行する過渡期的様相を呈している。また、屋根がRC造なのも特徴的だ。例えば旧海軍佐世保鎮守府凱旋記念館（一九二三年）はレンガとRCを併用しているが、屋根は木造である。重量のあるコンクリートを屋根に用いるのは必ずしも合理的とはいえず、被服支廠倉庫の設計には実験的な要素が多く含まれていたのだろう。仮に傾斜した屋根板を現場打ちのRCで作ったならば、世界的にも最初期の事例と考えられる（図5）。

(4) ユニークな構造をうかがわせる箇所

以上をふまえて、建物の内外を観察すると、そのユニークな構造をうかがわせる箇所を数多く指摘できる。外壁で目に付くレンガの突出部は柱ではなくバットレス（控え壁）であり、開口部の上部はアーチとなっている。いずれもレンガ等の組積造で一般的な構造だ。張出し部の陸屋根はRC造であるが、本体側でも同じ高さに御影石で水平ラインを入れデザインをまとめている（図6）。

室内に目を転じると、部屋を区切る壁は外壁と同じくレンガ造で、二階および三階の床スラブと梁はRC造である。主たる構造体は柱・梁ではなく壁であり、その壁に梁と床スラブを直接載せるという、旧来のレンガ建築を踏襲した設計と推定される。その結果、開口部の直上にも梁が載ることになり、RC造の柱・梁を見慣れた現代の感覚では奇異に映る。三階はRC造の小屋組と屋根板で構成された空間であるが、斜め梁の太さと対照的に柱が細い。上階に上がるとともに柱が極端に細くなることから、柱は鉛直加重のみを負担し、地震の横揺れへの対抗はレンガ壁を厚くして対応する設計方針

図6　敷地内側外観（筆者撮影）

図7　二階の内観（筆者撮影）

図8　三階の内観（筆者撮影）

と推定される。（図7・図8）

三、保存活用の動き

被服支廠倉庫は県と国が所有し開発圧力に晒されなかったために、ほぼ被爆時の姿のままで残されており、約三十年に渡り期待と葛藤の中で保存活用の模索と断念を繰り返してきた。ここでは遺構の状況を整理するとともに、現在に至るまでの経緯を解説する。

（1）現存する遺構の状況

倉庫群が建つ敷地は往時の被服支廠の一部に過ぎないが、それでも旧軍施設の遺構としては全国有数であり、五〇〇メートルに渡ってレンガ壁が連続する景観は東京駅舎に匹敵する稀有なものである。大きな増改築もなく、変形した鉄扉や瓦に至るまで被爆時のままという驚異的な保存状態である。(5)また、既に崩壊している原爆ドームとは異なり、改修すれば建物として使用でき、様々な役割を担えるポテンシャルがある。

保存活用には課題も多い。まず一〇〇年以上前の建物であるために、耐震性能の不足、消防設備等の不備、形態制限への抵触、駐車場の不足等、現行法規に適合しない箇所がある。(6)用途によってはエレベーター等も必要となる。劣化状況については鉄扉等の腐食や張出し部の陸屋根での雨漏りが深刻であり、瓦の落下防止も必要である。レンガ躯体の耐震性は一定の性能を保持している。RC躯体は、鉄筋が比較的健全である一方でコンクリートの強度が不足しており、二～三階に重量物を置くには補強が必要となる。規模の大きさは本作の重要な特徴であるが、床面積は四棟で二万平方メートル以上あり、改修コストが高額となるほか、この規模を必要とする使い手が広島に少ないという課題につながっている。立地条件も課題である。繁華街から距離があるために店舗やオフィスは成立しにくく、戦後の土地利用の変遷によって敷地が学校と住宅地に囲まれたために生活環境への配慮も必要となる。利用価値が低いから今日まで残ってきたともいえるが、立地の悪さは利活用を考える際の大きな課題となる。

（2）保存をめぐる動き

保存をめぐる動きには三つの波があり、第一波は倉庫が日本通運から返還された一九九五年頃である。当時は瀬戸内海文化博物館とする動きがあり、県は一九九七年に構想をまとめたが、財政悪化の中で高額な改修コストが問題視されて同年のうちに中断した。第二波は二〇〇〇年頃で、エルミタージュ美術館の分館誘致構想があったが取りやめとなった。そして第三波として二〇一七年以後の流れがある。なお、動き

図9　筆者らが開催した見学会（筆者撮影）

がない中でも、例えば筆者が二〇一四年に日本建築学会による学術調査をアレンジし、二〇一六年から見学会を開催するなど、市民レベルの活動は細々と続けられていた（図9）。

さて、「第三波」は二〇一七年に県が実施した建物調査に端を発する。調査は一九九六年にも実施されていたが、レンガ躯体の耐震性に期待せずRC躯体を新設する方針とされ、工事が大がかりになるため改修コストも高額となっていた。二十年を経ての再調査であったが、最も重要なレンガ目地の強度試験を行わなかったためにレンガ躯体は脆弱との結論を導き、改修コストも一九九六年調査と同様に高額（一棟あたり四〜三十三億円）となった。県はこの調査結果を受けて耐震改修を断念し、二〇一八年には部材の落下防止などの最低限の補修案を作成したが、県議会の最大会派である自民議連が難色を示し、同年の大阪北部地震で発生したブロック塀倒壊事故の影響もあって、県は解体論に傾いていく。なお、別個の動きとして、倉庫群に隣接する敷地での警察署建設を同年に決定している。

二〇一九年十二月、県は所有する三棟のうち二棟を解体し、一棟は最低限の補修のみ行う方針を表明した。残すとされた一棟についても耐震化せず放置することから劣化が進むのは明らかで、将来的には全棟解体との意図も見え隠れする内容であった。県議会自民議連は解体に賛同しており、翌年度での解体着手は不可避と思われたが、その後の展開は予想外のものとなった。

県による解体方針表明の直後、まず広島市が全棟保存を要望する声明を発表、地元選出国会議員の多くも全棟保存側に立った。直後に実施された県のパブリックコメントでは反対意見が多く寄せられ、メディアも解体に疑問を呈する論陣を張った。さらに県の内部でも様々な動きがあり、二〇二〇年一月には解体着手を先送りすると発表、四月には被服支廠倉庫を所管する部署が設置された。一方、警察署の建設は粛々と進められ、同年三月に旧被服支廠の貴重な遺構であるレンガ塀が解体された。

担当部署が置かれたことで状況は更に進展する。解体されたレンガ塀の目地の分析によりレンガ躯体の強度が高いことが示唆され、判断の根拠だった二〇一七年調査への疑義が生じた。二〇二〇年九月にはこの事実が公表され、有識者会議を設置して再調査が行われた。その結果は二〇一七年調査とは全く異なり、レンガ躯体の耐震性は十分高く、不等沈下や液状化のリスクは低いとされ、改修コストは半減した。二〇二一年五月、県は解体方針そのものを撤回して所有する三棟全ての耐震化方針を固め、二〇二三年度に着工する方針となった。国が所有する一棟の扱いは未定であるが、報道によれば、県と歩調を合わせて耐震化される可能性が高くなっているようである。

(3) 活用の必要性

県が表明した耐震化（**表1**におけるケースB）では内部見学しかできないため、使途が決まってから追加の補強を行ってケースCやDを目指すことになる。**表1**のケースDとBの差額である十一億九〇〇〇万円を坪単価にすると七十五万円であり、公共施設として活用するならば決して高額ではない。公共ニーズがなければ民間資金を入れる公民連携事業という

表1　被服支廠倉庫の保存活用パターンと一棟あたりのコスト(7)

ケース		活用内容	耐震性	二〇一七年調査	二〇二〇年調査
A	内部立入不可	耐震改修せず、外観を保存し、外部から見学（建物内立入禁止）	なし	四億円	三億九〇〇〇万円
B	内部立入可	耐震改修。一～三階の見学だけに対応	あり	算出せず	五億八〇〇〇万円
C	内部を一部活用	耐震改修。一階の三分の一を会議室として利用し、二階と三階は見学に対応	あり	二十三億円	十三億二〇〇〇万円
D	内部を全面活用	耐震改修。一階は博物館、二階と三階は会議室などに活用	あり	三十三億円	十七億七〇〇〇万円

選択肢があり、県には別の倉庫を民間に貸し付けて商業施設とした実績もある。保存に関わる課題が解決すれば、次は活用策に焦点が移っていくことになるだろう。

四、被爆建物の保存に関する考察

(1) 被爆建物という特異な存在

古建築への公的支援として一般的なのは有形文化財指定であるが、被爆建物は損壊したものが多く、また指定により改変困難となることが嫌われ、多数が無指定のままである。(8) 広島市は爆心地から五キロ圏内で現存するものを被爆建物として台帳に登録し、補修費用の一部を助成しており、これが被爆建物の定義ともなっている。(9) なお、厚生労働省も助成金の予算措置を行うようになったが、その根拠が被爆者援護施策とされているのは興味深い。

被爆建物の捉え方が時代ごとに変遷する点も指摘せねばならない。原爆ドームの場合、当初は費用負担を嫌って解体意向だった広島市に対し、市民の間では保存・解体の両論があり、解体側は「悲惨な記憶を思い出したくない」との意見が多かった。結果的に保存決定には約二十年を要し、その間放置され続けるという経過を辿った。現在では解体論を聞くことはなくなったが、それは保存が社会的に受容されるとともに、「思い出す」被爆者の減少とも無関係ではあるまい。

このように、被爆建物には法的根拠はないものの、原爆で損傷したことに特別な意味を見出され、被爆者援護と同じ文脈の中で公的支援を理由づけられた特異な存在であり、希少性が増すにつれて保存の意義が共有されつつあるといえる。

(2) 被爆建物保存の潮流

広島における被爆建物保存の潮流には潮目と呼ぶべき出来事が三つある。第一の潮目は前述の原爆ドーム保存である。一九六六年に市議会が保存要望を決議し技術的なメドが付いたことで、市は解体から保存に方針転換し、翌年に工事が行われた（長年に渡る放置も含めて被服支廠倉庫が辿った経緯に酷似するのは興味深い）。その後も文化財指定はなされず、世界遺産登録の一環でようやく一九九五年に国史跡に指定された。(10) 原爆ドームの保存論争は、市民に被爆建物の存在を認知させる効果をもたらし、以後の被爆建物をめぐる動きの基礎が形成された。

第二の潮目は広島市の被爆建物等保存・継承事業である。一九六〇〜七〇年代には復興の進展とともに経済成長や人口流入が進んだことで多数の被爆建物が失われ、一九八五年には都心部最大の被爆建物だった市庁舎が解体されるに至った。相次ぐ被爆建物の喪失で危機感が醸成され、一九九〇年に市議会が保存を求める決議を行い、一九九三年に市が「被爆建物等保存継承事業実施要綱」を制定し被爆建物への支援制度が整えられた。市の方針転換の背景には危機感や世論だけでなく、復興がほぼ完了して被爆建物を取り扱う余裕が生まれたのと、数が減ったことで市の負担も限定できるとの判断が働いたものと思われる。

第三の潮目は被服支廠倉庫の保存である。前述の通り、一九九三年以降は「被爆建物は残す」が市の基本方針となったが、財源不足もあって被爆建物の喪失を止めることはできなかった。[11] 二〇一〇年代には旧逓信省電気試験所広島出張所、旧住友銀行東松原出張所、旧中国配電南部変電所が失われ、ついには県が被服支廠倉庫の解体を表明した。行政機関である県が、費用対効果が悪いというだけで被爆建物を解体してしまうと、もはや一つも残らなくなるとの強い危機感が共有されたことで、市長や商工会議所会頭といった立場のある人物が保存要望を述べ、パブリックコメントで多数の意見が集まり、前述のように劇的な展開となった。これは、手法の良し悪しはあれども一貫して原爆被害を訴え続けてきた広島の地域性が現出したものと解釈できよう。

(3)被爆建物を保存する意義

建物は本来実用品であり、経済的あるいは社会的要請に基づいて建てられ、状況の変化によって用途や形状を変え、合理性を欠くものは作り変えられる。しかしながら、美的あるいは史的な価値が生じたものは、社会的な合意に基づいて経済合理性を超えた保存の対象となり、公的支援が行われる。その積み重ねが文化となり都市の魅力となる。成熟した市民社会では一般的な考え方であろう。

被爆建物を保存する意義は大きく二つあると考える。一つ目は、被爆の直接的な痕跡をとどめる「物言わぬ被爆者」を残すことで、被爆の実相を後世に伝えること。二つ目は、近代化や戦後復興などの都市の記憶を、実感を伴う形で後世に伝えること。両者が合わさることで、広島が未来に向かう道標となることが期待される。例えば、広島が軍都と呼ばれたことを教科書で読んで理解できなくとも、被服支廠倉庫の延々と続くレンガ壁に触れれば理屈抜きでその巨大さを実感できる。五感での体感から得られる情報量は読書から得るものよりも圧倒的に多く、それは現物を残すことでしか成しえない。

二つ目の意義については被爆建物に限らない。近年、一九五〇〜六〇年代の建物の解体が相次ぎ、戦災復興の記憶が急速に失われつつある。そのような状況の中で、広島県庁舎(一九五六年)が、戦後民主主義の到来が表現されたモダニズムのデザインを保ちつつ耐震化工事を受けて蘇ったのは重要な意味を持つ。[12]

(4)これからの被爆建物保存のあり方

被爆建物に限らず、建物の保存を考える際に筆者が最も重視するのは持続可能性であり、それを担保する手段として積極的な利活用がある。累計すると耐震改修費以上の高額となる維持管理費を利活用によって稼がなければ、仮に助成金で耐震改修ができても建物は持続しない。また、利活用によって建物に愛着を持つ人を増やすことも重要であり、活用せず放置すると建物の存在が忘れ去られ「知らないから要らない」として処分されかねない。

歴史的建築の保存活用事例を見ると、行政が取得して資料館等に改修するも来館者は少なく、維持費が重荷になり閉鎖されるといったケースが多く、持続可能性に疑問符が付く。積極的な利活用とは、例えばレストランやホテル等の収益用途に改装するものであるが、これは不動産事業そのものであり難易度は高い。だが幸いにして、人口減少等を背景とする既存インフラの活用が全国的に盛んになっており、関連する法整備や民間活力導入のノウハウ蓄積が進みつつあるので、被爆建物の利活用にも活かすべきであろう。助成金については、建物保存の所有者負担は文化財と同様であるため、少なくとも文化財指定と同等以上の支援が必要であり、現行の予算では根本的に不足している。さらに、被服支廠倉庫では適切なタイミングで専門家の助言を得られなかったことが混乱の一因と推測されることから、所有者の求めに応じて技術的助言や利活用提案ができる相談体制も必要である。

被服支廠倉庫の保存活用に関する議論や検討は本稿執筆時点では道半ばであるが、現代の建築技術や活用手法を活かした持続可能な保存を目指すべきであり、得られたノウハウを他の被爆建物に活かしていく姿勢が求められる。被爆建物をめぐる流れが変わる潮目となるかは、まさに本件の行方にかかっている。

注

(1) 第二次大戦末期に札幌・仙台・名古屋・福岡に設置された支廠は本稿では考慮しない。

(2) 広島市郷土資料館編『陸軍の三廠――宇品線沿線の軍需施設』(二〇一四年)。

(3) 正確にはレンガ造とRC造の併用だが、ここでは外見をあらわす「レンガ倉庫」と表記した。

(4) 旧被服支廠の保全を願う懇談会編『赤レンガ倉庫は語り継ぐ――旧広島陸軍被服支廠被爆証言集』(二〇二〇年)。

(5) 瓦については終戦直後の写真からも欠損が認められず、被爆瓦が現存すると推定している。今後の詳細な調査が待たれる。

(6) 建物の用途を一定規模以上変更する際に法規への適合が必

要となる。なお、文化財等に指定されることで建築基準法を適用除外とできるが、耐震性等は現行法規相当の性能確保が求められる。

（7）中国新聞（二〇二〇年十二月十八日付）より引用。

（8）長崎では複数の被爆遺構をまとめて国史跡「長崎原爆遺跡」としている（二〇一六年指定）。文化財になれない被爆建物は史跡とする整理が今後定着すると思われる。

（9）広島市ホームページ「被爆建物等の保存・継承」。

（10）被爆建造物調査研究会編『ヒロシマの被爆建造物は語る――未来への記録 被爆50周年』（広島平和記念資料館、一九九六年）。

（11）助成金の上限は八〇〇〇万円とされている。大規模な建物では壁を切取り保存する費用程度でしかなく、解体を防ぐには財源が不足している。

（12）耐震化工事は本稿執筆時点では完了していないが、工事が終わった箇所では新築時の美しさを取り戻している。

執筆者一覧（掲載順）

上水流久彦	西澤泰彦	中島三千男
藤野陽平	パイチャゼ・スヴェトラナ	
辻原万規彦	平井健文	林　楽青
芳賀　恵	中村八重	飯高伸五
西村一之	市原猛志	永吉　守
渡邉義孝	高田　真	

【アジア遊学 266】

大《だい》日《に》本《ほん》帝《てい》国《こく》期《き》の建《けん》築《ちく》物《ぶつ》が語《かた》る近《きん》代《だい》史《し》

過《か》去《こ》・現《げん》在《ざい》・未《み》来《らい》

2022年2月10日　初版発行

編　者　上水流久彦
制　作　株式会社勉誠社
発　売　勉誠出版株式会社
〒101-0061　東京都千代田区神田三崎町 2-18-4
TEL：(03)5215-9021(代)　FAX：(03)5215-9025

〈出版詳細情報〉http://bensei.jp/

印刷・製本　㈱太平印刷社
組版　デザインオフィス・イメディア（服部隆広）
ISBN978-4-585-32512-3　C1352

259 書物のなかの近世国家 ―東アジア「一統志」の時代

小二田章・高井康典行・吉野正史　編

260 アヘンからよむアジア史

内田知行・権寧俊　編

263 室町前期の文化・社会・宗教―『三国伝記』を読みとく

小助川元太・橋本正俊　編

Ⅰ　『三国伝記』から見る室町前期

『三国伝記』に見る室町前期の唐招提寺縁起　橋本正俊
夢窓派の応永期　川本慎自
【コラム】足利直冬の上洛・没落と石塔・桃井・山名・斯波―『三国伝記』が描いたもの・描かなかったもの　谷口雄太
【コラム】六角満高の近江国支配　新谷和之

Ⅱ　『三国伝記』の宗教的環境

『三国伝記』生成の前夜―琵琶湖東の宗教的環境の一端〈倍山と常陸・出羽・濃尾〉　牧野和夫
『三国伝記』巻第十二「仏舎利勝利事」と『釈尊御舎利儀記』　高橋悠介
『三国伝記』における「霊地」考　柏原康人
【コラム】室町殿の外出と寺院　細川武稔

Ⅲ　『三国伝記』という「作品」を読みなおす

“三国伝記”という編述　竹村信治
『三国伝記』と禅律僧―「行」を志向する説話集　小林直樹
三国伝記と韓朋賦―変文と説話㈢　黒田彰
【コラム】連環する中世　鈴木元
【コラム】馬鳴・龍樹をめぐる因縁とその諸相―『三国伝記』巻一第七を端緒として　本井牧子

Ⅳ　『三国伝記』とその周辺

『三国伝記』における韓湘説話の主題　三田明弘
『壒囊鈔』と『三国伝記』―斑足王説話の比較を中心に　小助川元太
素材としての説話―『三国伝記』と『沙石集』　加美甲多
【コラム】『三国伝記』が伝える室町期の三国志受容　田中尚子
【コラム】室町時代における『太平記』の享受―『応仁記』を中心に　小秋元段

262 資料論がひらく軍記・合戦図の世界―理文融合型資料論と史学・文学の交差

井上泰至　編

序文　井上泰至

Ⅰ　理文融合型資料論の実践

コディコロジー(文理融合型綜合典籍学)の実践(基調講演)　石塚晴通
◎コメント　佐々木孝浩
『聚楽行幸記』の写本学　竹内洪介
◎コメント　佐々木孝浩・堀新
豊臣秀吉冊封関連史料に紙質から迫る―三通の明国兵部箚付原本の検討　須田牧子
◎コメント　佐々木孝浩・堀新
計量テキスト分析を用いた戦国軍記の分類　山本洋
◎コメント　湯浅佳子・入口敦志
デジタル技術による合戦図屏風の再生―「大坂冬の陣図屏風　模本」のデジタル想定復元について　薄田大輔
◎コメント　湯浅佳子・入口敦志・黒田智
草双紙における上紙摺の意義　佐藤悟
近世彩色絵画資料における色材の分析　日比谷孟俊・大和あすか

Ⅱ　史学と文学研究の交差―一七世紀の軍記と関連資料への視座

山内首藤氏の「討死」と『平治物語』『平治物語絵巻』『平治合戦図屏風』　川合康
天正十六年『聚楽行幸記』の成立について　遠藤珠紀
古活字版『帝鑑図説』再考―『帝鑑図説』は本当に〈秀頼版〉か　高木浩明
甫庵『信長記』とその周辺―『太平記秘伝理尽鈔』との関わり　湯浅佳子
『慶長治乱記』にみる関ケ原合戦軍記の展開　林晃弘

Ⅲ　兵学と有職学―一九世紀の軍記と関連資料の展開

田安宗武の武家故実研究―『軍器摘要抄』をめぐって　高松亮太
旧海軍兵学校蔵鷲見文庫『兵家系図』をめぐって　井上泰至

261 古典は遺産か？―日本文学におけるテクスト遺産の利用と再創造

Edoardo GERLINI・河野貴美子　編

序言　Edoardo GERLINI
[緒論]なぜ「テクスト遺産」か

アジア遊学既刊紹介

265 宗教芸能としての能楽

高橋悠介　編

264 都市からひもとく西アジア―歴史・社会・文化

守川知子　編